Contemporary German Texts and Contexts

Eine Liebe aus nichts

Barbara Honigmann

A German Reader Edited by
Marion Gehlker, Yale University, and
Birte Christ, Albert-Ludwigs-Universität Freiburg and
Rheinische Friedrich-Wilhelms-Universität Bonn

Yale University Press/New Haven and London

Published with the assistance of the Frederick W. Hilles Publication Fund of Yale University.

The novel *Eine Liebe aus nichts* by Barbara Honigmann was originally published under the title *Eine Liebe aus nichts* copyright © 1991 by Rowohlt.Berlin Verlag GmbH, Berlin.

Publisher: Mary Jane Peluso
Editorial Assistant: Elise Panza
Project Editor: Timothy Shea
Manuscript Editor: Karen Hohner
Production Editor: Ann-Marie Imbornoni
Production Controller: Aldo Cupo

Designed by Mary Valencia.
Set in Adobe Garamond type by Keystone Typesetting, Inc.
Printed in the United States of America by Sheridan Books, Ann Arbor, Michigan.

Library of Congress Cataloging-in-Publication Data
Honigmann, Barbara, 1949–
    Eine Liebe aus nichts / Barbara Honigmann.
        p. cm. — (Contemporary German texts and contexts)
    Subtitle added to the original title: German Reader / edited by Marion Gehlker and Birte Christ
    Originally published: Eine Liebe aus nichts. Berlin : Rowohlt, 1991.
    Includes bibliographical references.
    ISBN 978-0-300-12321-0 (pbk. : alk. paper)
    1. Honigmann, Barbara, 1949– Liebe aus nichts. 2. German language—Study and teaching (Higher)—English speakers. I. Gehlker, Marion, 1957– II. Christ, Birte, 1977– III. Title. IV. Title: German Reader / edited by Marion Gehlker and Birte Christ.
    PT2668.O495L54 2010
    430—dc22   2008024109

A catalogue record for this book is available from the British Library.

This paper meets the requirements of ANSI/NISO Z39.48-1992 (Permanence of Paper).
It contains 30 percent postconsumer waste (PCW) and is certified by the Forest Stewardship Council (FSC).

10 9 8 7 6 5 4 3 2 1

Contents

Preface

The Series

The goal of this series is to help students read contemporary texts of moderate difficulty and discuss their specific historical and cultural contexts. Hence, we provide supplemental factual information and illustrations in addition to vocabulary lists, language-in-context exercises, guiding questions, and various activities for close reading, literary analysis, discussions, and dialogues.

The texts in this series vary in linguistic and literary difficulty but are all accessible to second- and third-year German students. All the texts have been edited to conform to the new German spelling guidelines, which were updated in 2006.

Barbara Honigmann, *Eine Liebe aus nichts*

Barbara Honigmann's *Eine Liebe aus nichts* (1991), a novel that propelled its author to fame, is the first book in our series. This intellectually challenging but accessible novel combines the narration of a compelling personal story, the relationship between daughter and father, within the larger story of German-Jewish relations. The autobiographical novel is told from the perspective of a second-generation postwar German Jewish woman. Searching for a sense of home and belonging, she tries to come to terms with this precarious double identity of being German *and* Jewish, signified in the text through a symbol at the heart of German classicism: the Ginkgo leaf and Goethe's poem "Ginkgo biloba."

The novel takes place in or refers to various locales in Europe, including Weimar, East Berlin, Frankfurt, Wiesbaden, London, Sofia, and Paris. While the novel can of course be discussed purely on its literary merits, it will also appeal to students who are more interested in its historical, cultural, and geographical aspects, such as the contradictory history and cultural significance of Weimar, Frankfurt, Jews in the GDR, and

German-Jewish postwar relations. Those students in particular will benefit from exploring the contexts referred to in the novel through brief projects and presentations.

The novel ends on a melancholic but hopeful note, when the protagonist metaphorically draws the curtains on one chapter of her life—just as another central metaphor, Ellis Island, implies both the state of no return and the start of a new, albeit uncertain, future.

The Reader

The Annotated Novel

The text of *Eine Liebe aus nichts* appears in our reader unabridged and in its original version, but we divided the novel into six parts to make it more accessible to students. The six parts are of almost equal length. Part I is somewhat shorter but has more active vocabulary and cultural information than the other parts. This part should be read very intensively, since it introduces students to the main characters, motifs, and ideas of the novel.

The **Info-Ecken** (identified by the symbol ①) situate the novel in its historical, cultural, and geographical contexts. They appear on the pages facing the main text, together with vocabulary annotations, so that the flow of the actual reading is not interrupted.

Vokabeln und Aufgaben

Following the novel is a comprehensive set of exercises and assignments for the students, divided into six sections corresponding to the divisions of the novel. The sections all adhere to a similar structure and sequence:

A list of active vocabulary (**Vokabeln**) is followed by exercises geared toward practical use of the language in context (**Sprache im Kontext**). The exercises practice vocabulary and grammar taken from the novel to help students use these in the written and oral discussion of the text. The following types of vocabulary exercises are employed: association/brainstorming exercises, vocabulary definitions, synonyms, antonyms, guided conversations, and translations. Association exercises in particular are often the first step to identifying metaphorical use of language, which will be further explored in subsequent interpretation exercises (see below). For each part, we selected one or two, usually upper-level, grammar topics from the novel to ease students' understanding of the text. Sample sentences usually refer to the novel and **Anwendung** exercises allow students to apply the grammatical concepts. Students can practice all active vocabulary using online flashcards, available at www.yalebooks.com/honigmann.

Then follows a section of textual analysis (**Textarbeit**). Detailed questions about the text (**Fragen zum Textverständnis**) require close textual reading and should be covered in class during the initial reading process. Later, students should use these as guiding questions to test their understanding of the text or as an aid to narrating major events and aspects of a particular passage.

The **Diskussion und Interpretation** section is geared toward a more open-ended discussion of the text and requires students to apply their analytical skills.

Discussion questions are followed by close textual and literary analysis exercises (**Zitate und Interpretation**), which for example encourage students to look closely at the metaphorical language used in a passage. These should be read in conjunction with the literary terms and terminology found in **Anhang I: Konzepte und Vokabular zur Text-Analyse** (see below).

Activities (**Aktivitäten**) include written and oral assignments and often go beyond the actual analysis of the text. Students write and perform dialogues, or write diary entries, letters, etc. based on events in the novel or on imaginary ones. They flesh out situations narrated in the novel in order to gain a better understanding of the characters' motivations or to put themselves into the characters' shoes, and to apply new vocabulary and grammar to these situations. Short presentations (**Kurzreferate**) are geared toward exploring those historical, cultural, and geographical aspects that are referred to only briefly in the novel or the **Info-Ecken**. Students are encouraged to adopt a comparative approach by researching information on the past and present significance of particular places and ideas, such as Berlin, Weimar, or "Reformpädagogik." We conclude this part with suggestions for a final discussion of the novel (**Abschließende Fragen und Aufsatzthemen**).

During the discussion of the last part of the novel, instructors may rely solely on questions and observations that students bring to class. Assigning different parts of the novel for students to summarize and observe leitmotifs in also works well.

All the assignments should be considered suggestions. Instructors should select those that appeal to their class and to their own teaching style and philosophy.

Anhang

The **Anhang** is divided into two parts. **Anhang I: Konzepte und Vokabular zur Text-Analyse** comprises definitions of literary terms (**Konzepte**) and vocabulary for textual analysis (**Analysevokabular**) relevant to the novel. Students are encouraged to use these terms and will find references to them in the **Zitate und Interpretation** exercises. The literary terms and vocabulary for textual analysis were kept separate so that students can find them in one place for future reference.

Anhang II: Informationen und Begleittexte für den Unterricht contains a variety of supplementary materials. It includes a biography of the author, information on literary intertexts, and analyses of the novel from secondary literature in both German and English. They are primarily for the instructor, but more advanced students may be interested in and profit from these supplementary readings, which could be assigned for in-class presentations.

Vokabelindex

The **Vokabelindex** at the end of the volume comprises all vocabulary annotations in alphabetical order and allows students to look up a word again when it appears a second or third time in the novel without annotations.

We hope that instructors and students alike will enjoy and gain from teaching and studying *Eine Liebe aus nichts* with our reader edition.

Acknowledgments

We would like to thank all students in the intermediate German classes at Yale University in which the novel was taught from Spring 2005 through Summer 2007. Their observations and contributions were a great help to us in improving our exercises and activities.

Many thanks also to the reviewers of our proposal for the reader series: Andrea Golato, University of Illinois, Urbana-Champaign; David James, University of Pennsylvania; Francien Markx, George Mason University; Hartmut Rastalsky, University of Michigan; and Joanna Stimmel, Middlebury College. Their insightful suggestions encouraged us to include additional exercises and materials.

We are also grateful to Laura Bohn, Evan Cobb, and Melissa Ingersoll, graduate teaching assistants at Yale University, and Franziska Bomski, exchange instructor, who taught *Eine Liebe aus nichts* with earlier versions of the reader. Their comments helped to enhance the quality of the reader.

Many thanks to Birgit and Carola Gehlker, who helped edit the various classroom versions; to Holger Eberle, who installed macros that were an accelerated assist in sorting the vocabulary index, saving us many days of tedium; and finally to Dorothea Schuller, who created the maps, delineating the narrator's travels throughout Europe and the districts of Berlin.

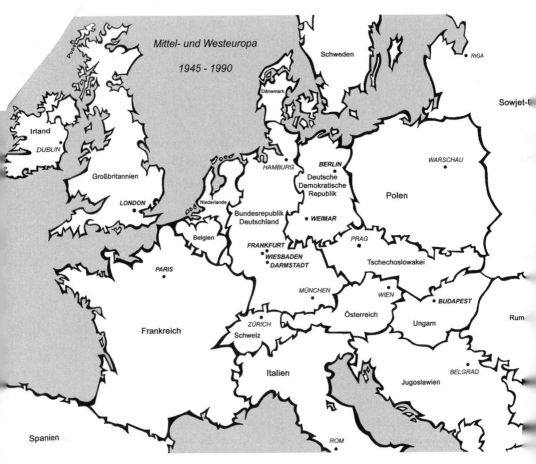

Das Europa der Erzählerin

Bezirke in West-Berlin (weiß) und Ost-Berlin (grau) vor 1989.

Eine Liebe aus nichts

Barbara Honigmann

1. **hinterlassen (hinterlässt; hinterließ, hinterlassen)** to leave behind
2. **das Testament, -e** last will
3. **kariert** square-ruled • **der Zettel, -** piece of paper, sheet
4. **jüdisch** Jewish • **der Friedhof, ⸚e** cemetery • **nach den Vorschriften** *here:* according to Jewish religious rules
5. **begraben (begräbt, begrub, begraben)** to bury
9. **die Verbindung, -en** connection
10. **der Kantor, -en** cantor, choirmaster
13. **entsprechend** appropriate
15. **lächerlicherweise** ridiculously • **ein·fügen** to insert
16. **aus·lassen (lässt aus; ließ aus, ausgelassen)** to omit
18. **entstellen** to distort
19. **der Sarg, ⸚e** coffin
22. **wagen, etw. zu tun** to dare to do sth., to venture to do sth.

Goethe-Schiller-Denkmal in Weimar

ⓘ **1.1 Weimar**
Weimar, eine Stadt in Thüringen mit ca. 65 000 Einwohnern, ist für Deutschland kulturell und politisch bedeutsam. Die Stadt symbolisiert die gespaltene Identität Deutschlands.

Einerseits war Weimar der Ort der **Weimarer Klassik** (1786–1805), repräsentiert vor allem durch die Dichter Johann Wolfgang von Goethe und Friedrich Schiller, deren Denkmal heute ein Wahrzeichen° der Stadt ist. Die Ideale der Weimarer Klassik waren Toleranz und Harmonie. Sie orientierte sich an den Ideen von Freiheit, Gleichheit und Brüderlichkeit der Französischen Revolution, wandte sich aber von den blutigen Schreckenstaten der Revolution ab. Das klassische Weimar gehört heute zum UNESCO-Weltkulturerbe°.

Andererseits ist Weimar Standort des 1937 errichteten° Konzentrationslagers **Buchenwald**. Weimar ist somit genauso verbunden mit den Ideologien des Faschismus, des Antisemitismus und des Antikommunismus, mit Intoleranz und Unmenschlichkeit.

In Weimar wurde auch die erste Verfassung° eines deutschen Staates (1816 unter Herzog Carl August) sowie die Verfassung für die erste Demokratie auf deutschem Boden, die **Weimarer Republik** (1918–1933), geschrieben. In Berlin herrschten zu der Zeit bürgerkriegsähnliche Zustände°, so dass die Nationalversammlung° in Weimar stattfand.

das Wahrzeichen: symbol   **UNESCO-Weltkulturerbe:** UNESCO world cultural heritage; since 1972 UNESCO has been nominating sites that should be protected because of their special cultural significance. **errichten:** to erect   **die Verfassung:** constitution   **bürgerkriegsähnliche Zustände:** conditions close to civil war   **die Versammlung:** assembly

TEIL I

So, wie er es in einem hinterlassenen° Brief – nicht etwa einem Testament°, nur einem Brief, ein paar Zeilen auf einem karierten° Zettel° – gewünscht hat, ist mein Vater auf dem jüdischen° Friedhof° von Weimar nach den Vorschriften° begraben° worden. Auf dem kleinen Friedhof, der ein Stück weit von der Stadt entfernt liegt, ist seit Jahrzehnten niemand mehr begraben worden, und man konnte sich über den Wunsch meines Vaters nur wundern, denn er hatte in seinem ganzen Leben überhaupt keine Verbindung° zum Judentum und nicht mal einen hebräischen Namen. Der Kantor°, den man aus einer anderen Stadt hatte kommen lassen müssen, ein Jude aus Saloniki, der meinen Vater gar nicht gekannt und nie gesehen hat, fügte deshalb an den entsprechenden° Stellen des hebräischen Singsangs einfach den deutschen Namen und lächerlicherweise° auch noch den Doktortitel ein°, und er hat keine der endlosen Wiederholungen ausgelassen° und nicht aufgehört, mit seinem sephardischen Akzent immer von neuem den Namen meines Vaters zu entstellen°.

Es war schwer zu glauben, dass dort in dem Sarg° mein Vater liegen sollte, ich dachte, ich müsse ihn noch einmal sehen, ich müsse jemanden bitten, den Sarg wieder zu öffnen, damit ich ihn noch einmal sehen könnte, aber ich wagte° es nicht, weil ich Angst hatte, ihn tot zu sehen, so wie ich schon Angst gehabt hatte, ihn krank zu sehen, denn ich musste mich ja fragen, warum ich nicht früher gekommen war, es nicht wenigstens

1
5
10
15
20
25

1.1

1.2

2. die Berechtigung, -en permit, *here:* visa permit; der Erhalt receipt
4. die Rache revenge
6. der Mord, -e murder
7. das Begräbnis, -se burial, funeral
13. das Tischleindeckdich dumbwaiter • der Aufzug, ⸚e elevator; die Speise, -n dish
19. mickrig pathetic
25. das Erinnerungsstück, -e souvenir
26. trostlos dreary
27. verloren *here:* forlorn
28. der Gegenstand, ⸚e object
30. ab·fallen (fällt ab; fiel ab, ist abgefallen) to drop off • der Halt hold, support, footing
31. der Sinn *here:* meaning, relevance
32. hin und her schieben (schob, geschoben) to move back and forth
34. drehen und wenden to inspect from all sides but to no avail; *cf.* wie man es auch dreht und wendet *(fig.)* no matter how you look at it

ⓘ 1.2 Sepharden und Aschkenasen
Sepharden (von dem hebräischen Namen für die iberische Halbinsel, d.h. Spanien und Portugal) sind Juden, deren Vorfahren° bis 1492 auf der iberischen Halbinsel lebten. Ihre gemeinsame Sprache ist das Ladino, eine Mischung aus Spanisch und Hebräisch, das in unterschiedlichen Formen auftritt.

Die sephardischen Juden flohen 1492 vor der spanischen Inquisition und siedelten° sich überwiegend im östlichen Mittelmeerraum, teilweise aber auch in Mittel- und Westeuropa an. Eine große sephardische Gemeinde bildete sich in **Saloniki** (heute Thessaloniki, Griechenland), das damals zum Osmanischen Reich gehörte. Im 19. Jahrhundert machten Juden circa 50 % der Bevölkerung aus. Die bis zum Zweiten Weltkrieg dort lebenden Juden aber wurden 1943 zu 95 % von den deutschen Besatzern° vertrieben° oder nach Auschwitz deportiert und ermordet.

Aschkenasen (hebräisch für „Enkel des Noach") sind Juden, deren Vorfahren in Deutschland oder Frankreich lebten, bevor sie im 16. Jahrhundert vor Pogromen flüchten mussten. Sie wanderten vor allem nach Osteuropa aus, wobei Polen zum Zentrum der jüdischen Diaspora wurde, und später auch in die USA. Ihre gemeinsame Sprache ist das Jiddische. (Quelle: *Judentum*, http://de.wikipedia.org)

die Vorfahren: ancestors   sich ansiedeln: to settle   die Besatzer: occupying forces   vertreiben: to expel

versucht hatte, vielleicht wäre es möglich gewesen, die „Be-   1
rechtigung zum Erhalt eines Visums"° schon eher zu bekommen, aber ich hatte nicht einmal danach gefragt, aus Angst,
vielleicht war aber auch etwas von Rache° dabei, denn mein
Vater hatte mich ja auch verlassen, hatte mich auch betrogen,   5
und warum hatte er in seinem Brief Mord° unterstrichen?

    Nach dem Begräbnis° bin ich noch einmal zum Schloss
Belvedere hinaufgegangen, dort hat mein Vater mit seiner
letzten Frau gewohnt. Sie war Direktorin des Schlossmuseums,
das es in Wirklichkeit gar nicht gab, weil die Restaurierungsar-   10
beiten im Belvedere nie aufgehört und eigentlich nie begonnen hatten. Ihre Wohnung war unter dem Dach, gleich neben
dem Tischleindeckdich°, einem Speiseaufzug°, den Goethe für
Karl August hatte installieren lassen, damit sie oben auf der
Dachterrasse picknicken konnten. Aus dem Fenster sieht man   15
über den Park von Belvedere, wo der Ginkgo Biloba steht, den
auch Goethe importieren und pflanzen ließ und auf den er das
so berühmte Gedicht schrieb. Der Baum sieht aber ganz unauffällig und mickrig° aus, und mein Vater und ich haben uns
bei unseren Spaziergängen durch den Park oft gefragt, ob es   20
wirklich „dieses Baums Blatt" in dem berühmten Gedicht
gewesen sein kann, doch so steht es ja überall geschrieben, und
jedermann dort sagt es immerzu.

    Ich wollte das Zimmer meines Vaters noch einmal sehen
und mir ein Erinnerungsstück° mitnehmen, aber es war   25
schwer und trostlos°, etwas herauszusuchen, seine Kleider
lagen in dem Raum so verloren° herum, wie sein Körper jetzt
war, und auch all die anderen Gegenstände°, die zu seinem
Leben gehört hatten und eine Erinnerung daran trugen,
erschienen mir nur wie abgefallene° Stücke, die ihren Halt°   30
verloren und nun keinen Sinn° mehr hatten; eine Weile
werden sie noch hin und her geschoben°, in die Hand genommen und dann doch wieder weggelegt. Das oder jenes nahm
ich auf, sah es an, drehte und wendete° es, ob nicht irgend

ⓘ
1.3

ⓘ
1.4

2. **locken** to lure

6. **begreifen (begriff, begriffen)** to understand

12. **die Schublade, -n** drawer

13. **in rotes Leder binden (band, gebunden)** to bind in red leather • **der Taschenkalender,-** pocket diary

18. **das Nachrichtenbüro, -s** news agency • **die Besatzungszone, -n** Allied occupation zone

20. **auf·lösen** *here:* schließen

21. **das Lager, -** camp • **die Verbannung, -en** banishment, exile

28. **auf·ziehen (zog auf, aufgezogen)** to wind up

30. **her·richten** to repair • **abfällig** disparaging, derisive • **die Bemerkung, -en** comment, remark

32. **grob** *here:* coarse • **die Kunstfertigkeit** skillfulness

Schloss Belvedere und Park

ⓘ 1.3 Schloss und Park Belvedere in Weimar

Schloss und Park Belvedere wurden um 1730 von Herzog Ernst August I angelegt°; die Orangerie um 1750 fertiggestellt. Unter Herzog Carl August wurde der symmetrisch ange-legte französische Garten in einen englischen Landschaftsgarten umgebaut, in dem sich der Herzog mit Goethe zu botanischen Studien traf. Anfang des 19. Jahrhunderts wurden die Gar-tenanlagen zu einem Landschaftspark erweitert. (Quelle: *Schloss Belvedere* und *Schlosspark Belvedere*, www.klassik-stiftung.de)

anlegen: to design, construct

etwas Lebendiges noch darin zu finden sei, das ich heraus- 1
locken° könnte, wie ein kleines Kind, wenn es ein neues Ding
findet und es schüttelt und ans Ohr hält und in den Mund
nimmt und darauf beißt, weil es nicht weiß, woher seine
Wirkung kommen wird, und noch alles von dem unbekann- 5
ten Gegenstand erwartet. Aber ich begriff°, dass die Erinnerung aus den Gegenständen herausgefallen war; jetzt
würden sie weggeworfen werden oder weggeschenkt, und
andere Leute können ihre Geschichte wieder neu hineinlegen,
aber die Geschichte meines Vaters war darin zu Ende, in den 10
Dingen hielt sie sich nicht mehr.

In einer Schublade° fand ich ein kleines, in rotes Leder ge-
bundenes° Notizbuch, ein englischer Taschenkalender° aus der
Emigrationszeit, den nahm ich mir und außerdem die russische
Armbanduhr, die er immer getragen hatte. Sie war ein Ge- 15
schenk von Jefim Fraenkel, dem Germanisten aus Moskau, mit
dem mein Vater in den ersten Jahren nach dem Krieg im Sowjetischen Nachrichtenbüro° in der russischen Besatzungszone°
zusammengearbeitet hatte. Als das Sowjetische Nachrichtenbüro aufgelöst° und Jefim Fraenkel nach Moskau zurückgekehrt 20
war, wurde er ins Lager° und in die Verbannung° geschickt, aber
das erfuhr mein Vater erst zwanzig Jahre später, als sie sich zum
ersten Mal wiedertrafen. Da besuchte Jefim Fraenkel ihn in
Weimar, und bei dieser Gelegenheit hatte er ihm die Uhr
geschenkt, und mein Vater hatte in der „Jugendmode" drei 25
Paar Jeans für Fraenkels Söhne in Moskau gekauft.

Jetzt war die Uhr stehen geblieben und nicht mehr auf-
zuziehen°, deshalb habe ich sie hier in Paris gleich zur Reparatur gebracht. Der Uhrmacher hat sie mir wieder herge-
richtet°, aber er machte abfällige° Bemerkungen° über die rus- 30
sischen Uhren; sie seien zwar solide, sagte er, aber im Inneren
grob° und ohne Kunstfertigkeit°. Und dann hat er mich gefragt, ob ich von dort käme, und ich habe geantwortet, nein,
nein, aber woher denn, daher käme ich nicht.

2. **der Bezirk, -e** district; *here:* arrondissement
3. **das Souterrain, -s** basement
6. **der Strumpf, ¨e** stocking
9. **reichen** to reach
12. **die Sternwarte, -n** observatory
13. **kreisen** to circle
14. **das Fernrohr, -e** telescope
15. **ab·suchen** to search all over, to comb
17. **kahl** *here:* bleak, barren
18. **das Klappbett, -en** folding cot, type of futon
19. **das Besteck, -e** cutlery
20. **der Hocker, -** stool
22. **der Albtraum, ¨e** nightmare
25. **auf·brechen (bricht auf; brach auf, ist aufgebrochen)** to set out
27. **die Verwandlung, -en** transformation, metamorphosis
29. **seufzen** to sigh
34. **sich um·sehen (sieht um; sah um, umgesehen)** to look around

ⓘ 1.4 Johann Wolfgang von Goethe und der Ginkgo

(*1749 in Frankfurt/Main †1832 in Weimar)

Johann Wolfgang von Goethe, Porträt von Joseph Karl Stieler, 1828

Als Verfasser von Gedichten, Theaterstücken und Prosawerken, sowie als Theaterleiter, Naturwissenschaftler, Kunsttheoretiker und Staatsmann ist Goethe der wohl bekannteste Vertreter der Weimarer Klassik. Er gilt° als der bedeutendste deutsche Dichter und als herausragende Persönlichkeit der Weltliteratur. Er war unter anderem mit Friedrich Schiller befreundet, mit dem er zusammenarbeitete.

Im 18. Jahrhundert pflanzten die europäischen Fürstenhäuser nach den Vorbildern englischer Landschaftsparks gern exotische Pflanzen und Bäume an. Deshalb fand der Ginkgobaum, der aus China importiert wurde, immer weitere Verbreitung° in Europa. Auch Goethe und Herzog Carl August interessierten sich beide für exotische Park- und Gartenkultur. Ein Ginkgo, der um 1820 in der Nähe des Fürstenhauses angepflanzt wurde, ist der älteste Weimars.

Die charakteristische Form des Ginkgo-Blattes inspirierte Goethe auch künstlerisch, wie sein Gedicht „Gingko biloba" (aus dem Gedichtzyklus *West-östlicher Divan*, 1819) zeigt. Im Alter von 60 Jahren widmete° er dieses Gedicht seiner damals 31-jährigen Geliebten Marianne von Willemer, der Ehefrau eines Frankfurter Bankiers. (Quelle: *Goethe und der Ginkgo*, www.planet-weimar.de)

gelten als: to be considered   **die Verbreitung:** dissemination   **widmen:** to dedicate

Erst seit wenigen Monaten, noch nicht mal einem Jahr bin ich in dieser Stadt, in Paris. Ich wohne im XIII. Bezirk° in einem Souterrain°, etwas Besseres habe ich nicht finden können. Von unten sehe ich auf die Straße hinauf, auf die Füße der Leute, die da laufen; am Anfang, als ich gerade angekommen war, liefen sie ohne Strümpfe° und trugen Sandalen, denn draußen war es heiß, ein sehr heißer Sommer, aber drinnen, in meiner Wohnung war es kalt und dunkel, weil das Fenster nur wenig über die Straße reicht° und kaum Licht hereinlässt, und ich musste mich warm anziehen, nicht, wie sonst, beim Hinausgehen, sondern wenn ich von draußen hereinkam. Ich saß in dem Zimmer wie in einer Sternwarte°, um mich herum kreiste° die Stadt, die ich nicht sehen konnte, und aus dem Fenster suchte ich wie mit einem Fernrohr° die Straße vor mir ab° nach dem, was nun anders werden sollte.

Jetzt habe ich wenigstens schon meine Möbel und Sachen aus Berlin. In den ersten Wochen gab es nur die kahlen° Wände und ein Klappbett°, das man mir geborgt hatte, und zum täglichen Leben ein Besteck°, einen Teller, ein Handtuch, ein Glas und einen Hocker° zum Sitzen. Wie im Gefängnis, dachte ich da, und nicht wie in der neuen Welt, und hatte nachts Albträume° von Kälte und Verbannung. Bald war ich mir schon gar nicht mehr so sicher, was ich denn nun hier anfangen will. Ja, ich hatte aus einem alten Leben in ein Neues aufbrechen° wollen, aus einer vertrauten Sprache in eine fremde, und vielleicht habe ich sogar so etwas wie eine Verwandlung° erhofft.

Habe ich denn nicht mein ganzes Leben geseufzt°, nach Paris! nach Paris! Und dann habe ich eines Tages in einem Zug gesessen, und der Zug ist irgendwo angekommen, und sie sagten, es sei Paris. Aus Lautsprechern schrie es mich an: Pariii Est! Pariii Est! Ich kam aus dem Osten, ja. Ich habe mich in dem Bahnhof, der sehr hell und sehr groß ist, umgesehen° wie

1. **betreten (betritt; betrat, betreten)** to enter, to step in
3. **erleben** experience
5. **das Abenteuer, -** adventure • **sich in etw. stürzen** to throw/fling o.s. into sth.
9. **die Absperrung, -en** barrier, cordon • **der Bagger, -** excavator • **der Kran, ⁓e** crane
10. **die Baugrube, -n** excavation
11. **der Ausgang, ⁓e** exit
13. **lärmen** to make noise • **gähnen** to yawn
15. **hetzen (ist)** to rush, to dash
16. **der Zugang, ⁓e** access, admittance
19. **breit** wide
20. **das Ufer, -** shore, bank
21. **die Verzweiflung** desperation, despair • **die Kopflosigkeit** panic
26. **aus·breiten** to spread out
30. **die Höhle, -n** cave
31. **der Streifzug, ⁓e** expedition • **längs und quer** far and wide
33. **schattig** shady

ⓘ 1.5 Jugendmode („JuMo")

Die „Jugendmode" war eine Kaufhauskette zu DDR-Zeiten und Teil der staatlichen Handels-
organisation (HO). Die Kaufhäuser boten Mode speziell für Kinder und Jugendliche an. Andere
sogenannten „HO-Läden" verkauften Lebensmittel oder sonstige Verbrauchsgüter. Gaststät-
ten und ein Hotel gehörten ebenfalls zur HO.

in einer neuen Wohnung, die man zum ersten Mal betritt°;   1
man sieht die kahlen Wände an und fragt sich, was einen hier
wohl erwartet und was man alles erleben° wird, und ist ängst-
lich und neugierig zugleich und auch stolz, dass man sich
in das Abenteuer° gestürzt° hat und dass es nun kein Zurück   5
mehr gibt.

Aber schon, als ich aus dem Bahnhof in die Stadt hinaus
wollte, war kein Weg da und keine Straße, nur eine lose
Absperrung°, eine Baustelle, Bagger°, Kräne°, lärmende Maschinen und eine riesige Baugrube°; ich bin wieder in den   10
Bahnhof hineingegangen und aus einem anderen Ausgang°
wieder hinaus, doch da standen auch nur wieder die Bagger,
Kräne, lärmenden° Maschinen und gähnte° die riesige Baugrube, und ich bin noch durch hundert Eingänge und Aus-
gänge wieder herein- und wieder herausgehetzt°, es war, als ob   15
wirklich kein Zugang° in diese Stadt hinein zu finden wäre.
Plötzlich aber stand ich doch auf einem Platz, da fiel ein Boulevard direkt vom Bahnhof hinunter, ein Straßenfall, ein brei-
ter° Fluss mit bunten Schiffchen, und ich lief an seinen beiden
Ufern° hinauf und hinunter. Aber was nun? Eine kleine Ver-   20
zweiflung° hatte mich schon gepackt, eine Kopflosigkeit°
jedenfalls – wohin, wo entlang? Irgendwohin musste ich ja
nun, einmal angekommen, gehen, doch ich hatte ja noch nie
daran gedacht, dass ich in eine richtige Stadt käme, mit großen
Straßen, Avenuen, Bezirken, in alle Himmelsrichtungen aus-   25
gebreitet°, und müsste mich entscheiden, wo entlang, und es
wäre nicht ein Ball von Träumen, der vor mir springt, und ich
liefe ihm nach und holte ihn mir.

Aus meiner Höhle° im Souterrain bin ich dann jeden Tag auf   30
Streifzüge° längs und quer° durch die Stadt gegangen, über
Straßen, Boulevards und Alleen und winzig kleine und riesen-
große Plätze und durch schattige° Parks, und habe mich in
Kirchen und Cafés gesetzt, die am Wege waren, und habe die

1. der Gang, ⸚e corridor • die Treppe, -n staircase
3. der Vorort, -e suburb
5. der Elan zest, vigor
6. unterwerfen (unterwirft; unterwarf, unterworfen) to subjugate, conquer
10. verdammt condemned, damned
11. etw. ab·brechen (bricht ab; brach ab, abgebrochen) to break with
18. nach·kommen (kam nach, ist nachgekommen) to follow
19. erstarrt numb, petrified • auf·bauen to establish, to build up
25. die Stufe, -n step (staircase)
26. das Geräusch, -e sound • der Schritt, -e step (movement)
28. heimlich secret
29. berühren to touch
30. der Geruch, ⸚e smell, odor
33. der Hof, ⸚e courtyard

ⓘ 1.6 Ellis Island, New York

Auf Ellis Island kamen zwischen 1892 und 1954 etwa 12 Millionen Einwanderer an. Nur Passagiere 3. Klasse wurden hier abgefertigt°; Passagiere 1. und 2. Klasse wurden auf ihrem
Schiff kontrolliert. Kranke, Analphabeten, politisch Radikale und Vorbestrafte° durften nicht
einreisen, aber 98% der Einreisewilligen wurde die Einreise ins „Gelobte Land"° genehmigt°.
(Quelle: *Ellis Island – History*, www.ellisisland.org)

abfertigen: to clear through customs, to process   **vorbestraft:** previously convicted   **das „Gelobte Land":**
promised land (Biblical reference)   **genehmigen:** to give permission

Linien der Metro abgefahren und ihre Gänge° und Treppen°   1
und Tunnel kilometerlang durchlaufen, und manchmal bin
ich auch in einen Vorortzug° gestiegen und wieder hinaus aus
der Stadt gefahren und in das flache Land hineingelaufen, mit
einer Art Elan°, der wie eine Wut war, als ob ich das Land   5
überrennen und es mir unterwerfen° könnte.

Und so hatte ich bald manches gesehen, was ich lieber nicht
hätte sehen wollen, und fühlte mich überhaupt viel mehr wie
ein Einwanderer nach Amerika vor hundert Jahren: Nun sitzt
er auf Ellis Island, der verdammten° Insel, hat sein ganzes   10
Leben hinter sich abgebrochen° und Amerika noch nicht mal
mit einem Fuß betreten, aber er ahnt schon die grausamen
Wahrheiten der neuen Welt und muss sich manchmal fragen,
ob er nicht viel zu viel für viel zu wenig hergegeben hat. Ein
Zurück in sein russisches, polnisches, ungarisches, litauisches   15
oder sonst ein Dorf aber gibt es nicht mehr, ganz im Gegenteil, die Geschwister, Onkel, Tanten und Freunde wollen
auch bald nachkommen°, und dann soll er, der jetzt noch so
erstarrt° auf Ellis Island sitzt, doch etwas aufgebaut° haben –
ein neues Leben.   20

Manchmal bin ich mitten in der Stadt, in irgendeiner
Straße, einfach in einen fremden Hauseingang hineingegangen und die Treppe hochgestiegen, als ob ich da wohnte und
immer da hineinginge. Da waren breite Steintreppen und
weiche Teppiche über den Stufen°, so dass man ohne ein   25
Geräusch° von Schritten° lief, und ich steckte die Nase auch
noch aus dem Fenster nach hinten hinaus und sah einen
heimlichen° Garten, einen mit nicht zu viel Sonne und nicht
zu viel Schatten, und plötzlich berührte° mich ein ganz unbekannter Geruch°, ein fremder, ohne Vergleich und ohne   30
Erinnerung, als ob es vielleicht doch noch eine ganz andere
Welt gäbe, in der nicht alles an alles erinnert.

Aber wenn ich so durch Straßen und Höfe° ging und wollte
nur einfach ein bisschen zuschauen, wie es so ist, und was sie

2. **misstrauisch** distrustful, suspicious

5. **unpassend** not apt, not fitting • **überflüssig** superfluous, unnecessary

8. **sich verlaufen (verläuft; verlief, verlaufen)** to lose one's way

9. **ähneln** + *Dat.* to resemble • **hügelig** hilly

10. **bucklig** hunchbacked • **das Quartier** *here:* district, quarter • **krumm** crooked

11. **die Schleife, -n** bow; *here:* twisty bend • **das Geländer, -** railing

12. **die Laterne, -n** streetlight • **der Pantoffel, -n** slipper

13. **der Morgenrock, ⁓e** housecoat, dressing gown

15. **schmal** narrow

16. **schief** tilted • **sich neigen** to lean

18. **der Gipfel, -** peak, summit

20. **die Wachtel, -n** quail • **sich drängen** to crowd

22. **das Trottoir, -s** sidewalk (*also:* **der Bürgersteig**)

23. **der Menschenschwarm, ⁓e** a host of people

25. **die Versammlung, -en** assembly, meeting

27. **runter·kurbeln** to wind down

ⓘ **1.7 Butte aux Cailles – „Wachtelberg"**

Das alte Arbeiterviertel im 13. Arrondissement liegt – wie der Name „Butte" schon sagt – auf einem Hügel in der Nähe der Place d'Italie und dem chinesischen Viertel. Das Viertel ist heute geprägt° vom Charme kleiner malerischer Straßen, die oftmals noch mit Kopfsteinpflaster° beschlagen sind, mit niedrigen Häusern, und vielen Straßencafes. Das ganze Viertel steht unter Denkmalschutz.

geprägt: characterized   **mit Kopfsteinpflaster beschlagen:** paved with cobblestones

da machen, dann fühlte ich mich nicht gerade willkommen. 1
Die Leute erschienen mir misstrauisch°, sie fragten gleich, ob
ich jemanden suche, und wenn ich sagte, nein, niemanden,
nichts, ich gehe nur so hier entlang, dann fanden sie das un-
passend° und überflüssig°, und ich verschwand lieber wieder 5
durch das nächste Tor.

Einmal habe ich mich ganz nah von meiner Straße, die so
laut und voller Verkehr ist, in eine Gegend verlaufen°, die
einem Dorf ähnelt°, mitten in der Stadt. Ein hügeliges°, buck-
liges° Quartier°, krumme° Straßen, die hinauf und hinab in 10
Schleifen° und Kurven führen, mit Treppchen, Geländern°,
verrosteten Laternen° und alten Frauen, die in Pantoffeln° und
Morgenrock° dort wohl schon jahrhundertelang ihre Hunde
spazieren führen. Jedes Haus ist verschieden vom nächsten,
ganz niedrig nur, höchstens zwei Stockwerke, schmal°, meis- 15
tens auch schief°, sich über die Straße neigend°, so dass sie
noch enger scheint. Die Wege steigen alle zu einem einzigen
Platz hinauf, dem Gipfel° des Berges. Ich sah mich nach einem
Straßenschild um, da stand „butte aux cailles", Wachtel-
berg°. Auf dem Gipfel des Wachtelberges drängen sich°, wie 20
könnte es anders sein, Cafés und Kneipen, die Stühle und
Tische stehen draußen auf dem schmalen Trottoir°, beinahe
zwischen den Autos, Menschenschwärme° drum herum. Es
kam mir vor, als hielte dort ein kleines Volk seine Versamm-
lung° ab, so sehr schienen sie alle zusammenzugehören. Ab 25
und zu hielten Autofahrer neben den Tischen an, kurbelten
die Fenster runter° und redeten einfach mit. Sie reden ja hier
alle immer so viel, immerzu reden sie.

Ich hörte sie, aber ich verstand sie nicht. Sie begrüßten sich
alle, küssten sich alle, lachten, gingen, kamen, gingen wieder, 30
und dann sah man einen von den Männern, der gerade
gegangen war, im Fenster des gegenüberliegenden Hauses
wieder, es öffnete sich ja halb über dem Tisch, er rief noch
etwas hinunter, und die anderen riefen noch etwas hinauf.

ⓘ
1.7

5. **die Vorstellung, -en** performance, show
6. **die Reihe, -n** row • **die Bühne, -n** stage
7. **das Schauspiel, -e** play
8. **die Verteilung der Rollen** casting
9. **die Hauptperson, -en** main character, main role
10. **die Nebenrolle, -n** supporting role • **der Statist, -en, -en / die Statistin, -nen** extra, minor role
12. **das Stück, -e** play
17. **sich entfernen** to distance o.s., to walk away
20. **auf fremdem Pflaster** in unfamiliar territory
24. **bemerken** to notice
28. **sich durch·schlagen (schlägt durch; schlug durch, durchgeschlagen)** *(colloq.)* to fight one's way through
32. **verlangen** to ask, to demand
33. **einer Sache überdrüssig werden** *(+ Gen.)* to grow weary of sth.

ⓘ 1.8 Berliner Theater – Deutsches Theater und Volksbühne

Es gibt kein „Berliner Theater"; wahrscheinlich ist das Deutsche Theater (DT) oder die Volksbühne gemeint, wo auch Honigmann arbeitete.

Das **DT** wurde 1883 von einer Schauspieler-Sozietät° gegründet. Es wurde spätestens unter dem Regisseur Max Reinhardt, der das Theater von 1905 bis kurz vor seiner Emigration 1933 leitete, weltbekannt. Während der Nazi-Diktatur versuchte das DT, sich durch ein klassisch-humanistisches Programm eine gewisse Unabhängigkeit zu bewahren°. Nach dem Krieg fanden viele emigrierte Künstler am DT, jetzt im Osten Berlins gelegen, ein neues Zuhause.

Bertolt Brecht und Helene Weigel gründeten am DT das Berliner Ensemble, das später an den Schiffbauerdamm zog. Mit Lessings *Nathan der Weise* wurde das DT 1945 wiedereröffnet. Schauspieler des DTs beteiligten sich am 4. November 1989 an einer Demonstration gegen die DDR-Regierung; kurz danach fiel die Mauer in Berlin. Das DT wurde seit den 90er-Jahren einige Male von der Fachkritik als deutschsprachiges „Theater des Jahres" ausgezeichnet°.

Die **Volksbühne** am Rosa-Luxemburg-Platz in der Mitte Berlins entstand 1914. Sie war eine Arbeiter-Besucherorganisation, deren Ziel es war, durch verbilligte Karten auch Arbeitern den Besuch des Theaters zu ermöglichen. Auf dem Gebäude stand daher das Motto „Die Kunst dem Volke". Berühmt wurde die Volksbühne in den 20er-Jahren durch den international bekannten Intendanten° Erwin Piscator. Nach der Wende wurde sie von Frank Castorf übernommen. Heute gilt sie als Ort experimenteller und politischer Kunst. (Quellen: *Deutsches Theater Berlin – Ein Porträt*, www.deutschestheater.de; *Volksbühne seit 1914*, http://www.volksbuehne-berlin.de)

die Sozietät: (joint) partnership   **bewahren:** to preserve   **der Intendant:** theater manager, artistic director

Für einen Moment habe ich mich dazusetzen wollen. Ich
fand noch einen einzigen freien Stuhl, allein an einem Tisch,
von dem alle anderen Stühle schon längst weggeholt waren.
Aber weil es so eng war, habe ich trotzdem ganz nah bei dem
Wachtelbergvolk gesessen. Wie in einer Theatervorstellung°
saß ich da in der ersten Reihe°, ganz dicht an der Bühne°, sah
dem Schauspiel° ihrer Volksversammlung zu und erkannte
auch schon die Dramaturgie und die Verteilung der Rollen°.
Die Hauptpersonen° blieben nämlich die ganze Zeit sitzen,
und nur die Nebenrollen° und Statisten° hatten wechselnde
Auftritte. Ich musste lachen, wenn sie lachten, war schon
gefangen in ihrem Stück° – da haben sie mich fragend angesehen. Ich verstand. Ich hatte ihnen einen Platz weggenommen, eine halbe Stunde lang saß ich schon da. So bin ich
wieder weggegangen und wusste nicht, ob ich im Weggehen
grüßen und „Salut" sagen sollte, wagte es nicht und hätte doch
gerne auf Wiedersehen gesagt. Während ich mich entfernte°,
habe ich noch lange den Lärm des Wachtelbergvolkes hinter
mir gehört.

Ach, es ist ja schön, herumzulaufen auf fremdem Pflaster°,
eine Spaziergängerin, dahin, dorthin, irgendwo herum. Aber
es ist schwer, zu kommen, ein bisschen zu bleiben und wieder
zu gehen. Und dass ich ganz kurz zu ihnen gehört habe, das
haben sie wohl gar nicht bemerkt°.

Immerzu habe ich auf meinen Streifzügen darüber nach-
denken müssen, was denn nun hier aus mir werden soll, ob
und wie ich mich als Künstlerin durchschlagen° oder ob und
wie ich eine Arbeit finden könnte. Es fiel mir schwer, das neue
Leben zu beginnen, und ich dachte viel mehr an alles, was hinter mir lag, an meinen Vater, vor dem ich weggelaufen war,
weil er mein ganzes Leben lang zu viel von mir verlangt° hatte,
an meine Freunde, derer ich überdrüssig° geworden war, und
an das ‚Berliner Theater', an dem ich nicht länger hatte

① 1.8

1. die Ansichtskarte, -n picture postcard

3. ab·schneiden (schnitt ab, abgeschnitten) to cut off

4. los·lassen (lässt los; ließ los, losgelassen) to let go of

5. die Brüstung, -en balustrade

6. der/die Heilige, -n saint • stumpfsinnig mindlessly, monotonously

10. die Schar, -en crowd, flock • herum·wimmeln to teem, to swarm

12. der Wimpel, - pennant

16. sich streiten (stritt, gestritten) to fight

18. der Beutel, - bag

25. die Volkshochschule, -n government-run adult education center

26. die Formel, -n *here:* phrase

27. auf·schnappen *(colloq.)* to pick up • merci de même = danke, gleichfalls thanks, same to you

28. hin und her gerissen sein zwischen *(+ Dat.)* to be torn between • das Wohlgefühl, -e sense of well-being

30. das Heimweh homesickness

31. der Schmerz pain; *cf.* die Schmerzen physical pain • in etw. bestehen (bestand, bestanden) to be constituted by

arbeiten wollen. Jetzt schrieb ich Ansichtskarten° an meinen   1
Vater, an meine Freunde und an die Kollegen vom ,Berliner Theater' und fühlte mich fern und abgeschnitten°, so
losgelassen° und allein wie Adam und Eva oben auf der
Brüstung° von Notre-Dame. Unter ihnen sind Hunderte   5
Heilige° stumpfsinnig° nebeneinander aufgereiht, aber die
beiden, Adam und Eva, stehen da oben ganz allein, als ob sie
herunterspringen wollten, weit voneinander entfernt, niemanden neben sich und nackt. Und unten, um die Füße von
Notre-Dame, wimmeln die Menschen in Scharen° herum°,   10
ganze Völker, rufen und reden in vielen Sprachen und laufen
in Gruppen hinter Führern mit Wimpeln° ihrer Sprache her,
aber manche stehen nur und sehen nach oben, und manche
reden und manche schweigen, manche gehen herum, manche
laufen und haben es eilig, andere rennen sogar, manche   15
streiten sich°, manche küssen sich, manche sitzen auf den
Bänken, manche schlafen auf den Bänken, manche lesen, andere essen aus mitgebrachten Beuteln° oder kaufen sich an
einer Bude eine Coca-Cola, und manche schreiben Ansichtskarten, so wie ich.   20
   Wenn ich in einem Café saß, stundenlang oder halbe Tage,
und Briefe schrieb oder ein Buch las, das ich mitgebracht
hatte, denn am Anfang las ich nur Bücher, die noch aus Berlin
stammten, die ich also schon kannte, oder wenn ich Vokabeln
für den Französischkurs an der Volkshochschule° lernte und   25
versuchte, die Formeln° des täglichen Lebens um mich herum
aufzuschnappen° – merci – merci de même° –, war ich oft hin
und her gerissen° zwischen einem Wohlgefühl° der Fremde,
dem Stolz, dass ich die Kraft gehabt hatte, mich von meinem
alten Leben zu trennen, und einer Art Heimweh°, das gar kein   30
richtiger Schmerz° war, sondern nur darin bestand°, dass ich
fast immer an eine andere Zeit dachte, eine frühere. Zum
Beispiel an die Sommer, in denen ich mit meinen Freundinnen in Budapest im Café saß, meistens war es das „Vörö-

2. stammen von/aus to originate
3. der Schmuck jewelry
9. bewundern to admire
11. unterbrechen (unterbricht; unterbrach, unterbrochen) to interrupt
12. bestimmt specific, special
13. der Teig *here:* pastry • die Glasur, -en icing
14. die Schlagsahne whipped cream
17. besichtigen to visit, to have a look at
21. die Sehnsucht, ∹e longing

ⓘ 1.9 Die K. u. k. Monarchie und das Gerbeaud

K. u. k. Monarchie bezeichnet die kaiserlich-königliche Doppelmonarchie Österreich-Ungarn (1867–1918). Der Habsburgische Vielvölkerstaat umfasste mit etwa 52 Millionen Einwohnern (1914) das Gebiet der heutigen Staaten Österreich, Ungarn, Tschechien, Slowakei, Slowenien, Kroatien, Bosnien und Herzegowina, sowie Teile des heutigen Rumäniens, Montenegros, Polens, der Ukraine, Italiens, und Serbiens. Als Idee eines harmonischen Vielvölkerstaates ist die k. u. k. Monarchie vielen nostalgisch in Erinnerung geblieben.

Das legendäre Café Gerbeaud im Herzen von Budapest ist eine der traditionsreichsten und berühmtesten Café-Konditoreien Europas. Es wurde 1858 gegründet und gelangte um 1900 zu Weltruhm. Noch heute strahlt° es die Nostalgie der k. und k. Gründerzeit aus. In den verschiedenen Salons und auf der Terrasse können etwa 600 Gäste die klassische Kaffeehausatmosphäre genießen. (Quelle: *Kaffeehaus Gerbeaud,* http://www.gerbeaud.hu)

ausstrahlen: to emit

20

ⓘ
1.9

smarty", das ja in Wirklichkeit „Gerbeaud" heißt und noch 1
aus der k. u. k. Zeit stammt°, zwischen alten Damen mit
Hüten und viel Schmuck° um Hals und Arme, jungen
Schriftstellern, die man leicht an den Blätterstapeln erkennen
konnte, die sie, ohne aufzublicken, beschrieben, und anderen 5
jungen Männern, bei denen es sich auch auf jeden Fall um
Künstler handelte und in die wir verliebt waren wegen ihrer
Werke, die wir zwar nicht kannten, aber dennoch bewunder-
ten°. Stunden um Stunden saßen wir dort, einmal brachten
wir es auf einen Rekord von neun Stunden ununterbroche- 10
nen° Sitzens, Redens und Kuchen Essens. Wir aßen eine be-
stimmte° Sorte kleiner Küchlein, die „Indianer" heißen, ein
dünner Teig° mit Schokoladenglasur° außen und innen gefüllt
mit ungesüßter Schlagsahne°. Wir aßen einen „Indianer" nach
dem anderen und verließen unseren Platz nicht, weder um 15
spazieren zu gehen, noch um in der Donau zu schwimmen,
noch um die Stadt zu besichtigen°, oder die Museen, wir
wollten lieber beieinander sitzen bleiben zwischen den alten
Damen und den Künstlern.

Damals waren wir unglücklich, weil wir eine große Sehn- 20
sucht° nach etwas ganz Unbestimmtem hatten, und nun saß
ich hier und hatte immer noch Sehnsucht nach etwas ganz
Unbestimmtem und Heimweh nach meinen Freundinnen
und meinem Vater. Saß da oder lief herum wie auf Ellis Island,
eine Einwanderin, eine Auswanderin, eine Spaziergängerin. 25

1. der Lastwagen, - truck
4. sorgfältig carefully
5. verschnüren to tie up • beschriften to label
7. die Kiste, -n box
9. durcheinander geraten sein to be mixed up
10. sperrangelweit offen wide open
11. zuoberst on top • die Strippe, -n string • die Schnur, ⸚e twine, cord
16. der Staub dust
20. räumen to shift, to move
21. die Staffelei, -en easel • das Geschirr tableware
25. die Glühbirne, -n lightbulb • der Stecker, - plug

TEIL II

Als der Lastwagen° vor meinem Souterrainfenster stand, seine doppelten Räder direkt vor dem halben Fenster über der Erde, wusste ich sofort, dass er mir nun meine Sachen bringen würde, die ich in Berlin eingepackt und sorgfältig° verschnürt° und beschriftet° hatte, tagelang, Stück für Stück. Ich hatte sie in einen Container gepackt, eine große metallene Kiste°, etwas, was wohl früher ein Schiffskoffer gewesen wäre, den hatten sie mir mitten ins Zimmer gestellt. Aber jetzt war in dem Container alles durcheinander geraten°, Kisten und Kartons standen sperrangelweit offen°, das Unterste lag zuoberst°, Strippen° und Schnüre° hingen sinnlos herunter und bildeten Knoten, die unauflöslich waren, manches konnte ich gar nicht wiederfinden, was ich ganz sicher eingepackt hatte, und einiges war hinzugekommen, das nie dagewesen war und mir gar nicht gehörte. Und dazwischen fanden sich Pakete, die noch den Staub° vom Keller der alten Wohnung trugen, Pakete, die ich nie geöffnet, sondern nur so mitgeschleppt hatte über die Jahre.

Ich habe angefangen, die Sachen aus dem Container in die Wohnung zu räumen°, die paar Möbel, die Bücher, die Kartons, die Staffelei°, meine Bilder und das Geschirr°, und nach den ersten Einkäufen haben sich die Lebensmittel in den fremden Verpackungen und überhaupt neue Gegenstände mit den alten Gegenständen vermischt, erste Butter, erster Zucker, erste Glühbirnen°, und die Stecker° mussten ausgewechselt werden.

23

2. **das Bündel, -** wad, bundle
5. **falten** to fold
9. **erschrecken (erschrickt; erschrak, ist erschrocken)** to be frightened
20. **der Jüngling, -e** young man
22. **wähnen** *(arch.)* to consider
31. **die Gestalt, -en** figure, stature
33. **es jm. recht machen** to please sb.

ⓘ 2.1 Johann Christian Friedrich Hölderlin

(*1770 in Lauffen am Neckar †1843 in Tübingen)
Hölderlin zählt zu° den bedeutendsten deutschen
Lyrikern. Sein Werk nimmt in der deutschen Literatur um 1800 eine eigene Stellung° neben Klassik
und Romantik ein. Von den Eltern zum Theologen
bestimmt°, besuchte er die von ihm gehasste
Klosterschule in Maulbronn, von 1788 bis 1793
studierte er am Theologischen Seminar in Tübingen und 1794 an der Universität in Jena. Er
arbeitete als Hauslehrer und Bibliothekar. Von
1806 an verbrachte er sein Leben in geistiger
Umnachtung°. (Quelle: *Friedrich Hölderlin,* http://
gutenberg.spiegel.de)

zählen zu: to rank/be among   **eine Stellung einnehmen:**
to rank among   **bestimmt sein zu:** to be predestined for
geistige Umnachtung: mental derangement

Friedrich Hölderlin, Porträt eines
unbekannten Künstlers

ⓘ 2.2 Odenwaldschule und Reformpädagogik

Die Odenwaldschule in Ober-Hambach ist ein 1910 von Paul und Edith Geheeb gegründetes
privates Landerziehungsheim°. Die Schule war Teil der reformpädagogischen Bewegung
Ende des 19. und Anfang des 20. Jahrhunderts, die sich gegen den Intellektualismus, die
Lebensfremdheit und den Autoritarismus der vorherrschenden „Paukschulen"° richtete°.
Wichtige Prinzipien waren die Selbsttätigkeit der Schüler, das freie Gespräch, Lernen durch
Handeln und der Verzicht° auf Jahrgangsklassen. Viele dieser Aspekte wurden später von den
staatlichen Schulen übernommen. 1934 emigrierten die Geheebs in die Schweiz und grün-
deten die École d'Humanité. Derzeit bietet die Internatsschule im Odenwald Platz für 250
Schüler, die in kleinen „Familien" (6–10 Personen) zusammenleben. (Quellen: *Konzept: Die
Odenwaldschule im Überblick,* http://www.odenwaldschule.de; *Reformpädagogik,* http://
coforum.de)

Landerziehungsheim: country boarding school   **sich richten gegen:** to oppose   **„Paukschule"** *(colloq.):*
school in which students learn by rote **(pauken)** instead of thinking for themselves   **der Verzicht auf:**
renunciation

Ganz unten in die Kartons hatte ich Briefe hineingesteckt, 1
alle die alten Briefe, die ich über Jahre in Bündeln° zusammen-
gelegt und aufgehoben hatte, jetzt flogen sie in dem Souterrain
offen herum, Blätter, die immer gelber und gelber wurden,
jahrelang hatte ich sie nicht mehr auseinandergefaltet°, und 5
auch jetzt wagte ich nicht hineinzuschauen, während ich sie
neu stapelte und bündelte und wieder ganz unten in die Kartons steckte. Wenn mein Blick doch auf eine Seite fiel, dann
erschrak° ich, so fern waren mir diese Schriften aus einer anderen Zeit, wie Nachrichten aus der Unterwelt erschienen sie 10
mir, die mich bei längerem Hinsehen ganz hinunterziehen
könnten. Zuoberst auf eines der Bündel ganz unten in dem
Karton legte ich den Brief meines Vaters, den er mir gleich
nach meiner Abreise geschrieben hatte.

15

Meine liebe Tochter!
Ich muss Dir sagen, dass ich alles nicht recht begreifen kann,
obwohl wir über Deinen Auszug ja oft gesprochen haben.
    Ich denke immer an einen Hölderlinvers, der mir seit
meinen sehr fernen Jünglingsjahren° an der Odenwaldschule 20
nicht aus dem Kopf gegangen ist: „Trennen wollten wir uns,
wähnten° es gut und klug. / Da wirs taten, warum schreckte
wie Mord uns die Tat. / Ach, wir kennen uns wenig." So un-
gefähr heißt es wohl.
                                    In Liebe, Dein Vater. 25

Mord hatte mein Vater unterstrichen.

Als Kind war ich ein kleines Kind, und als Erwachsene blieb
ich eine kleine Erwachsene. Mein Vater war mit meiner Ge- 30
stalt° unzufrieden oder sogar unglücklich darüber; er hörte nie
auf, abfällige Bemerkungen über mein Äußeres zu machen,
und weil ich es ihm schon mit meinem Aussehen nicht recht°
machen konnte, habe ich mich auch selber mit dieser Gestalt

25

1. **sich mit etw. ab·finden (fand ab, abgefunden)** to come to terms with sth.

3. **erwidern** to return, to reciprocate • **der Vorwurf, ⸚e** accusation, reproach •
an·klagen to accuse

4. **mangelnd** *here:* inadequate (*i.e.,* not enough) • **die Gleichgültigkeit** indifference

7. **abwesend** *here:* absentminded

10. **wechselseitig** reciprocal • **erfüllen** to fulfill

11. **ein·sammeln** to collect

12. **die Begegnung, -en** encounter

20. **der Nachfolger, - / die Nachfolgerin, -nen** successor

25. **sich häufen** to accumulate, to pile up

31. **nach·sitzen (saß nach, nachgesessen)** to have detention

nur schwer abfinden° können. Er sagte, dass er mich trotzdem   1
liebe, aber er sagte es in einer Art, als ob ich seine Liebe nie
erwidert° hätte, es war ein Vorwurf°; er klagte° mich man-
gelnder° Liebe zu ihm, ja, der Kälte und Gleichgültigkeit° an:
Unsere Gespräche seien immer zu kurz, nicht ausführlich   5
genug, ich konzentriere mich nicht richtig auf ihn, sei abwe-
send°, melde mich viel zu selten – und dabei war er es doch
gewesen, der fortgegangen war. So ist unsere Liebe, weil wir
immer getrennt voneinander lebten und wegen der wechsel-
seitigen° Forderungen, die nie erfüllt° wurden, nur wie eine   10
Liebe von weit her geblieben, so als sei es nur ein Einsammeln°
von Begegnungen° und gemeinsamen Erlebnissen gewesen
und nie ein Zusammensein.

Mein Vater war viermal verheiratet, irgendwo in der Mitte mit   15
meiner Mutter, sie war seine zweite Frau. Aber ich kann mich
nicht mehr an eine Zeit erinnern, in der sie zusammenlebten,
vielmehr nur daran, wie ich meinen Vater an den Wochenenden und in den Ferien besucht habe, in den Wohnungen der
dritten und vierten Frau, den Nachfolgerinnen° meiner Mut-   20
ter. Das waren fremde Wohnungen, in denen ich den Platz,
den mein Vater dort hatte, nur schwer erkennen konnte, und
wo von mir ein paar Sachen in einem Karton aufgehoben
wurden, die ich mitbrachte oder geschenkt bekam und die
sich mit den Jahren häuften°; nach dem Wochenende, wenn   25
ich zurück zu meiner Mutter ging, wurde der Karton wieder
weggeräumt.
    Samstags holte mein Vater mich immer mit dem Auto von
der Schule ab, und ich hatte den ganzen Vormittag Angst, dass
ich wegen irgendeiner Dummheit oder Vergesslichkeit nach-   30
sitzen° müsste und er würde dann vor der Schule stehen und
eine Stunde warten und mir Vorwürfe machen, wenn ich endlich käme, ein schlechter Anfang für unser Wochenende.
    Wir fuhren durch die ganze Stadt zu seiner Wohnung. Das

3. der Rollschuh, -e roller skate

7. der Haushälter, - / die Haushälterin, -nen housekeeper

10. die Probe, -n rehearsal

11. der Schminktisch, -e dressing table

12. der Kleiderschrank, ̈e wardrobe

13. sich verkleiden to dress up

15. die Wimper, -n eyelash

17. die Wange, -n cheek

18. gepunktet dotted, polka-dotted • der Unterrock, ̈e underskirt

20. fassungslos stunned, bewildered

21. ab·wischen to wipe off

23. begleiten to accompany

24. in den Kulissen in the wings, backstage, behind the scenes • der Feuerwehrmann, ̈er firefighter

26. der Zuschauerraum, ̈e auditorium

27. beherrschen *here:* to dominate

29. sichtbar visible

31. schwindelerregend dizzying

32. die Kantine, -n cafeteria (at a workplace)

33. auf·stoßen (stößt auf; stieß auf, aufgestoßen) to push open

ⓘ 2.3 Die Spree

Die Spree ist ein etwa 400 km langer Nebenfluss der Havel im Osten Deutschlands. Sie fließt durch die Länder Sachsen, Brandenburg und Berlin. Südlich von Berlin befindet sich der Spreewald, eine Natur- und Kulturlandschaft, in der noch heute die Sorben, eine slawische Minderheit, wohnen.

war wie eine Reise in ein anderes Land, denn ich lebte sonst   1
nur in der Gegend um das Haus meiner Mutter herum, in
einem ruhigen äußeren Bezirk, wo man mit Rollschuhen° auf
der Straße fahren und durch die Gärten bis zur Spree laufen
konnte. Mein Vater wohnte in einem ganz anderen Teil der   5
Stadt, mitten im Zentrum, wo ich niemanden kannte und
keine Freundin hatte. Eine Haushälterin° servierte uns ein
Mittagessen; die dritte Frau meines Vaters, eine Schauspielerin, die viel jünger war als er, kam meistens erst nach der
Probe°, am Nachmittag, nach Hause. Sie hatte einen großen   10
Schminktisch° in ihrem Zimmer und einen riesigen Kleider-
schrank°, aus dem ich mir manchmal ihre Kleider holen und
mich verkleiden° durfte. Einmal, als mein Vater seinen Nach-
mittagsschlaf hielt, habe ich mich an den Schminktisch gesetzt
und mich angemalt, die Augenbrauen und die Wimpern°   15
schwarz, um die Augen herum grün und lila und blau, Rosé
auf die Wangen° und Rot auf die Lippen, und habe einen rotge-
punkteten° Unterrock° aus dem Schrank der Schauspielerin
angezogen und einen Hut aufgesetzt. Dann habe ich meinen
Vater geweckt, er hat mich ganz fassungslos° angesehen und   20
alles gleich mit der Hand wieder abgewischt° ohne hinzusehen.

Abends haben wir die Schauspielerin oft ins Theater be-
gleitet°, und mein Vater und ich sahen von der Seite, in den
Kulissen° neben dem Feuerwehrmann° stehend, dem Stück zu,
in dem sie spielte. Diesen Platz, neben dem Feuerwehrmann,   25
zogen wir dem Zuschauerraum° vor, denn hier war die Illusion
nicht so beherrschend°, das Theater fand nur in einem Raum
des großen Hauses statt, dessen andere Räume für uns sicht-
bar° blieben, und das Kommen und Gehen der Leute hinter
und neben uns und um die Bühne herum war beruhigend und   30
schwindelerregend° zugleich. Wenn die Bühnenarbeiter oder
Schauspieler, die zur Kantine° gingen, die große Tür aufstie-
ßen°, durch die die Dekorationen hinaus und hereingebracht
wurden, die große Tür, die zum Hof ging, dann wurde der

5. hinein·dringen (drang hinein, ist hineingedrungen) to get in, find its way into • die
Angespanntheit tension
7. reglos motionless
8. künstlich artificial
14. verbergen (verbirgt; verbarg, verborgen) to hide
15. der Auftritt, -e appearance, entrance (onstage)
17. winken (winkte, gewinkt/gewunken) to wave (one's hand)
18. Grimassen schneiden (schnitt, geschnitten) to make faces
19. die Garderobe, -n changing room
24. zeugen to father • zustande·bringen (brachte zustande, zustandegebracht) to get done,
accomplish
27. die Fehlgeburt, -en miscarriage • die Bauchhöhlenschwangerschaft, -en ectopic
pregnancy
29. Spitzenschuhe und Tütü toe shoes and ballet skirt
30. auf·heitern to cheer up
32. der Bettpfosten, - bedpost
33. pfeifen (pfiff, gepfiffen) to whistle

ⓘ 2.4 BZ am Abend – Berliner Zeitung am Abend
Die „BZ am Abend" war seit 1949 eine beliebte Boulevardzeitung° in der DDR. Seit der
Wende 1990 erscheint sie unter dem Namen „Berliner Kurier" und ist nicht zu verwechseln
mit der „BZ", die heute die auflagenstärkste Abonnementzeitung° Berlins ist.

die Boulevardzeitung: tabloid   die auflagenstärkste Abonnementzeitung: subscription paper with the high-
est circulation

ⓘ 2.5 *Schwanensee* und *Dornröschen*
Schwanensee (Swan Lake) und *Dornröschen* (Sleeping Beauty) sind zwei der berühmtesten
Ballette nach der Musik von Peter I. Tschaikowsky (1840–1893).

abendliche Himmel sichtbar, der im Sommer oft noch hell
war, und die Höfe der nachbarlichen Häuser und auch die
Kantine selber – ein kleiner Pavillon. Die Geräusche der Stadt
und der Höfe und die lauten Gespräche aus der Kantine dran-
gen° bis zu uns und fast hinein in die Angespanntheit° der
Theatervorstellung und die Dunkelheit, in der die Zuschauer
reglos° saßen und dem Stück folgten, und nur wir standen
zwischen dem dunklen Zuschauerraum und der künstlichen°
Welt auf der Bühne und der Welt hinter der großen Tür nach
draußen, die aber irgendwie auch nicht die richtige Welt zu
sein schien. Die Bühnenarbeiter, jeder mit einer Flasche Bier
in der Jackentasche, bauten schon neue Dekorationen in
einem Teil der Bühne auf, der noch im Dunkeln und für die
Zuschauer, aber nicht für uns, im Verborgenen° blieb, und die
Schauspieler saßen, auf ihren Auftritt° wartend, neben der
Bühne herum und lasen die „BZ am Abend", manchmal
winkten° sie uns, schon halb auf die Bühne tretend, zu oder
schnitten noch schnell eine Grimasse°. Wenn die Vorstellung
zu Ende war, gingen wir in die Garderobe° der Schauspielerin,
und ich sah zu, wie sie ihre Maske abnahm und ihr Kostüm
auszog und sich wieder in die Frau meines Vaters verwandelte,
die Nachfolgerin meiner Mutter.

Mit der Schauspielerin wollte mein Vater auch noch ein
Kind zeugen°, aber sie brachten es irgendwie nicht zustande°,
und viele Male besuchte ich sie an den Wochenenden mit
meinem Vater in einem Krankenhaus, da lag sie nach einer
Fehlgeburt° oder Bauchhöhlenschwangerschaft°, und wir
mussten zusehen, wie sie weinte. Manchmal brachte ich meine
Spitzenschuhe und mein Tütü° von der Ballettstunde mit
und tanzte ihr, um sie aufzuheitern°, zwischen den Betten
und Nachttischen auf Rädern ein Solo oder Pas de deux aus
Schwanensee oder Dornröschen vor, der Bettpfosten° aus Alu-
minium war mein Partner, die Musik pfiff° ich oder sang ich
dazu, lalala. Und einmal sind sie mit mir in das Zimmer des

2. **die Flüssigkeit, -en** liquid
8. **genug haben von etw.** to be fed up with sth.
11. **sich zurück·ziehen (zog zurück, zurückgezogen)** to withdraw
12. **die Baustelle, -n** construction site
23. **pendeln** to commute
26. **die Schale, -n** shell, skin
28. **stammen von/aus** to come from (originally)
31. **sich ein·leben** to settle down
32. **die Feindseligkeit, -en** hostility
33. **sich verirren** to get lost

① 2.6 Bulgarien

Bulgarien ist heute eine Republik in Südosteuropa mit 7,7 Millionen Einwohnern. Sie grenzt im Norden an Rumänien, im Westen an Serbien und Mazedonien, im Süden an Griechenland und die Türkei, im Osten an das Schwarze Meer.

Bulgarien ist seit 2007 Mitglied der EU. Vom Ende des Zweiten Weltkrieges bis 1989 war es Teil des sowjetischen Einflussbereiches. Während der Nazi-Zeit konnten dank des Einsatzes der Bevölkerung alle bulgarischen Juden gerettet werden, obwohl der König 1940 den Achsenmächten° beigetreten war.

Die Hauptstadt **Sofia** ist mit circa 1,2 Millionen Einwohnern die größte Stadt des Landes. Sie liegt am Fuße des Witosha-Gebirges, das das Panorama der gesamten Stadt bestimmt. Sofia ist eine der ältesten Städte Europas und seit der Antique ein kulturelles und wirtschaftliches Zentrum auf dem Balkan. Schon im 9. Jahrhundert wurde sie Hauptstadt des 1. Bulgarischen Reiches. Die Hagia-Sophia-Kirche aus dem 6. Jahrhundert gab ihr ihren Namen. Die Stadt beherbergt eine der größten Synagogen Europas, die 1909 eröffnet und im Spanisch-Maurischen Stil gebaut wurde. Außerdem befindet sich hier die Banja-Baschi-Moschee aus dem 16. Jahrhundert.

die Achsenmächte: Axis powers, i.e., fascist Germany and Italy

Arztes gegangen und haben mir ein Glas gezeigt, in dem in   1
einer Flüssigkeit° ein Embryo schwamm, und sagten, das sei
mein Bruder, der nicht geboren wird.

Später hat mein Vater die Schauspielerin verlassen und eine
noch viel jüngere Frau, die Museumsdirektorin aus Weimar,   5
geheiratet und ist zu ihr ins Schloss Belvedere gezogen; sie war
seine vierte und letzte Frau. Zu dieser Zeit hatte er schon
genug von° Berlin, und es war ihm wohl recht, sich unter das
Dach vom Belvedere, neben das Tischleindeckdich von Goethe und Karl August, ziemlich weit weg von allem anderen   10
zurückzuziehen°. Sie wohnten ganz allein in dem Schloss, das
in all den Jahren eine Baustelle° blieb.

Von nun an musste ich wirklich in eine andere Stadt fahren,
um meinen Vater zu sehen. Manchmal haben wir uns auch in
der Mitte getroffen oder sind zusammen für ein paar Tage   15
weggefahren, in ein Hotel nach Prag oder Budapest oder
irgendwohin ins Gebirge. Als ich später selbst eine Wohnung
hatte, kam er auch wieder nach Berlin und hat bei mir auf
dem Sofa in der Küche geschlafen und sich ganz als ein Be-
sucher aufgeführt, so als habe er niemals in dieser Stadt gelebt.   20

In meiner ganzen Kindheit bin ich zwischen meinen Eltern
hin und her gependelt°, und es hat mir wehgetan, zu kommen,
zu gehen, wieder zu kommen und wieder zu gehen, und so hat
es wohl zwischen uns nie etwas ganz Vertrautes gegeben, weil   25
sich immer von neuem, bei jedem Wiedersehen, die Schalen°
der Fremdheit darüber gelegt haben.

ⓘ   Meine Mutter stammte aus° Bulgarien. Meinen Vater hatte
2.6   sie in England kennengelernt und war ihm nach dem Krieg
nach Berlin gefolgt, da wollten sie ja ein neues Deutschland   30
aufbauen. Aber in Berlin hat sie sich nie einleben° können. Sie
behielt immer eine große Feindseligkeit° gegen diese Stadt, in
der sie sich verlief und verirrte° und überhaupt nicht orien-
tieren konnte, und auch nach vielen Jahren noch sprach sie

10. sich zurecht·finden (fand zurecht, zurechtgefunden) to cope, to get along

12. auf·schieben (schob auf, aufgeschoben) to postpone

① 2.7 Das Schwarze Meer und das Rila-Gebirge

Das Schwarze Meer ist ein Binnenmeer zwischen Osteuropa und Vorderasien°. Es ist durch den Bosporus und die Dardanellen mit dem östlichen europäischen Mittelmeer verbunden. Neben Bulgarien liegen die folgenden Staaten am Schwarzen Meer: Rumänien, die Ukraine, Russland, Georgien und die Türkei.

Das Rila-Gebirge ist ein seenreiches Gebirge im Südwesten Bulgariens mit zahlreichen Kurorten° mit Mineralquellen°. Bekannt ist das Rila-Kloster aus dem 10. Jahrhundert, das zum UNESCO-Weltkulturerbe gehört.

Vorderasien: the Near East   der Kurort: spa   die Mineralquelle: mineral springs

mit einem starken Akzent ein fehlerhaftes Deutsch, so dass   1
jeder sie fragte, woher sie denn käme. Und weil sie schon viele
Jahre in Wien, Paris und London gelebt hatte, konnte sie nicht
einfach sagen, ich komme aus Bulgarien. Doch die ganze
Geschichte wollte ja auch keiner hören. So hat sie sich eines   5
Tages, nachdem mein Vater sie schon lange verlassen hatte und
sie immer allein geblieben war, entschlossen, wieder nach Bulgarien zurückzugehen. In Sofia hatte sie noch Familie und
Freunde von vor dem Krieg, da hoffte sie, sich besser zurecht-
zufinden° und endlich wieder in ihre Muttersprache zurück-   10
kehren zu können. Ihren Entschluss hat sie lange aufgescho-
ben°, aber nachdem ich die Schule beendet hatte und auf die
Universität ging, fuhr sie nach Sofia und suchte sich eine
Wohnung und ist nicht ein einziges Mal mehr nach Berlin
zurückgekommen.   15

In den Ferien habe ich meine Mutter oft in Bulgarien besucht, und wir sind dann zusammen ans Schwarze Meer oder
ins Rila-Gebirge gefahren. Mit den Jahren sprach sie aber
mehr und mehr nur noch Bulgarisch, eine Sprache, die ich
nicht schön fand und die ich nicht verstand, so dass ich als   20
eine Fremde zwischen den Onkeln und Tanten und Freunden
von vor dem Krieg saß. Kurz vor ihrem Tode haben wir gar
nicht mehr mit einander sprechen können, weil sie nur noch
Bulgarisch verstand, doch das hatte ich ja nie gelernt.

① 2.7

2. **heften** to pin
7. **die Spur, -en** trace, sign
11. **wurzellos** rootless
21. **der Saal, Säle** hall
23. **der Zugereiste, -n** newcomer
25. **seiden** silken
26. **das Dekolleté, -s** cleavage, décolleté • **die Federboa, -s** feather boa
29. **zu etw. passen** to go with sth.
32. **die Requisite, -n** prop

ⓘ 2.8 Vossische Zeitung

Die *Vossische Zeitung* war eine zwischen 1721 und 1934 in Berlin erscheinende liberale Tageszeitung. Bedeutende Redakteure° waren zum Beispiel die Schriftsteller Lessing, Fontane und Tucholsky. Von den 2 000 im Jahre 1934 entlassenen Journalisten waren 1 300 Juden. Die *Vossische Zeitung* galt neben der *Frankfurter Zeitung* und dem *Berliner Tageblatt* als eine der international gelesenen Publikationen aus Deutschland, vergleichbar der heutigen *New York Times* aus den USA. (Quelle: *Vossische Zeitung,* http://www.preussen-chronik.de)

der **Redakteur**: editor

ⓘ 2.9 Quai d'Orsay

Der Quai d'Orsay ist eine Straße am südlichen Ufer der Seine im 7. Arrondissement in Paris. Der Begriff „Quai d'Orsay" wird oft als Synonym für das französische Außenministerium° verwendet. Am Quai d'Orsay liegen aber auch der Invalidendom und der Palais Bourbon, der Sitz der Nationalversammlung.

das **Außenministerium**: State Department

Auf dem Stadtplan von Paris, den ich als ein erstes Bild   1
in mein Souterrain an die Wand heftete°, habe ich mir
gleich zu Anfang die Straßen angesehen, in denen meine
Eltern vor dem Krieg wohnten, ich habe sie sogar mit einem
Stift rot eingekreist, obwohl ich gar nicht sicher war, ob ich   5
dorthin gehen sollte, denn was konnte ich denn erwarten,
dort zu sehen? Ich wollte ja auch nicht immer in den Spuren°
meiner Eltern bleiben, wenngleich ich wusste, dass ich auch
nicht aus ihnen herauskomme und mein Auswandern
vielleicht nur der Traum von einer wirklichen Trennung, der   10
Wunsch nach einem wurzellosen° Leben war. Mehr als von allem anderen bin ich vielleicht von meinen Eltern weggelaufen
und lief ihnen doch hinterher.

Als sie in Paris lebten, kannten sich meine Eltern noch
nicht, mein Vater war mit einer anderen Frau verheiratet und   15
meine Mutter mit einem anderen Mann. Sie war als Flüchtling
aus Wien gekommen, und mein Vater war Korrespondent der
„Vossischen Zeitung" bevor er auch ein Flüchtling wurde.

ⓘ
2.8

Meine Mutter hat erzählt, sie sei damals reich gewesen, sie
ⓘ
2.9
habe eine Wohnung am Quai d'Orsay mit dem Blick auf die   20
Seine gehabt, eine Wohnung mit riesigen Zimmern, Sälen°,
und einem Halbrund aus Fenstern, und habe die ganze Pariser
Künstlerwelt gekannt, tout Paris, alle die Zugereisten° aus allen nur möglichen Ländern, und große Feste gegeben und
nächtelang getanzt, in einem rosaseidenen° Kleid mit tiefem   25
Dekolleté° und einem Hut mit einer Federboa°. Tatsächlich
fand ich im Keller unserer Berliner Wohnung einen alten
Pappkarton mit einer Federboa und einem rosaseidenen
Handtäschchen darin, das wohl zu dem Kleid gepasst° haben
muss; meine Freundinnen und ich spielten damit ‚feine   30
Dame‘, und ich konnte eigentlich schwer glauben, dass diese
Requisiten° im Leben meiner Mutter einmal eine Rolle
gespielt hatten.

Irgendwann bin ich dann den Quai d'Orsay entlangge-

4. die Welle, -n wave

5. zusammen·schlagen über (schlägt zusammen; schlug zusammen, ist zusammengeschlagen) to cover over, to engulf • unter·gehen (ging unter, ist untergegangen) to sink, to be submerged

12. hageln to hail, to rain down

15. am Leben bleiben (blieb, ist geblieben) to survive

16. der Splitter, - splinter • zerspringend bursting

19. der Rüstungsbetrieb, -e armaments factory

20. das Unterseeboot, -e submarine

21. sich wehren to resist

22. besiegen to defeat

25. nach·setzen to pursue

27. umständlich awkward, ponderous

31. über·laufen (läuft über; lief über, ist übergelaufen) *here:* to desert

34. zögern to hesitate

ⓘ 2.10 Reuters
Reuters ist die weltweit größte Nachrichtenagentur. Sie wurde bereits 1850/1851 von Paul Julius Reuter in Aachen und London gegründet. In London hat Reuters heute seinen Hauptsitz.

gangen und habe mich vor ihr Haus gestellt, ich suchte mir   1
irgendeines aus, weil ich ja nicht wusste, welches es gewesen
war. Natürlich gibt es dort gar nichts zu sehen, und es ist
vielmehr, als sei eine Welle° über ihre Anwesenheit zusammen-
geschlagen° und alles ist einfach untergegangen°.   5
      Als Hitler meiner Mutter nach Paris folgte, ist sie nach Lon-
don gezogen. Dort hat sie meinen Vater geheiratet, der inzwischen Journalist bei Reuter war, weil es keine „Vossische Zeitung" mehr gab; er hatte sich von seiner ersten Frau getrennt
und meine Mutter von ihrem ersten Mann. Nach London ist   10
Hitler nicht gekommen, aber er hat jede Nacht Bomben auf
die Stadt hageln° lassen, und so mussten sie immer wieder
neue Wohnungen suchen, weil die alten zerbombt waren;
nachts schliefen sie sowieso nur noch im fensterlosen Bade-
zimmer, weil, wenn man überhaupt am Leben blieb°, die   15
Splitter° der zerspringenden° Fensterscheiben das Gefähr-
lichste waren, und am Tag stellte mein Vater bei Reuter für
die englischen Zeitungen die Nachrichten aus dem Krieg zusammen, während meine Mutter in einem Rüstungsbetrieb°
englische Unterseeboote° für den Krieg gegen Deutschland   20
montierte. Sie wollten sich wehren°. Und Hitler wurde be-
siegt°. Er hat verloren und meine Eltern haben gesiegt. Sie
verließen England wieder und gingen dahin zurück, wo alles
begonnen hatte, an den Ort, von dem aus Hitler ihnen
nachgesetzt° hatte, nach Berlin.   25
      Mein Vater ist zuerst angekommen, mit ein paar Koffern,
nach einer langen umständlichen° Reise durch ganz Europa,
denn der Krieg war zwar zu Ende, aber wie im Frieden war es
auch noch nicht. Während der Reise hatte er den Entschluss
gefasst, nicht länger für Reuter und die Engländer zu arbeiten,   30
sondern zu den Russen nach Ost-Berlin überzulaufen°. Er war
Kommunist geworden.
      Meine Mutter kam fast ein Jahr später, als hätte sie noch
gezögert°. Sie war von London zunächst nach Bulgarien ge-

10. **die Last, -en** burden
11. **so tun (tat, getan), als ob** to pretend
13. **verrecken (ist)** to croak, to die like a dog
14. **der Vorfahr, -en, -en / die Vorfahrin, -nen** ancestor
20. **glücken (ist)** to be successful
22. **rechtfertigen** to justify
30. **die Herkunft, ⸚e** origin
32. **der Anlass, ⸚e** occasion

ⓘ 2.11 Konzentrationslager Auschwitz I und Auschwitz II (Auschwitz-Birkenau)

Auschwitz und Auschwitz-Birkenau gehörten zu den größten deutschen Konzentrationslagern in der Zeit des Nationalsozialismus. Sie wurden 1940 bzw. 1941 etwa 60 km westlich von Krakau (Polen) als Arbeits- und Vernichtungslager° genutzt. Über dem ehemaligen Haupteingang zum Lager befindet sich das zynische Motto *„Arbeit macht frei"*. Der Name „Auschwitz" ist zum Symbol für den Holocaust an etwa sechs Millionen europäischen Juden sowie an Sinti und Roma, russischen und polnischen Zwangsarbeitern, Homosexuellen und anderen zu Feinden des Nationalsozialismus erklärten Menschen geworden.

Die Überreste beider Hauptlager sind als „Staatliches Museum Auschwitz-Birkenau", als Gedenkstätte des Holocaust und als jüdischer Friedhof öffentlich zugänglich°. Seit 1979 ist dieser Ort eingetragen° in die Liste des UNESCO-Weltkulturerbes. (Quelle: *KZ Auschwitz-Birkenau*, http://de.wikipedia.org)

die Vernichtung: destruction   zugänglich: accessible   eingetragen: registered

ⓘ 2.12 Juden als Hofärzte und Hofbankiers

Trotz weitverbreiteter Judenverfolgungen waren Juden seit dem Mittelalter an vielen Fürstenhöfen als Ärzte sehr geschätzt°. Einer der frühesten und bekanntesten von ihnen war wohl der Philosoph Moses Maimonides (1138–1204), der den Beruf des Arztes erlernte, um so der Vertreibung zu entkommen.

Als im Mittelalter auch die ersten Banken entstanden, war der Beruf des Bankiers in Europa weitgehend Juden vorbehalten°, da es Christen verboten war, Zinsen° zu nehmen. Einige wenige Juden wurden dabei reich. Als bekannte Bankiers galten die Rothschilds, die im 19. Jahrhundert gleichzeitig in Frankfurt, London, Wien, Paris und Neapel aktiv waren.

geschätzt: valued   vorbehalten: reserved for   Zinsen *(pl.)*: interest

ⓘ 2.13 Die Hessische Bergstraße und Hessen-Darmstadt

Die **Hessische Bergstraße** liegt südlich von Darmstadt in der Rheinebene. Sie ist eine alte Kulturlandschaft und ein Weinbaugebiet. Siehe auch Info-Ecke 4.5.

Von 1567–1806 war **Hessen-Darmstadt** Teil des Heiligen Römischen Reiches. 1806 wurde Hessen-Darmstadt Großherzogtum, von 1871 bis 1918 war es Bundesstaat des Deutschen Kaiserreiches. Nach dem Ersten Weltkrieg wurde es zum *Volksstaat Hessen*.

reist, um nach ihrer Familie und ihren Freunden zu sehen und   1
ihnen zu zeigen, dass sie selbst noch am Leben war, dann erst
hat sie meinen Vater in Berlin wiedergetroffen. Sie kam mit
blutrot lackierten Fingernägeln, wie er erzählte.

Weil sie Juden waren, ist die Emigration und sind die   5
Bomben auf London nicht einmal das Schlimmste gewesen.
Meine Eltern konnten sogar sagen, dass sie noch Glück gehabt
hatten, aber sie mussten für den Rest ihres Lebens mit den
Bildern und Berichten derer leben, die kein Glück gehabt hatten, und das muss eine schwere Last° gewesen sein, so schwer,   10
dass sie immer so taten, als° hätten sie damit gar nichts zu tun
gehabt und als hätte niemand jemals zu ihnen gehört, der in
einem Getto verreckt° oder in Auschwitz vergast worden ist;
mein Vater sprach viel lieber nur von seinen Vorfahren° an der
Hessischen Bergstraße, die Hofärzte und Hofbankiers der   15
Großherzöge von Hessen-Darmstadt gewesen waren. Und
schließlich waren sie nach Berlin gekommen, um ein neues
Deutschland aufzubauen, es sollte ja ganz anders werden als
das alte, deshalb wollte man von den Juden besser gar nicht
mehr sprechen. Aber irgendwie ist alles nicht geglückt°, und   20
eines Tages mussten sie sich sogar für das Land ihres Exils
rechtfertigen°, warum es ein westliches Land war und nicht die
Sowjetunion. Meine Mutter glaubte wenigstens zu wissen,
warum sie sich schlecht und schlechter fühlte. Sie war schon
zu lange durch zu viele Länder gezogen, jetzt wollte sie wieder   25
nach Hause. Aber mein Vater war doch nach Hause zurückgekehrt, nach Deutschland, wo er herkam, wenn auch nicht
nach Hessen-Darmstadt, sondern nach Ost-Berlin, zu den
Russen, den Kommunisten; vielleicht aber war es dieses
Überlaufen, das es ihm, wenn er an seine Herkunft° dachte,   30
doch wie ein fremdes Land erscheinen ließ. Zu allen möglichen Zeiten und Anlässen° habe ich ihn sagen gehört,
eigentlich weiß ich nicht, wo ich herstamme, weiß auch
nicht, wo ich jetzt hingehöre. Und einmal hat er hinzugefügt:

Ⓘ 2.11
Ⓘ 2.12
Ⓘ 2.13

20. **steil** steep
25. **auf·führen** to perform
26. **besessen sein von** to be obsessed with
27. **an·kündigen** to announce
29. **die Uraufführung, -en** world premiere
32. **sich daran machen etw. zu tun** *(colloq.)* to set about to do sth.

ⓘ **2.14 Die Ilm**
Die Ilm ist ein Nebenfluss der Saale und fließt durch Weimar. Nahe der Ilm befindet sich auch Goethes Gartenhaus.

ⓘ **2.15 Konzentrationslager Buchenwald**
Buchenwald, in der Nähe von Weimar gelegen, war eines der größten Konzentrationslager auf deutschem Boden. Zwischen 1937 und 1945 diente es als Arbeitslager für etwa 250 000 Menschen aus allen Ländern Europas; anders als zum Beispiel Auschwitz war es kein Vernichtungslager. Die Zahl der Opfer von Buchenwald wird auf etwa 56 000 geschätzt, darunter 11 000 Juden. Nach der Befreiung 1945 wurde das Gelände° von der sowjetischen Besatzungsmacht als Internierungslager genutzt. (Quelle: *KZ Buchenwald*, http://de.wikipedia.org)

das Gelände: site

Vielleicht war alles immer nur wie mit Martha. Als ich ihn   1
fragte, wer ist Martha, was war mit Martha, erzähl, was passiert ist mit ihr, sagte er: Das ist eine ganz alte Geschichte aus
meiner Kinderzeit, aber sie hat wohl nie aufgehört. Alle meine
Ideen, meine Berufe, meine Frauen und selbst alle die Orte, an   5
denen ich in meinem Leben gelebt habe, alles war eigentlich
immer nur Martha.

Wir trugen gerade die vollen Einkaufstaschen den Weg von
Oberweimar zum Schloss Belvedere hinauf. Mein Vater ging
fast jeden Tag hinunter, um in dem kleinen HO-Laden   10
einzukaufen, was sie so brauchten: Brot, Milch, Butter, Eier,
Bier, und immer redeten ihn die Verkäuferinnen in der HO
mit „Herr Professor" an, obwohl er ihnen schon tausendmal
erklärt hatte, dass er kein Professor sei und nie gewesen war.
Wir hatten die Taschen abgestellt und ruhten uns an der   15
Kreuzung aus, an der man zwischen zwei Wegen wählen kann,
dem über die breite Belvedere-Allee, auf der man im Schatten
der alten Bäume zu beiden Seiten läuft, oder dem über die
ⓘ   Ilmwiesen und Felder, hintenherum, ein Weg, der am Ende
2.14   ziemlich steil° wird und eigentlich wenig geeignet ist, um ihn   20
mit vollen Einkaufstaschen hinauf zu steigen, aber man hat
dort einen freien Blick über die ganze Gegend, sogar bis hin-
ⓘ   über nach Buchenwald.
2.15   Als ich ein kleiner Junge war, erzählte mein Vater, wollte ich
einmal ein Theaterstück schreiben und aufführen°. Ich war   25
ganz besessen° von der Idee und kündigte es meinen Eltern
an°; es sollte „Martha" heißen, und sie sollten die ganze Familie an einem bestimmten Tag einladen, da werde die
Uraufführung° sein. Mein Vater, der Professor, war stolz auf
mich und lud die ganze Familie und die Kollegen aus dem   30
Sanatorium in unsere pompöse Wohnung in der großen Villa
ⓘ   in Wiesbaden ein, und ich habe mich daran gemacht°, den
2.16   großen Abend vorzubereiten, Kostüme zurecht geschnitten,
den Salon in eine passende Dekoration verwandelt, ein Pro-

1. **das Programmheft, -e** playbill • **das Personenverzeichnis, -se** dramatis personae, cast list
3. **aus·suchen** to select
9. **die Aufregung, -en** excitement
13. **der Ruhm** fame
15. **auf·treten (tritt auf; trat auf, aufgetreten)** to appear, make an entrance (on stage); to perform

ⓘ **2.16 Wiesbaden**
Wiesbaden ist die Hauptstadt Hessens und nach Frankfurt am Main die zweitgrößte Stadt des Landes. Die Stadt ist eines der ältesten Kurbäder° Europas mit 26 heißen Thermalquellen. Im 19. Jahrhundert begann Wiesbadens glanzvolle° Zeit als internationale Kurstadt. Das „Nizza des Nordens" wurde regelmäßig von Kaiser Wilhelm II. zur Sommerfrische° besucht. Es siedelten° sich zahlreiche Adlige°, Künstler und wohlhabende° Geschäftsleute in der Stadt an. Bis zum Beginn des 20. Jahrhunderts wurde Wiesbaden zur Stadt mit den meisten Millionären Deutschlands. Mit dem Ende des Ersten Weltkriegs endete ihre Zeit als beliebte Kurstadt. (Quelle: *Wiesbaden*, http://de.wikipedia.org)

Kurhaus Wiesbaden

das Kurbad: spa **glanzvoll:** glamorous **die Sommerfrische:** summer resort **sich ansiedeln:** to settle **der Adlige:** aristocrat **wohlhabend:** affluent

grammheft° geschrieben, ein Personenverzeichnis° verfasst und   1
auch noch extra Einladungen und Ankündigungen für die
Premiere von „Martha" an ausgesuchte° Personen verschickt.
Aber als es dann soweit war und die Onkel und Tanten und
Kollegen aus dem Sanatorium sich in dem Theater-Salon ver-   5
sammelt hatten und auf den Beginn von „Martha" warteten,
als nun also der große Moment endlich gekommen war, auf
den ich mich so lange vorbereitet hatte, da ist mir plötzlich
klar geworden, dass ich nur eines in der großen Aufregung°
und Freude vergessen hatte, nämlich: das Stück zu schreiben.   10
„Martha" war nur mein Traum von einem Theaterstück
gewesen, der Traum von einem großen Abend, der nur mein
Abend, mein Erfolg und Ruhm° gewesen wäre, aber das Stück
existierte gar nicht, ich hatte ganz vergessen es zu schreiben.
Ich bin trotzdem aufgetreten°, habe gesagt: 15
„Das ist furchtbar.
Das ist schrecklich.
Es ist ganz entsetzlich."
Und das war alles von „Martha".

2. **durcheinander·geraten (geriet durcheinander, ist durcheinandergeraten)** to get mixed up

4. **erschöpft** exhausted

9. **dauernd** *here:* continuous

10. **an·halten (hält an; hielt an, angehalten)** to stop • **außer Atem** out of breath

14. **auf·brechen (bricht auf; brach auf, ist aufgebrochen)** to leave, hit the road

17. **der Fleck, -en** spot; *here:* place

24. **bis zum Überdruss** ad nauseam • **trauern** to mourn

TEIL III

Manchmal ist es mir fast unmöglich erschienen, mein 1
ganzes durcheinandergeratenes° Lebenswerk, so wie es
mir aus dem Container entgegengefallen war, wieder in eine
Art Ordnung zu bringen, und ich war schon erschöpft° von
den Eindrücken der neuen Welt. Eigentlich hatte ich gar keine 5
Kraft mehr, immer wieder loszugehen, und vielmehr Lust, einfach auf meinem Bett liegen zu bleiben, um Luft zu holen,
und oft dachte ich, dass es nun überhaupt genug sei mit den
großen Veränderungen und dass ich diese dauernde° Bewegung lieber anhalten° wolle, weil ich schon außer Atem° war. 10

Warum hatte ich eigentlich alles hinter mir stehen- und
liegenlassen wie einer, der flüchten muss?

Es war so eine Idee gewesen, dass man immer wieder in ein
neues Land, eine neue Heimat aufbrechen° müsse, auch wenn
es wieder nur eine Provinz wäre. In der ganzen Stadt Berlin 15
war doch von nichts anderem gesprochen worden als davon,
dass man nicht ewig an einem Fleck° bleiben könne, dass es
sonst ein kindisches Leben sei, wie bei einem, der nie von zu
Hause weggeht. Überall wurde nur darüber geredet, in der
Kantine des ,Berliner Theaters‘ oder in meiner Wohnung, wo 20
wir in der Küche um den großen Tisch herum saßen. Eigentlich kamen wir in dieser Zeit überhaupt kaum noch aus den
Wohnungen heraus, denn wozu auch, man kannte ja alles bis
zum Überdruss°. Drinnen, in den Wohnungen, trauerten°
und fantasierten wir über alles, was „draußen“ war, und konn- 25

4. die Kantate, -n cantata

18. die Inszenierung, -en production • die Anmerkung, -en annotation, comment

20. der Gehilfe, -n, -n / die Gehilfin, -nen assistant, helper

22. raus·werfen (wirft raus; warf raus, rausgeworfen) *(colloq.)* to fire

23. der Vertrag, ⸚e contract

24. das Arbeitsgericht, -e labor court

25. es ging auch so things went well without it (i.e., the contract)

26. sich auf·lehnen to revolt

32. etw. satt haben to be fed up with sth.

33. beieinander hocken to sit closely together

ⓘ 3.1 Buslinie 75

Der „57er Bus" fuhr durch die Ost-Berliner Innenstadt, vom Polizeikrankenhaus über die Chausseestraße, Friedrichstraße und Unter den Linden entlang, am Alexanderplatz vorbei bis Prenzlauer Berg. Heute existiert diese Linie nicht mehr.

ten uns nur schwer die Wirklichkeit eines anderen Lebens und
anderer Länder und Städte vorstellen, ob es dort ähnlich oder
ganz anders sei und wie man da umherginge. Wir spielten
laute Musik in der Nacht, Bob Dylan oder eine Kantate° von
Bach, bis die Nachbarn kamen und fragten, ob wir verrückt
geworden seien und ob wir am nächsten Morgen vielleicht
nicht zur Arbeit gehen müssten.

Ich hatte eine kleine Wohnung im Norden von Berlin, ein
Zimmer, in dem die Waschmaschine neben dem Schreibtisch
stand und wo ich nie ein Telefon bekommen konnte. Vor dem
Haus war die Haltestelle vom 57er Bus, mit dem ich erst
jahrelang zur Universität und dann jahrelang ins ‚Berliner
Theater‘ gefahren bin. Es war dasselbe Theater, in dem ich als
Kind mit meinem Vater in den Kulissen stand, um seiner drit-
ten Frau, der Schauspielerin, zuzusehen. Inzwischen war ich
Dramaturgin und hatte kleine Artikel für die Programmhefte
zu schreiben, in die Bibliotheken zu laufen, um Material für die
Inszenierungen° herauszusuchen, oder Anmerkungen° zu den
Proben zu verfassen, die ich den Dramaturgen zeigte, die schon
jahrzehntelang dort arbeiteten und deren Gehilfin° ich war.
Irgendwann haben sie mich dann aus dem Theater rausgewor-
fen°, das heißt, ein seit Jahren ohnehin nur provisorischer Ver-
trag° wurde einfach nicht verlängert, ein Vertrag, gegen den ich
schon längst vor einem Arbeitsgericht° hätte klagen müssen,
aber da es bis zu diesem Tage irgendwie auch so ging°, war ich
zu faul gewesen, mich gegen die Ungerechtigkeit aufzulehnen°.
Und langsam war ich es auch überdrüssig geworden, immer
an demselben Theater zu arbeiten, immer dieselben Wege zu
gehen, immer den Bus vor meinem Haus zum ‚Berliner Theater‘ zu nehmen, und auch mit meinen Freunden hatte ich mich
zerstritten, oder vielleicht hatten wir uns auch nur durch zu
lang andauernde Freundschaft satt° und vom ewigen Bei-
einanderhocken° genug voneinander. Das Vertraute war so bis
zum Überdruss vertraut, dass es nur noch eine Müdigkeit und

① 3.1

1

5

10

15

20

25

30

49

1. **sich aus·breiten** to spread out, unfurl
4. **der Strauß, ⸚e** bouquet • **der Intendant, -en, -en / die Intendantin, -nen** theater manager
6. **die Morgendämmerung, -en** dawn
8. **frieren** to be cold
9. **der Fensterflügel, -** side of a window
11. **kriechen (kroch, ist gekrochen)** to crawl • **der Schuppen, -** shed
12. **Zentralviehhof, ⸚e** central slaughterhouse • **beißend** pungent • **ekelerregend** nauseating, revolting
13. **der Gestank** stench
15. **der Parteitag, -e** party convention
16. **der Schlot, -e** chimney, smokestack • **ragen** to stick out
22. **bedrohlich** threatening
23. **an·karren** to cart along • **quieken** to squeak
24. **das Schlachtvieh** animals for slaughter • **das Gitter, -** bars
25. **aus·schütten** to pour out, spill out
27. **trocknen** to dry
28. **der Urwald, ⸚er** jungle
31. **überwuchern** to overgrow
33. **auf·heben (hob auf, aufgehoben)** *here:* to keep

ⓘ 3.2 *Egmont*

Egmont (1788) ist ein Trauerspiel von Johann Wolfgang von Goethe. Bekannt ist der Stoff auch durch die Bühnenmusik von Ludwig van Beethoven, insbesondere die Egmont-Overture.

In dem Stück, an dem Goethe zwölf Jahre lang schrieb, führt Graf Egmont einen letztendlich° hoffnungslosen Aufstand° gegen die spanische Vorherrschaft° in den Niederlanden.

letztendlich: in the end   der Aufstand: insurgence, rebellion   die Vorherrschaft: supremacy

ⓘ 3.3 Prenzlauer Berg

Prenzlauer Berg ist ein Stadtteil im ehemaligen Ostteil Berlins. Schon zu DDR-Zeiten prägten° Studenten, Literaten und Kreative das Image dieses Bezirks. Nach dem Fall der Mauer 1989 entwickelte sich Prenzlauer Berg zum „Szeneviertel" mit vielen Kneipen, Straßencafés und Clubs. Anfang des 21. Jahrhunderts leben hier vor allem junge Mittelschichtfamilien° mit Kindern.

Der **S-Bahnhof Leninallee** wurde nach der Wende in „S-Bahnhof Landsberger Allee" zurückbenannt.

Die **Werner-Seelenbinder-Halle**, eine Mehrzweckhalle° in Prenzlauer Berg, wurde 1950 zum „1. Deutschlandtreffen der Jugend" eröffnet. Eissportler und Radrennfahrer waren die häufigsten Nutzer. Sie wurde 1992 geschlossen.

prägen: to shape, characterize   die Mittelschicht: middle class   die Mehrzweckhalle: multipurpose community center

Schwäche in mir ausbreitete° und eine Faulheit des Lebens, die   1
mir Angst machte.

ⓘ   Einmal, nach der Premiere von „Egmont", bekam auch ich
3.2   wie alle anderen einen Strauß° Rosen vom Intendanten°. Wir
hatten die ganze Nacht hindurch gefeiert bis in die Morgen-   5
frühe, und dann ging ich durch die Morgendämmerung° nach
Hause, es war Juni, Sommeranfang, man brauchte nicht zu
frieren°. In meinem Zimmer hatte ich das Fenster offengelas-
sen, beide Fensterflügel° standen ganz weit auf, und vor dem
Fenster erstreckte sich der Straßenbahnhof, die ersten Bahnen   10
krochen° gerade aus den Schuppen°, dahinter lag der Zentral-
viehhof°, von dem immer ein beißender°, ekelerregender°
Gestank° vom Tod der Tiere herüberwehte, neben dem
ⓘ   S-Bahnhof Leninallee kündigte die Werner-Seelenbinder-
3.3   Halle irgendeinen Parteitag° an, dahinter zogen sich bis zum   15
Horizont Fabrikhallen und Schlote° und dazwischen ragte° ein
kleiner, blassblauer Kirchturm. Über alldem ging gerade die
Sonne auf, als ich von der Premierenfeier zur Tür hereinkam,
und färbte das schwarze Grau der verschwindenden Nacht in
ein morgendliches gelbes und rotes Grau, und ich stand da mit   20
dem Blumenstrauß in der Hand, im Anblick dieser Landschaft, die wie ein unruhiges und bedrohliches° Meer war, die
Straßenbahnen und Schuppen und das angekarrte° quiekende°
Schlachtvieh° in seinen Gittern° und die Schlote und die aus-
geschüttete° Morgensonne darüber. In meinem Zimmer gab   25
es schon viele Blumensträuße, alle, die ich einmal geschenkt
bekommen hatte, trocknete° ich und stellte sie dann auf die
Regale und Schränke, so dass ein verstaubter Blumenurwald°
oder Blumenfriedhof entstanden war, der schon seit einer
ganzen Zeit die Landschaft meines Zimmers langsam über-   30
wuchs und überwucherte°. An diesem Morgen aber, nach der
Premiere von „Egmont", beim Anblick des weit geöffneten
Fensters, wollte ich keine Blumen mehr aufheben° und trocknen. Ich warf den Strauß Rosen in hohem Bogen aus dem

2. **roden** to clear, dig out • **ein·ebnen** to level
11. **der Drang** urge, yearning • **die Artung** nature, character trait
15. **abgöttisch verehren** to idolize, worship like a god
16. **gewiss** certain • **der Verstand** reason
17. **die Verständlichkeit** intelligibility
21. **aufgebracht** outraged
22. **verurteilen** to condemn • **verraten (verrät; verriet, verraten)** to betray
24. **der Regisseur, -e / die Regisseurin, -nen** director
25. **die Leichtfertigkeit** thoughtlessness

Rainer Maria Rilke, Porträt von
Paula Modersohn-Becker, 1906

ⓘ **3.4 Rainer Maria Rilke**
(*1875 in Prag †1926 Sanatorium Valmont bei
Montreux, Schweiz)
Rilke ist einer der bedeutendsten Lyriker deutscher
Sprache. Er lebte lange Zeit in Paris und war Assistent
des Bildhauers Auguste Rodin. Zu seinen bekanntesten
Gedichten gehören „Der Panther" und „Der archaische
Torso Apolls"; seine Gedichtsammlungen *Duineser Ele-*
gien und *Sonette an Orpheus* sind zentrale Werke der
europäischen klassischen Moderne°. Neben Lyrik
schrieb er Erzählungen, den Künstlerroman *Malte Lau-*
rids Brigge und Aufsätze zur Kunst und Kultur sowie
zahlreiche° Übersetzungen literarischer Texte, unter anderem aus der französischen Sprache.
(Quelle: *Rainer Maria Rilke*, http://de.wikipedia.org)

die klassische Moderne: high modernism   zahlreich: many

Fenster hinaus, er landete irgendwo auf dem Straßenbahnhof, 1
und dann rodete° ich den Blumenurwald und ebnete° den
Friedhof auf meinen Schränken und Regalen ein und warf alle
die anderen vertrockneten Blumensträuße noch hinterher.

Manchmal hat einer von den Schauspielern am ‚Berliner 5
Theater‘, wenn wir in der Kantine saßen, einen Rilkevers zitiert:

① 3.4
> und fortzugehn: wohin? Ins Ungewisse
> weit in ein unverwandtes warmes Land,
> das hinter allem Handeln wie Kulisse
> gleichgültig sein wird: Garten oder Wand; 10
> und fortzugehn: warum? Aus Drang°, aus Artung°,
> aus Ungeduld, aus dunkeler Erwartung,
> aus Unverständlichkeit und Unverstand.

Dann wurde über Rilke gestritten, den die einen abgöttisch
verehrten° und die anderen ganz und gar ablehnten, und über 15
das ungewisse° fremde Land, den Unverstand°, die Unver-
ständlichkeit°, und es war halb ernst und halb nur so dahin-
gesagt und hörte meist damit auf, dass einer rief, ach, lasst
doch! Wenn dann aber einer aus diesem Kreise wirklich
aufbrach, um eine neue Provinz, das neue Land zu suchen, 20
waren alle sehr aufgebracht°, und er wurde von den Zurück-
gebliebenen verurteilt°, als ob er sie verraten° hätte.

Der erste, über den so geredet wurde, war Alfried. Er war
Regisseur° und hatte als einer der ersten das Theater und das
Land verlassen. Sie warfen ihm Leichtfertigkeit° vor und 25
meinten, er wisse wohl nicht, welchen Preis er dafür noch
zahlen würde. Auch alle, die nach ihm gingen, wurden so an-
geklagt, und ich hörte zu und wusste, eines Tages würde ich
auch dran sein.

Zu Hause, in meinem Zimmer, saß ich zwischen den ver- 30
trockneten Blumen, starrte aus dem Fenster auf den Straßenbahnhof und den Viehhof und konnte nur schwer glauben,
dass Alfried sich wirklich einfach von allem losgerissen hatte.
Ich fing an, ihm lange Briefe zu schreiben, meterlange Mit-

1. **die Mitteilung, -en** message
6. **der Müllschlucker, -** refuse chute • **werfen (wirft; warf, geworfen)** to throw
24. **die Klingel, -n** doorbell
27. **das Morgengrauen, -** dawn
32. **empfangen (empfängt; empfing, empfangen)** to receive, to welcome

ⓘ **3.5 Friedrichshain**

Bis zu seiner Fusion zum Bezirk Friedrichshain-Kreuzberg im Jahre 2001, war Friedrichshain ein selbständiger Bezirk.

Der **Volkspark Friedrichshain** wurde im 19. Jahrhundert angelegt. Er war für „alle Stände°" offen – anders als beispielsweise der Tiergarten Park in Berlin-Mitte, bei dem große Teile für den Adel° reserviert waren. Nach 1870 orientierte man sich bei seiner Erweiterung stadtplanerisch° am New Yorker Central Park. Eine große Besucherzahl sollte sich in der Natur erholen. Die Berliner bekamen erstmals öffentliche Spielplätze und Sportanlagen.

Mont Klamott ist eine umgangssprachliche Bezeichnung für den Kleinen und den Großen Bunkerberg im Volkspark Friedrichshain. Die Berge sind nicht natürlich entstanden: Nach dem Krieg wurde hier Schutt° um ehemalige Nazi-Bunker zusammengetragen. Heute ist der Große Bunkerberg dicht bewaldet. Im Park befinden sich Denkmäler zur Erinnerung an den spanischen Bürgerkrieg und an die polnischen Soldaten und deutschen Antifaschisten im Zweiten Weltkrieg. (Quelle: *Volkspark Friedrichshain*, http://www.berlinstreet.de)

der Stand: rank, class   **der Adel:** aristocracy   **stadtplanerisch:** in terms of urban planning   **der Schutt:** rubble, debris

teilungen° über mein Leben und meine Liebe zu ihm, die   1
sich nun in diese Papiere verwandelte. Die Briefe stapelten
sich auf dem Schreibtisch, denn ich wusste ja gar nicht, wo er
nun war und wo ich sie hätte hinschicken können. So blieben
sie liegen, und am Ende warf ich die meterlangen gestapelten   5
Briefe in den Müllschlucker°, wo alles, was man hineinwirft°,
so tief fällt, dass man es nicht wiederfinden oder wiederholen
kann.

Alfried hat manchmal nach dem Theater auf mich gewartet
und wir sind etwas essen gegangen oder durch den Friedrichs-   10
hain spaziert, erst den Mont Klamott hoch und dann um den
kleinen See herum, oder wir haben sonntags einen Ausflug in
eine andere Stadt gemacht. Und immer haben wir uns Briefe
geschrieben, vielmehr kleine Zettel, die wir uns gegenseitig
durch die Tür schoben, nicht wie andere Leute, wenn keiner   15
da war, sondern gerade, wenn der andere zu Hause war, denn
so verbargen wir uns voreinander. Wir sagten nie, ich liebe
dich, und nie, ich liebe dich auch. Wir gestikulierten nur, und
die Gesten konnte man immer auch anders verstehen. Vor allem eben: kein Wort. Eine schwerverständliche Pantomime.   20

Wenn Alfried mich besuchte, dann war es spät in der
Nacht, die Haustür war schon lange abgeschlossen, und er
musste sich in den Hof stellen und laut meinen Namen rufen,
denn eine Klingel° gab es an der Haustür nicht, und dann lief
ich die Treppe hinunter, schloss die Tür auf und ließ ihn   25
herein. Er blieb nur ein paar Stunden und ging schon wieder
vor dem Morgengrauen°, so dass tags nie jemand den sah, der
nachts so laut rief, und ich war mir oft selbst nicht mehr
sicher, ob ich ihn denn je gesehen hätte. Am anderen Tag
waren wir wieder Kollegen am ‚Berliner Theater‘.   30

Alfried hatte mir gesagt, dass er mich nicht in seiner Wohnung empfangen° möchte, allerdings, einen Grund dafür nannte
er nicht. Er sagte nichts und ich fragte nicht, wir schwiegen
darüber wie über alles andere auch. Aber verstehen konnte ich

1. **sich etw. vor·nehmen (nimmt; nahm, genommen)** to intend to do sth.
2. **ein·brechen (bricht ein; brach ein, ist/hat eingebrochen) in** + *Akk./Dat.* to break in
4. **das Versteck, -e** hiding place
8. **durchstöbern** to rummage through
9. **durchwühlen** to root through
10. **auf·erlegen** to impose
15. **das Fensterbrett, -er** windowsill • **der Fensterrahmen, -** window frame
16. **ab·tasten** to feel • **kratzen** to scratch
17. **klopfen** to knock • **umsonst** in vain
18. **das Schloss, ⸚er** *here:* lock; *also:* castle
24. **an·rühren** to touch

es nicht, und wie zur Rache hatte ich mir vorgenommen°, eines   1
Tages einfach in seine Wohnung einzubrechen°, um zu sehen,
was da war, das er verbergen müsste. Er hatte etwas von einem
Schlüsselversteck° gesagt, erinnerte ich mich, und als er einmal
ein paar Tage verreist war, machte ich mich auf, um den Schlüs-   5
sel aus dem Versteck zu holen und die Tür zu öffnen, und nahm
noch andere Schlüssel mit, um den Einbruch zu versuchen. Im
Inneren seiner Wohnung wollte ich alles durchstöbern°, durch-
wühlen°, herausreißen und einen Zettel dalassen, ICH WAR
DA, um das auferlegte° Schweigen mit Gewalt zu brechen, oder   10
besser noch mich mitten in das Chaos setzen, nachdem ich alles
herausgerissen und auf die Erde geworfen hätte, und warten, bis
er zurückkäme und mich fände. Was er da gesagt hätte.

Das Schlüsselversteck fand ich nicht, obwohl ich die Wände
und das Fensterbrett° und den Fensterrahmen° neben der   15
Tür Zentimeter um Zentimeter abtastete° und kratzte° und
klopfte°, es war umsonst°. Aber mit einem der mitgebrachten
Schlüssel, die ich wahllos durchprobierte und ins Schloss°
steckte, öffnete sich die Tür ganz leicht, sie sprang vor mir auf
und ich stand plötzlich in Alfrieds Wohnung. Ich ging durch   20
seine Zimmer, sah, wo er arbeitete, wo er schlief, seine Küche
mit einem kleinen Balkon vor dem Fenster und dass er das
schmutzige Geschirr nicht abgewaschen hatte, bevor er weggegangen war, ich sah alles, aber ich konnte nichts anrühren°,
wollte mich gar nicht mehr weiter umsehen, ich fühlte mich   25
ihm als ein Einbrecher zwischen all seinen Sachen nicht näher,
sondern viel weiter entfernt als vorher. Ich blieb nicht dort, riss
nichts heraus und legte keinen Zettel hin, ICH WAR DA,
sondern ließ alles unberührt und schloss die Tür hinter mir
mit dem fremden Schlüssel wieder zu, damit alles so bliebe,   30
wie es gewesen war.

Von Anfang an habe ich Alfrieds Namen gehasst, ich konnte
ihn nicht über die Lippen bringen, weil er so germanisch

1. **der Germane, -n, -n / die Germanin, -nen** Teuton
2. **verzeihen (verzieh, verziehen)** to forgive
3. **jm. etw. an·tun (tat an, angetan)** to do sth. to sb.
8. **jm. vor·kommen wie (kam vor, ist vorgekommen)** to seem like
11. **fügen** to put together
13. **aufrecht** upright
15. **vermeiden (vermied, vermieden)** to avoid
18. **schwer wiegen (wog, gewogen)** to carry a lot of weight
19. **offensichtlich** obvious
22. **die Zumutung, -en** unreasonable demand
26. **wetteifern** to compete
27. **die Niederlage, -n** defeat
30. **verstohlen** furtively • **verschämt** coyly

ⓘ 3.6 Die Bluthochzeit

„Bluthochzeit" ist eine Bezeichnung für die Bartholomäusnacht am 24. August 1572 *(Massacre of St. Bartholomew)*, in der Katholiken in Paris ein Massaker an den Hugenotten verübten.

klang und weil ich keinen Germanen° lieben wollte, denn ich   1
konnte, wollte und durfte den Germanen nicht verzeihen°,
was sie den Juden angetan° hatten. Weil die Germanen Mör-
der gewesen waren, konnte ich Alfrieds Namen nicht aussprechen und habe Liebster und Geliebter gesagt. Denn wie   5
gegen meinen Willen liebte ich ihn ja, und diese Liebe ist mir
oft wie ein Zusammenhang oder gar Zusammenhalt vorge-
kommen°, aus dem wir nicht heraus könnten.

Manchmal wünschte oder fürchtete ich, dass wir ein Kind
hätten. Ich sah das Kind aber in Albträumen, wie es nur lose   10
aus einzelnen Teilen gefügt° war, die nicht zusammenhielten,
und wie es dann auseinanderfiel und zerbrach und nicht
aufrecht° bleiben konnte. Alfried habe ich von diesen Träumen nichts erzählt, denn ich wusste, dass er davon nichts
hören wollte. Er vermied° jedes Gespräch über unser Her-   15
kommen, unsere Gleichheit oder Ungleichheit, er wollte diese
Wirklichkeit meines Lebens nicht sehen, die ich nicht gewählt
hatte, aber die doch schwer wog° und deren innere Wahrheit
offensichtlich° und verborgen zugleich war, auch für mich
selbst. Vielleicht hatte auch er ein schwieriges Herkommen,   20
aber wir schwiegen über alles, als ob da nichts wäre; eine Anspielung war schon zu viel und jede Frage eine Zumutung°.
Vielleicht war es die Furcht vor einem Missverstehen oder die
Unfähigkeit, den anderen zu erkennen, und sogar etwas wie
eine Rivalität gab es zwischen uns. Es ging immer um Gewin-   25
ner oder Verlierer, und zwar wetteiferten° wir nicht um den
Sieg, sondern um die Niederlage°, jeder fühlte sich verloren
und klagte den anderen als Gewinner an. Je weniger wir über
alles sprachen, desto deutlicher kam es hervor. Dabei haben
wir uns nie richtig angesehen, nur verstohlen° und verschämt°   30
von der Seite und von weitem, nie wirklich ins Gesicht, wie
aus Angst nach einer schrecklichen Nacht, einer Bluthochzeit,
am helllichten Tag danach.

ⓘ
3.6

Nachdem er weggegangen war, schickte mir Alfried An-

7. **herum·reichen** to pass around

10. **sich nicht wohl in seiner Haut fühlen** *(idiom.)* to feel uneasy

12. **ab·streifen** to shed

18. **sich etw. aus·denken (dachte aus, ausgedacht)** to make sth. up

26. **der Antrag, ⸚e** *here:* request

29. **die Lieferung, -en** delivery

33. **aus·ziehen (zog aus, ist ausgezogen)** to move out

sichtskarten aus allen möglichen Städten Europas, niemals   1
einen Brief, und auf keiner der Karten fand ich eine Adresse
von ihm. In der Kantine vom ‚Berliner Theater‘ wurde erzählt,
was man von seinen Inszenierungen in den anderen Städten
hörte, dieses oder jenes Stück da oder dort, in Hamburg, in   5
Frankfurt, in München, und manchmal brachte jemand eine
Kritik aus einer Zeitung mit, die wurde herumgereicht°.

Und ich saß in meiner Wohnung inmitten des Blumen-
friedhofes und habe mich gar nicht mehr wohl in meiner Haut
gefühlt° und dachte, das Weggehen könnte auch so etwas wie   10
ein Verwandeln sein, bei dem man die alte Haut einfach ab-
streifen° würde. Ich wollte auswandern, am liebsten nach
Paris, eine neue Sprache lernen und etwas ganz Neues anfangen, vielleicht auch weiter wandern, nach Amerika zum
Beispiel, wo noch niemand, den ich kannte, jemals war, ich   15
käme wirklich als erste dorthin, keiner kennte mich und keiner stellte mir eine Frage, und wenn doch, könnte ich irgend
etwas antworten, etwas Ausgedachtes° aus einem ganz anderen
Leben, und alles finge noch einmal ganz von vorne an.

Ich wollte mich losreißen aus dem Nest immer vertrauter   20
Menschen, Landschaften, politischer Verhältnisse, der Sprache
und der Sicherheit, die ich in alldem fand und von der ich
wohl wusste, dass ich sie vielleicht niemals wieder finden
würde.

Ein paar Monate noch habe ich alles mit mir herumge-   25
schleppt, aber dann ging ich und stellte den Antrag°, der nötig
war, in dem Haus, das ich leicht finden konnte, weil es dasselbe war, in dem ich jahrelang vergeblich den Antrag auf ein
Telefon gestellt und die Karten für die Lieferung° von Holz
und Kohlen für den Ofen geholt hatte, der neben Wasch-   30
maschine und Schreibtisch stand.

Schon bald hat die weiße Karte in meinem Briefkasten
gelegen, die das Signal zum Auszug° und zum Beginn der Pro-
zeduren gibt, an deren Ende es dann heißt, dass man nun

2. **die Frist, -en** deadline

3. **ab·laufen (läuft ab; lief ab, ist abgelaufen)** to pass, to run out (time)

7. **ab·wägen** to weigh, ponder

11. **das Werkzeug, -e** tools

13. **versöhnen** to reconcile

22. **die Kommunale Wohnungsverwaltung** communal apartment administration

24. **verriegeln** to lock, to bolt

30. **unverschämt** outrageous

gehen könne, wie man es ja gewünscht hatte, und dass es nur
noch eine kurze Frist° gäbe, in der man bleiben dürfe; bevor
die Frist abgelaufen° sei, müsse man weg sein. Sie haben mir
den Container in mein Zimmer gestellt, und ich ließ, was ich
mitnehmen wollte, darin verschwinden. Es hat nicht viel
hineingepasst, und ich habe jedes Stück nach seinem Nutzen
und seiner Geschichte abgewogen° und vor allem die Dinge
ausgewählt, von denen ich mich nicht trennen wollte, die
Fotos, Bilder, Bücher, Briefe, ein paar Manuskripte von
Theaterstücken, die Staffelei, Haushaltssachen, ein bisschen
Werkzeug° und Kleider für alle Jahreszeiten.

Dann musste ich mich von den Freunden verabschieden
und war im Fortgehen schon mit ihnen versöhnt°, und auch
mit den Kollegen vom ‚Berliner Theater‘, und es war wie ein
Abschneiden und Abreißen, das wehtat, wenn ich sagte, diese
Geschichte soll jetzt zu Ende sein, die Fortsetzung kenne ich
nicht. In den letzten Tagen habe ich viel geweint, gleich morgens beim Aufstehen, weil ich mich auch schon abends weinend ins Bett gelegt hatte. Aber eines Morgens bin ich aus der
Wohnung gegangen, habe sie abgeschlossen und den Schlüssel
nicht wie sonst in die Tasche gesteckt, sondern zur Kommuna-
len Wohnungsverwaltung° gebracht und dort abgegeben. Da
hatte ich keine Wohnung mehr zum Zurückkommen, sie war
hinter mir verriegelt°, ein für allemal, und ich war draußen.
Um den Moment des Auszugs festzuhalten, habe ich auf die
Uhr gesehen, es war neun Uhr morgens, wie es jeden Tag neun
Uhr morgens war, meine Nachbarin ist einkaufen gegangen,
wie sie jeden Tag einkaufen ging, und sie sagte mir noch, sie
habe gehört, dass es in der Kaufhalle endlich die ersten Toma-
ten gäbe, sechs Mark fünfzig das Kilo, unverschämt°.

2. **unter·gehen (ging unter, ist untergegangen)** to sink, to drown • **der Ratschlag, ∹e** advice

6. **die Umgebung** surroundings, environment

7. **die Mühe, -n** trouble, effort, bother

18. **der Verlag, -e** publishing company

19. **die Agentur, -en** agency

20. **hinzu·fügen** to add • **ab·klappern** *(colloq.)* to scour, to comb

28. **einen anderen Weg ein·schlagen (schlägt ein; schlug ein, eingeschlagen)** to change one's course

30. **die Malerei** (art of) painting • **das Aktzeichnen** nude drawing

① **3.7 École des Beaux-Arts**

Die École des Beaux-Arts ist eine traditionsreiche und weltweit renommierte Hochschule für bildende Künste° in Paris.

bildende Künste: fine arts

In den ersten Wochen in Paris habe ich oft Angst gehabt unterzugehen°. Eine Menge Leute gaben mir gute Ratschläge°, Freunde von Freunden, deren Adressen man mir ins Notizbuch geschrieben hatte, oder Freunde von früher, die schon lange vor mir weggegangen und dann hier gelandet sind. Aber meistens waren sie schon sehr an die neue Umgebung° angepasst und so mittendrin in dem neuen Leben, dass ich Mühe° hatte, sie wiederzuerkennen. Sie sagten, dass sie mir helfen wollten, ich sollte wieder anrufen und wieder kommen, ein anderes Mal, später, und gaben mir Adressen und nannten neue Namen, und wenn wir alles besprochen hatten, blieben wir oft noch sitzen oder gingen woandershin, tranken etwas und erzählten uns von den Abenteuern, die wir seit unserem Auszug erlebt hatten, und fragten einander ohne Ende, wie in einer Litanei, kennst du den und kennst du den und kennst du den?

Die Adressen und Namen, die sie mir gaben, eine ganze Liste, die ständig länger wurde, weil sie immer mehr Adressen und Namen von Theatern, Verlagen°, Buchhandlungen, kleinen Zeitschriften und Schauspieleragenturen° hinzufügten°, klapperte ich alle ab°, um nach einer Arbeit zu fragen. Eigentlich wollte ich solche Arbeit aber gar nicht mehr, weil ich wusste, dass ich wieder nur eine Gehilfin bleiben würde, wie ich es schon viel zu lange am ‚Berliner Theater‘ gewesen war, und das sollte doch nicht mein ganzes Leben dauern.

Deshalb habe ich es eines Tages nicht mehr länger versucht bei den Verlagen, Theatern, Buchhandlungen, kleinen Zeitschriften und Schauspieleragenturen, sondern habe einen ganz anderen Weg eingeschlagen°. Ich ging zur École des Beaux Arts, bewarb mich um ein Stipendium und trug mich gleich für die Fächer Malerei°, Naturstudium und Aktzeichnen° ein. Statt die Welle von neuem Leben einfach nur über mich hinwegrollen und mich von ihr erschöpfen oder gar zu Boden werfen zu lassen, wollte ich ihre Bewegung nutzen und selbst meinen Platz wechseln.

① 3.7

65

6. **sich vergewissern** to make sure

13. **schwankend** swaying, wavering

15. **das Erbstück, -e** heirloom

18. **vermachen** to bequeath

21. **fälschlicherweise** erroneously

27. **klappen** *here:* to fold

29. **der Pinsel, -** paintbrush • **schnüren** to tie up, fasten

31. **etw. fertig·bringen (brachte fertig, fertiggebracht)** to manage

32. **der Ausschnitt, -e** detail, part

34. **das Gestade, -** *(arch.)* *here:* remnants, flotsam (*lit.* shoreline)

ⓘ 3.8 Francisco Franco

(*1892 in Ferrol †1975 in Madrid)

Francisco Franco war Staatschef Spaniens von 1939 bis zu seinem Tode 1975. Er regierte das Land diktatorisch und wurde als „El Caudillo" („der Führer") bezeichnet.

Meine Staffelei hatte ich aus Berlin mitgebracht. Es ist nur   1
eine leichte Feldstaffelei, eigentlich dazu gedacht, sie mit sich
herumzutragen und in der freien Natur aufzustellen, aber bei
mir hatte sie immer im Zimmer gestanden und war oft umge-
fallen, wenn ich, meistens nachts, daran malte – Selbstpor-   5
träts, wie um mich zu vergewissern°, dass ich noch da wäre,
Porträts von Alfried, um ihm näher zu sein, weil er sich immer
verbarg, den Blick aus meinem Fenster auf Straßenbahnhof,
Zentralviehhof und den kleinen gräulichen Kirchturm am
Horizont und Porträts von den Dichtern der Bücher, die ich   10
liebte, als eine Hommage und um ihnen zu antworten. Das
Malen war eine Art Festhalten der Dinge, deren Nähe
schwankend° und ohne Sicherheit war, so wie die Staffelei
selber, an der ich die Bilder malte. Sie stammte von meiner
Freundin Blanca und war ein Erbstück° ihres Vaters, eines   15
spanischen Malers im Exil. Als Franco endlich starb, ging er
Hals über Kopf nach Spanien zurück und ließ sogar die
Staffelei stehen, die mir Blanca vermachte°, bevor sie selbst
nach England zog. Das Exil war zu Ende, aber sie hatte Spanien, außer in den Legenden, die ihre Eltern erzählten, nie   20
kennengelernt, und sie fürchtete, dass man sie dort fälsch-
licherweise° eine Deutsche nennen würde, wie man sie in
Deutschland schon jahrelang fälschlicherweise eine Spanierin
genannt hatte, und da sie nun endlich wählen konnte, wählte
sie lieber ein anderes, ein drittes, ein neutrales Land zum   25
Leben.

Jetzt nehme ich die Staffelei manchmal und klappe° sie ineinander, bis sie einem kleinen Koffer ähnelt, Farben und
Pinsel°, in ein Tuch eingewickelt, schnüre° ich oben darauf
und gehe hinaus, um eine Ansicht der Stadt zu malen. Meis-   30
tens bringe ich es allerdings nicht fertig°, weil ich keinen Aus-
schnitt°, keine Begrenzung finden kann. Dann kehre ich in
mein Souterrain zurück und male die Gegenstände, die auf
dem Tisch liegen, die Gestade° des letzten Frühstücks zum

5. aus der Fassung geraten (gerät; geriet, ist geraten) to lose all self-control
16. die Aussicht, -en view
18. aufmerksam observant
20. die Mansarde, -n garret
22. die Wäscherei, -en laundry
24. jm. Gesellschaft leisten to keep sb. company
25. die Épicerie, -n *(French)* = die Bäckerei, -en
32. der Skizzenblock, -s sketchbook • die Feder, -n *here:* quill • die Tusche, -n India ink

ⓘ 3.9 Riga

Riga ist die Hauptstadt Lettlands *(Latvia)*. Riga wurde am 1. Juli 1941 von den Deutschen eingenommen. Die deutschen Besatzer gründeten das Ghetto von Riga und pferchten° dort 30 000 lettische Juden zusammen. Im November und Dezember desselben Jahres wurden schätzungsweise mehr als 25 000 lettische Juden aus dem Rigaer Ghetto in einem nahegelegenen Wäldchen namens Rumbula erschossen. Der Ort „Rumbula" oder „Rumbuli" wurde zum Inbegriff der Judenvernichtung in Lettland. Fast alle lettischen Juden wurden dort getötet, da die Nationalsozialisten Platz im Rigaer Ghetto brauchten, um deportierte Juden aus Deutschland, z.B. aus Köln, unterzubringen. Nur die wenigsten lettischen Juden konnten dem Holocaust entkommen.

zusammenpferchen: to herd together   der Inbegriff: epitome

Beispiel oder Bilder nach Fotos, die ich aus den Kartons ziehe,   1
oder den Blick aus dem Fenster, das mir, weil es ja nur halb
über die Straße reicht, einen deutlichen Ausschnitt der Stadt
zeigt, so dass ich nicht durch ihre Unbegrenztheit aus der
Fassung gerate°.   5

Der erste Mensch, den ich hier oft und regelmäßig sah, war
Marc, der sich in Paris Jean-Marc nannte. Er war Amerikaner
① aus New York, aber seine Eltern waren Juden aus Riga. Sie
3.9 riefen ihn jede Woche an und er wagte nicht, ihnen zu sagen,   10
dass es ihm zu viel war. Sein Architekturstudium hatte er
schon fast beendet, aber er kam noch zum Naturstudium an
die École des Beaux Arts, da saßen wir nebeneinander und
fuhren mit der Metro zusammen nach Hause oder liefen zu
Fuß, obwohl es ein langer Weg war, und suchten Plätze und   15
Aussichten°, die wir uns zum Zeichnen vornehmen wollten.
Jean-Marc kannte die Stadt viel besser und war aufmerk-
samer°, vielleicht weil er Architektur studierte und auf die
Häuser wie auf Menschen sah.
   Er wohnte nicht weit von mir in einer Mansarde°; ich stieg   20
hoch, um ihn zu besuchen, oder er kam zu mir in das Souterrain hinunter. Sonntags arbeitete er in der Wäscherei° nahe
von der Place d'Italie, und ich leistete ihm ab und zu dabei
Gesellschaft°, holte etwas zu trinken oder Obst aus der Epi-
cerie° an der Ecke, die immer geöffnet ist, auch sonntags und   25
spät in der Nacht. In der kurzen Zeit, seit ich hier bin, hat sie
schon dreimal den Besitzer gewechselt. Erst waren es Türken,
dann Araber und nun sind es ganz Schwarze, und immer steht
die ganze Familie in dem Laden mit herum.
   Viel hatte Jean-Marc in der Wäscherei nicht zu tun, und wir   30
konnten lesen und reden; manchmal brachte ich auch
Skizzenblöcke° und Stifte oder Federn° und Tusche° mit und
wir zeichneten uns gegenseitig. Wir sprachen Französisch miteinander, das war ein Kompromiss, damit keiner den Vorteil

6. **die Irrfahrt, -en** odyssey, wandering
15. **das Jenseits** the next world
18. **etw. über sich bringen (brachte, gebracht)** to make o.s. do sth.
27. **der Bann** spell, ban
29. **verhängen (verhing, verhangen)** to impose, to declare
30. **vertreiben (vertrieb, vertrieben)** to expel
31. **erlöschen** to die, to become extinct

ⓘ **3.10 Das Goldene Zeitalter**

Mit „Siglo de Oro" („Goldenes Jahrhundert") bezeichnet man die Blütezeit der Kunst und Kultur in Spanien von 1550 bis 1650, die mit der gleichzeitigen Vertreibung der Juden aus Spanien einherging (vgl. Info-Ecke 1.2). Nach dem Ausweisungsedikt Isabellas von Kastilien und Ferdinands von Aragonien, erlassen 1492, mussten die Juden das Land verlassen. Sie hatten hier anderthalb Jahrtausende gelebt.

hätte, in seiner Muttersprache zu reden. Meistens sprachen wir   1
von unserer Herkunft, von unseren Eltern, woher sie kamen
und wie sie vor den Nazis geflüchtet waren. Ihre Emigrations-
routen und Erlebnisse in den fremden Ländern waren wie My-
then unserer Kindheit und unseres Lebens überhaupt, wie die   5
Irrfahrten° des Odysseus; Legenden, tausendmal erzählt. Jetzt
wiederholten wir sie uns gegenseitig, sangen sie fast im Chor,
wie verschiedene Strophen ein und desselben Liedes.

Jean-Marc sprach von New York, und ich erzählte von Bulgarien, Weimar und meinem Leben in Berlin. Jean-Marc kor-   10
rigierte mich, ich müsse Ost-Berlin sagen, aber ich erklärte
ihm, dass es für uns nur ein Berlin gab. Es gab keine zwei
Seiten, es gab nur die eine Stadt, in der wir wohnten, und
dann war da noch West-Berlin, aber das war nicht der andere
Teil, der zu unserem Teil dazugehörte, es war ein Jenseits°. Das   15
konnte er nicht verstehen. Und noch etwas anderes konnte er
nicht verstehen, was er mir immer wieder vorwarf – wie Juden
es über sich bringen° könnten, in Deutschland zu leben, nach
allem, was ihnen dort geschehen war. Er würde in dieses Land
niemals einen Fuß setzen. Und als ich einmal davon sprach,   20
wie gerne ich ihm Berlin und Weimar, das Belvedere und den
Ginkgo Biloba zeigen würde, sagte er nein, das würde ihn
überhaupt nicht interessieren. Schon in seiner Schulzeit hatte
er alles getan, um nicht Deutsch zu lernen, und stattdessen
Griechisch und Latein gewählt, weil es sonst keine andere   25
Möglichkeit gab. Ich sagte, aber es sei meine Muttersprache,
und das sei ja so etwas wie ein Bann°, wovon er da spreche. Ja,
sagte er, ein Bann, das ist es, was ich meine, ein Bann, wie er
über Spanien verhängt° wurde. Sie haben die Juden vertrie-
ben°, die nie wiederkamen, und so ist das Goldene Zeitalter   30
in Spanien erloschen°. Wir stritten darüber, ob das richtig
sei oder nicht. Wir stritten nicht, wie in Berlin, über den Ort,
an dem man leben wollte oder könnte, sondern darüber, ob
man an dem einen oder anderen leben durfte oder nicht. Es

① 3.10

6. sich zurück·ziehen (zog zurück, zurückgezogen) to retreat
7. verführerisch tempting

fiel mir ja selbst schwer zu erklären, welches die Gründe   1
waren, die meine Eltern nach Berlin geführt hatten, und so
wie schon mit Alfried stritt ich nun mit Jean-Marc und wir
machten uns Vorwürfe über Dinge, die ganz außerhalb von
uns lagen. Sosehr, wie sich Alfried damals von mir zurück-   5
gezogen° hatte, so sehr versuchte jetzt Jean-Marc, mich ganz
auf seine Seite zu ziehen, und es war verführerisch°, mich von
ihm einfach in seine Welt hinüberziehen zu lassen. Er wollte
mich überreden, mit ihm nach New York zu kommen, er wisse
ja, dass ich das wolle, und obwohl es stimmte, konnte ich   10
nicht so weit gehen. Er sagte, wenn ich einwandern wolle,
würde er mich heiraten und dann sei alles ganz einfach und
ich käme ganz schnell von Ellis Island herunter. Aber ich sagte,
nein, nein, wenn ich einmal auf Ellis Island bin, werde ich
nicht wieder von dort herunterkommen. Ellis Island ist meine   15
Heimat. Ach, sagte Jean-Marc, Ellis Island gibt es doch schon
lange nicht mehr.

1. **der Reißverschluss, ⁓e** zipper
2. **klemmen** to jam, to be stuck • **ausgebeult** baggy
3. **stopfen** to stuff, to cram
7. **zerknüllen** to crumple up
8. **glätten** to smooth out • **das Kuvert, -s** envelope (*also:* **der Umschlag, ⁓e**)
11. **ab·sondern** to separate, isolate

Der Römer in Frankfurt am Main

ⓘ **4.1 Frankfurt am Main**

Mit über 660 000 Einwohnern ist Frankfurt die größte Stadt Hessens und nach Berlin, Hamburg, München und Köln die fünftgrößte Stadt in Deutschland. Frankfurt war Freie Reichsstadt, Wahl- und Krönungsstadt deutscher Kaiser und ist heute eine Banken-, Literatur- und Kulturmetropole. Die engere Stadtregion hat etwa 1,8 Millionen Einwohner, die Gesamtregion Frankfurt Rhein-Main ist mit über 5 Millionen Einwohnern nach dem Rhein-Ruhr-Gebiet das zweitgrößte deutsche Ballungszentrum°.

Die Stadt hat eine lange liberale Tradition. Anfang des 19. Jahrhunderts tagte hier der Bundestag° des Deutschen Bundes°, nach der Märzrevolution 1848 die Nationalversammlung in der Frankfurter Paulskirche. 1866 wurde Frankfurt von Preußen annektiert.

In der Zeit des Nationalsozialismus wurden über 11 000 Juden aus Frankfurt deportiert. Im Zweiten Weltkrieg zerstörten alliierte Luftangriffe fast die komplette Alt- und Innenstadt. Das bis 1944 nahezu geschlossene mittelalterliche Stadtbild – in dieser Form bereits damals einzigartig für eine deutsche Großstadt – ging aber auch durch moderne Betonbauten° der 50er-Jahre verloren. Nach Kriegsende richtete° die amerikanische Besatzung in der Stadt ihren Hauptsitz ein. Bei der Wahl zur Bundeshauptstadt unterlag° Frankfurt nur knapp gegen Bonn, welches von Konrad Adenauer, dem ersten Kanzler der Bundesrepublik, favorisiert wurde. In der Nachkriegszeit entwickelte sich die Stadt erneut zu einer wirtschaftlichen Metropole und wurde 1999 Sitz der Europäischen Zentralbank. (Quelle: *Frankfurt am Main,* http://de.wikipedia.org)

das Ballungszentrum: metropolitan area **der Bundestag:** parliament **der Deutsche Bund:** league of German states after 1815 **der Beton:** concrete **einrichten:** to establish **unterliegen:** to be defeated

74

TEIL IV

In meiner braunen Handtasche, deren Reißverschluss° 1
klemmt° und die ganz ausgebeult° ist, weil ich Bücher und
Zeichenblöcke hineinstopfe°, trage ich immer noch den Brief
meines Vaters mit mir herum, den er mir in Frankfurt hinterlassen hat, der ersten Station nach meinem Auszug. Ich habe 5
ihn nicht zu den anderen Briefen unten in den Karton gelegt,
sondern gleich nach dem Lesen zerknüllt°, später wieder geglät-
tet°, zusammengefaltet und mit dem Kuvert° in die Handtasche gesteckt, da liegt er zwischen den neuen Ausweisen und
Karten und Metrofahrscheinen, Schminkzeug, Parfüm und 10
Schlüsseln für das Souterrain – abgesondert°, exiliert.
  Nachdem ich in Berlin den Container vollgepackt und den
Schlüssel abgegeben hatte, musste ich ja auch eine Fahrkarte
kaufen und einen Ort nennen, wohin ich nun gehen würde,
und auch auf den Ämtern, bei denen ich mein Leben in Berlin 15
abmeldete, wollten sie einen Ortsnamen, ein Ziel hören; ob
ich X oder Y sagte, war ihnen ganz gleichgültig, nur sagen
musste ich es eben, und weil ich es nicht wagte, Paris oder
Amerika zu sagen, und weil mein Vater gerade dort war, zum
ersten Mal wieder in seiner Heimatstadt, und weil außerdem 20
mein Theaterstück dort aufgeführt wurde und weil es wegen
der Vorfahren an der Hessischen Bergstraße, von denen mein
Vater immer stolz erzählt hatte, doch vielleicht gar kein Hin-,
sondern eine Art Zurückkommen wäre, sagte ich: Frankfurt.
ⓘ Einmal Frankfurt am Main. Hin. 25
4.1

75

15. **ab·winken** to turn down

Ich hatte gehofft, dass mein Vater da stehen und mich abholen   1
würde, als der Zug in den Frankfurter Hauptbahnhof einfuhr,
denn ich hatte ihm ein Telegramm geschickt: Ankomme Donnerstag 18 Uhr 46 Frankfurt Hauptbahnhof. Aber ich sah ihn
nicht, als ich aus dem Zug stieg, und fand ihn auch nicht, als   5
ich auf dem Bahnsteig hin und her rannte und wie ein Idiot
nach ihm rief, weil ich ihn da oder dort schon zwischen den
Leuten zu sehen glaubte. Er war nicht gekommen, er hatte nur
den Brief im Theater hinterlassen.

Da ich sonst niemanden in der Stadt kannte, fuhr ich zu   10
dem Regisseur, der mein Stück aufführte und der mich ja
eingeladen hatte, es anzusehen. Ich erzählte ihm, wie ich das
Stück den Dramaturgen, die schon jahrelang am ,Berliner
Theater' waren, gezeigt hatte und wie sie nur mit der Hand
abgewinkt° hatten, nein, das ginge nicht, nein. Und der Regis-   15
seur sagte, na ja, du wirst ja sehen. Dann erzählte ich ihm,
dass ich nicht ans ,Berliner Theater' und nach Berlin zurückkehren, sondern nach Paris oder noch weiter ziehen wollte,
und er antwortete, ach, wir träumen doch alle davon, aus-
zuziehen und wegzukommen, aber das sei doch eine Illusion,   20
man könnte sehr einsam werden und noch alles verlieren, und
deshalb bleibe man meistens, wo man eben ist. Und er fragte
mich, ob ich denn keine Angst vor der Fremde habe, und ich
sagte, das ist es ja gerade, was ich suche, ein Abenteuer und ein
Versteck.   25

Er nahm mich mit ins Theater, das am Rande der Stadt
liegt, wir fuhren mit der Straßenbahn hin. Dann gingen wir
über einen Hinterhof, stiegen eine Treppe hoch und standen
in einem breiten Flur mit ein paar Tischen und Stühlen, wo
die Schauspieler saßen und Kaffee oder ein Bier tranken. Es   30
war noch viel Zeit bis zum Beginn der Vorstellung. Der Regisseur stellte mich den Schauspielern vor, sagte mir ihre Namen
und welche Rolle sie in dem Stück spielten, und wir begrüßten
uns. Nur die Hauptdarstellerin beantwortete meinen Gruß

2. sich weg·wenden (wandte/wendete weg, weggewandt/weggewendet) to turn away
5. beängstigend frightening
6. die Qual, -en torture
12. etw. taugen to be good
13. wahrhaftig truly
18. die Lehne, -n back/armrest
20. der Kragen, - collar
21. zum Lachen zumute sein to feel like laughing
30. blättern to leaf through

nicht, als wir zu ihrem Tisch kamen, sie gab mir nicht die 1
Hand, sondern wendete° sich weg, nahezu feindlich, und fing
sogar an zu weinen: Diese Vorstellungen seien schrecklich,
weil es ja fast kein Publikum gäbe, wie ich gleich sehen würde,
es sei beängstigend° und so sinnlos, in die Leere hineinzu- 5
spielen, wenn niemand ihr zuschaue, eine Qual° für eine
Schauspielerin. In der Zeitung könne man übrigens auch
lesen, wie misslungen alles sei. Sie schäme sich, und es sei ihr
schon morgens und den ganzen Tag übel, wenn sie abends in
dieses verfluchte Theater kommen müsse, das keiner kennt 10
und für das sich überhaupt niemand interessiert. Ein Regisseur, der nichts kann und ein Stück, das nichts taugt° – es habe
sich wahrhaftig° nicht gelohnt, die wochenlangen Proben, die
ganze Arbeit, das sei alles umsonst gewesen, für nichts und
wieder nichts. So schrecklich. Schrecklich. 15

Sie hörte nicht auf zu weinen, weinte immer mehr. Ich
konnte nicht einmal ihr Gesicht sehen, weil sie sich weinend
immer weiter über die Stuhllehne° nach hinten wandte, den
Kopf in den Armen, ich sah nur ihre Haare, ihren Hals und
den Kragen° ihrer Bluse. Es war mir auch nicht gerade zum 20
Lachen zumute°. Ich sagte zu ihren Haaren, ihrem Hals und
dem Kragen ihrer Bluse, ist ja gut! ist ja gut! und ging wieder
raus aus dem Flur mit den Tischen und paar Stühlen, wo die
anderen weiter ihren Kaffee oder ein Bier tranken, wartete den
Beginn der Vorstellung nicht mehr ab. Ich wollte bloß weg 25
und verschwinden, suchte mir auf dem Stadtplan den Weg
nach Hause und fuhr mit der Straßenbahn zurück in die
Wohnung, in der mir der junge Regisseur ein Zimmer freige-
macht hatte. Da setzte ich mich an seinen Schreibtisch, blät-
terte° in seinen Büchern und wartete, dass er nach der Vorstel- 30
lung nach Hause käme und mir sagen würde, dass alles gar
nicht so schlimm gewesen sei.

Als er kam, war ich an seinem Tisch eingeschlafen. Er
weckte mich, und wir gingen in die Küche und aßen Pfirsich-

1. **das Pfirsichkompott**, -s stewed peaches

4. **verkraften** to cope with

5. **verwöhnt** spoiled

8. **heulen** *(colloq.)* to cry, to wail

18. **jm. einen Vogel zeigen** *(idiom.)* to tap one's forehead to indicate to sb. that he/she is not quite right in the head

21. **foltern** to torture

25. **sich mit etw. rum·schlagen (schlägt rum; schlug rum, rumgeschlagen)** *(colloq.)* to struggle with

26. **sich auf etw. beschränken** to limit o.s. to; to be limited to • **die Gewissheit**, -en certainty

27. **näher rücken** to come closer

30. **die Melone**, -n *here:* derby hat

34. **der Betrieb**, -e place of work

kompott°, weil er sonst nichts im Kühlschrank fand, und er   1
sagte, dass er sich sein Debüt als Regisseur, denn bisher war er
nur Schauspieler gewesen, auch anders gewünscht habe, aber
das müsse man eben verkraften°. Die Hauptdarstellerin sei
jedoch schon vom Erfolg verwöhnt°, deshalb sei es für sie so   5
schwer. Zögernd fragte er mich, ob ich denn wisse, dass mein
Vater sich mit eben dieser Hauptdarstellerin, die heute Abend
so geheult° hatte, angefreundet habe, wenn man so sagen
könne. Und dann gab er mir den Brief, den mein Vater im
Theater für mich hinterlassen hatte.   10

Meine liebe Tochter!
Verzeih mir, dass ich nicht zum Bahnhof gekommen bin, aber
ich wollte kein „letztes Wiedersehen", und es geht mir zu
schlecht. Wenn du in Frankfurt ankommst, sitze ich schon im   15
Zug nach Weimar. Wahrscheinlich werden wir aneinander
vorbeifahren, wir könnten uns im Vorüberfahren gegenseitig
einen Vogel zeigen°.
    Ich habe wieder Schmerzen bekommen, überall. Wenn ich
zurück bin, muss ich mich wohl doch ins Krankenhaus legen,   20
wo sie mich bloß noch mehr foltern°werden. Langsam verliere
ich den Mut, dass ich es noch einmal schaffen könnte. Was
darf ich mit achtzig Jahren noch erwarten? Ich bin unruhig,
unglücklich, wenn Du willst; alle die Glaubensfragen, mit
denen ich mich mein Leben lang rumgeschlagen° habe, be-   25
schränken° sich nun auf die eine einfache Gewissheit°, die immer näher rückt.°
    Nur einmal war ich in meinem Leben ähnlich hilflos und
gewiss, als während des Krieges in London zwei Herren mit
Melone° in mein Zimmer traten und mich aufforderten, meine   30
Sachen zu packen und mitzukommen. (Glaub mir, du bist immer und überall ein alien enemy!) Ich durfte gerade noch deine
Mutter, die erst seit wenigen Wochen meine Liebste war, in
dem Betrieb°, wo sie arbeitete, anrufen. Aber man konnte sie

2. jm. etw. aus·richten (lassen) to leave a message for sb.

5. jn. zu etw. treiben (trieb, getrieben) to drive sb. to do sth.

8. entlegen remote, distant

10. etw. auf die Spitze treiben (trieb, getrieben) *(idiom.)* to carry sth. to extremes

17. das Rollband, ⸚er baggage conveyor belt

18. der Gepäckwagen, - baggage car • zerren to pull, to strain

19. verrutschen to slip

21. aus·gehen (ging aus, ist ausgegangen) *here:* to go out; to run out; jm. geht etw. aus sb. runs out of sth.

22. ein·stufen to classify

24. beleidigt offended

nicht ans Telefon holen, und so musste ich ihr einfach aus-   1
richten° lassen, dass ich auf unbestimmte Zeit fort müsse und
nur Gott allein wisse, wann und ob wir uns wiedersehen. Zwei
Jahre später bin ich dann aus Kanada zurückgekommen.

Was mich getrieben° hat, nach fünfzig Jahren zum ersten   5
Mal wieder nach Frankfurt zu fahren, weiß ich wirklich nicht.
Ich wollte alles noch einmal wiedersehen und mich erinnern.
Aber es ist gefährlich, an den entlegenen° Ort der Kindheit
und Jugend zurückzukehren, und wie um das Risiko noch auf
die Spitze zu treiben°, hatte ich ja das Treffen mit Ruth dort   10
verabredet, weil wir damals gemeinsam aus dieser Stadt ausgewandert waren. Du weißt, dass ich sie seit Jahrzehnten nicht
mehr gesehen habe, und nun stand ich am Flugplatz und erwartete sie. Da kam sie, fast eine echte Engländerin, und ich
dachte einen Moment, was wäre gewesen, wenn ich auch   15
dageblieben wäre. Eine alte Frau mit weißen Haaren, die sich
anstrengen musste, den Koffer runter vom Rollband° und auf
den Gepäckwagen° raufzuzerren°, sie schwitzte und ihre
Kleider waren verrutscht°. Denk nicht, dass es das war, was
mich störte, ich weiß, dass ich auch ein alter Mann bin, dem   20
die Kräfte ausgehen°. Aber Ruth hatte eine Zeitung unter dem
Arm, die ich als reaktionär einstufe°, und das sagte ich gleich,
machte eine dumme Bemerkung darüber, so dass Ruth belei-
digt° war und wir noch auf dem Flugplatz anfingen zu streiten
und uns unsere unterschiedlichen politischen Meinungen vor-   25
warfen, so wie vor fünfzig Jahren, als wir noch verheiratet
waren und täglich so stritten. Da beschloss ich, Ruth in ihr
Hotel zu fahren und ihr zu sagen, dass es wohl besser sei, wenn
jeder weiter allein seinen Weg ginge. Wozu sich treffen, wenn
wir uns immer noch nicht verstehen können, das Leben ist   30
doch für jeden von uns schon schwer genug, und überhaupt,
so ein Wiedersehen mit einem Freund von früher, wozu?

Am Abend bin ich ins Theater gegangen, um Dein Stück zu
sehen. Ich war stolz auf Dich und wollte die Leute kennen-

7. **schleifen** to drag

12. **auf·brechen (bricht auf; brach auf, ist aufgebrochen)** *here:* to burst out, to break out

13. **sickern** to seep, to ooze • **das Gemüt, -er** soul, feeling, mind

15. **rau** raw

21. **der Saurier, -** dinosaur

24. **sich auf·rappeln** to recover, to get over

27. **es gut treffen (trifft; traf, getroffen)** *(idiom.)* to be fortunate

ⓘ 4.2 Die Deutsche Bank

Die Deutsche Bank ist die größte Bank Deutschlands und hat ihren Hauptsitz nach wie vor in Frankfurt. Sie wurde dort 1870 von dem jüdischen Bankier und Politiker Ludwig Bamberger und dem Bankier Adelbert Delbrück gegründet.

ⓘ 4.3 Das Senckenbergianum

„Senckenbergianum" ist der latinisierte Begriff für das Senckenberg Museum in Frankfurt am Main. Es war bis zur Wiedereröffnung des Museums für Naturkunde in Berlin im Jahre 2007 Deutschlands größtes naturkundliches Museum und vergleichbar mit dem American Museum of Natural History. Die ausgestellten Dinosaurierskelette sind ein besonderer Publikumsmagnet.

ⓘ 4.4 Café Laumer

Das Café Laumer ist eine historische Café-Konditorei in Frankfurt, die im 19. Jahrhundert gegründet wurde. Später verkehrten dort gerne Schriftsteller und Philosophen, unter anderen Theodor W. Adorno.

lernen, die es auf die Bühne gebracht haben. Und dann habe   1
ich mich in die Correll, die Hauptdarstellerin in Deinem
Stück, sogar verliebt. Vielleicht nur deshalb, weil sie eine
Frankfurterin, sogar eine Wiesbadenerin ist. In den Tagen, die
mir hier geblieben sind, bin ich mit ihr zusammen durch die   5
beiden Städte gezogen und habe sie von einem Ort der Erinnerung zum anderen geschleift°, was ich eigentlich mit Ruth
vorhatte. Ich habe also der Hauptdarstellerin mein Geburtshaus und das Sanatorium meines Vaters gezeigt und die
Bankhäuser der Sander gesucht, die nicht mehr existieren,   10
sie heißen jetzt Deutsche Bank usw. Die Correll hat meine
aufbrechenden° Emotionen geteilt, denn vieles habe ich doch
wieder gefunden. Es sickerte° alles tief in mein Gemüt°, und
auf einmal hatte ich das Gefühl, dass ich, seitdem ich von dort
weggegangen bin, mein ganzes Leben nur immer in rauem°   15
Wetter und kaltem Wind gestanden habe.

    Ich hoffe, du wirst in Frankfurt den Palmengarten sehen,
wo sich Deine Großeltern beim Ball der Naturwissenschaftler
kennenlernten, und das Senckenbergianum, in dem meine
Großmutter mir einst, als ich ein kleiner Junge war, die Sau-   20
rier° und die Embryonensammlung zeigte, das glaubte sie dem
Sohn eines Naturwissenschaftlers wohl zumuten zu können.

    Hoffentlich komme ich aus dem Krankenhaus wieder
heraus und kann mich noch einmal aufrappeln°, dann sehen
wir uns vielleicht später, später im Jahr, wenn Du schon in   25
Paris sein wirst, dort oder woanders. Ich wünsche Dir von
ganzer Seele, dass Du es besser treffen° wirst. Ich jedenfalls war
sowieso und habe mich immer heimatlos gefühlt.

Dein Vater

    30

Im Café Laumer habe ich die Hauptdarstellerin noch einmal
wiedergetroffen, aber sie hatte keine Lust, mit mir dort zu sitzen, wollte nichts erzählen und hat stumm ihren Eiskaffee getrunken. Nur nach Alfried hat sie mich plötzlich gefragt, ob ich

5. **die Serviette, -n** napkin

15. **das Viertel, -** district

16. **bestaunen** to marvel at

18. **verrinnen (verrann, ist verronnen)** to trickle away • **das Pathos** emotiveness • **der Prunk** splendor, grandeur

21. **die Biegung, -en** bend • **die Windung, -en** meander

22. **gaffen** *(colloq.)* to gape

28. **ein·saugen (sog ein, eingesogen)** to suck in, take in

29. **träge** lazy, idle

32. **untergehakt** arm in arm

ihn noch aus Berlin kenne, und ich sagte, ja, natürlich kenne   1
ich ihn aus Berlin, und sie erzählte von einem großen Erfolg,
den sie hier in einer Inszenierung von Alfried erlebt hatte –
eine wunderbare Arbeit. Sie schrieb mir ihre Telefonnummer
auf eine Serviette°, 58921, sie müsse jetzt los und war schon   5
aufgestanden und lief weg. Und wieder sah ich sie nur von
hinten die Treppe des Café Laumer hinuntergehen und konnte mir plötzlich gar nichts anderes vorstellen, als dass sie auch
Alfrieds Geliebte gewesen war, in der Zeit, als ich ihm meine
Briefe für den Müllschlucker schrieb.   10

Hatte mein Vater Rheinstraße oder Steinstraße oder Wein-
straße gesagt, als er von seinem Geburtshaus sprach? Den
Namen des Sanatoriums hatte ich auch vergessen. So lief ich
ganz orientierungslos in den Villenvierteln° von Wiesbaden   15
herum, immerhin sah und bestaunte° ich aber die Herkunft
meines Vaters aus so großbürgerlichem Reichtum, wenn er
auch längst verronnen° war – so viel Pathos° und Prunk°, der
auch nicht ganz echt und vielleicht nie echt gewesen war. Aber
die Stadt blieb mir verschlossen, wie eben ein unbekannter Ort,   20
ich lief den Biegungen° und Windungen° der Straßen hinterher wie in irgendeiner anderen fremden Stadt, gaffte° auf
die Häuser und Plätze ohne Verständnis und hoffte auf ein
Zeichen, irgendeines, wenn ich auch nicht wusste, woher es
kommen sollte; irgend etwas, das zu mir spräche und mir von   25
meinem Vater als kleinem Jungen und meinen Großeltern und
den Bankiers der Großherzöge von Hessen-Darmstadt erzählen
würde. Es blieb aber alles stumm. So sog° ich nur das reiche,
weiche, träge° und irgendwie künstliche Klima dieser Stadt ein,
und das einzige, das ich immer wieder zu erkennen glaubte, war   30
ein Paar, das vor mir herlief, ein alter Mann und eine junge
Frau, untergehakt° liefen sie, oder Hand in Hand, blieben
manchmal stehen und redeten und manchmal küssten sie sich,
mein Vater und die Hauptdarstellerin in meinem Stück.

13. die **Abschweifung**, -en digression
16. die **Besatzung**, -en crew, garrison
19. **hoch·klettern** (ist) climb up
31. **verzweigt** branched

Turm der Starkenburg bei Zwingenberg

ⓘ 4.5 Die Hessische Bergstraße

Die Bergstraße ist nicht nur eine der schönsten, sondern auch eine der ältesten Straßen Deutschlands. Schon im 2. Jahrhundert legten Römer die „strata montana" an und führten im späten 3. Jahrhundert den Weinbau ein, der bis heute durch das milde Klima begünstigt° wird.

An der Bergstraße findet man Städte mit historischen Fachwerkhäusern° wie Zwingenberg und Heppenheim sowie verschiedenen Burgen und Ruinen, wie zum Beispiel die Burgruine Starkenburg. Die Starkenburg liegt an den Ausläufern° des Odenwalds, ein Mittelgebirge am östlichen Rand der Hessischen Bergstraße.

begünstigen: to benefit   das Fachwerkhaus: half-timbered house   die Ausläufer *(pl.)*: foothills

ⓘ 4.6 Kelten, Alemannen, Franken

Als **Kelten** bezeichnet man verschiedene Kulturgruppen im 1. Jahrtausend vor Christus, die in Mitteleuropa – und so auch im Gebiet der Hessischen Bergstraße – siedelten.

Alemannen und Franken sind zwei germanische Volksgruppen. Beide siedelten auch im Gebiet der Hessischen Bergstraße.

ⓘ 4.7 Siegfried und das Nibelungenlied

Das Nibelungenlied ist ein mittelalterliches Heldenepos aus dem 13. Jahrhundert. Darin wird auch erzählt, wie Siegfried im Odenwald getötet wird.

Siegfried, auch „Drachentöter" genannt, ist der Held der Nibelungensage. Durch ein Bad in Drachenblut ist er unverwundbar, außer an einer einzigen Stelle°, auf die ein Lindenblatt gefallen war. In diese Stelle sticht° sein Feind Hagen und tötet ihn. Da kein genauer Ort überliefert ist, streiten sich zahlreiche Gemeinden im Odenwald darum, welche von ihnen sich „Mordstätte Siegfrieds" nennen darf.

die Stelle: spot, place   stechen: to stab

88

Sogar in einen Touristenbus bin ich eingestiegen. „Die   1
Hessische Bergstraße – sehen – erleben – erobern". Friedliche
Weinorte, wie Perlen an der Schnur aufgereiht, sagte der
Reiseführer. Der Ausflugsbus fuhr von Darmstadt nach Heidelberg herunter, zuerst durch Zwingenberg, wo meine Groß-   5
mutter Leonie geboren wurde, und dann durch die anderen
Orte an der Bergstraße, an denen auch dieser oder jener Vor-
fahre gelebt hatte. Etwas Genaues wusste ich nicht über sie,
nur dass deren Vorfahren einst mit den Römern das Rheintal
heraufgezogen waren, so hatte es mein Vater erzählt und war   10
stolz darauf gewesen.

Der Reiseführer erwähnte in seiner historischen Abschwei-
fung° die Römer und Kelten, Alemannen und Franken, aber
von meinen Vorfahren sprach er nicht. Dafür zeigte er den
Ort, wo Siegfried erschlagen wurde, und dann wanderte die   15
ganze Besatzung° des Busses von Heppenheim zur Starkenburg hoch, da wurde ein Mittagessen serviert, und wenn man
sich noch die Mühe machte, auf den Aussichtsturm hochzu-
klettern°, konnte man weit bis in das Rheintal hineinsehen
und auf der anderen Seite über den Odenwald, der Reiseführer   20
erinnerte wieder an die Nibelungenereignisse, und ich dachte
daran, dass dort irgendwo die Odenwaldschule sein müsse, in
der mein Vater vom legendären Paul Geheeb erzogen wurde,
der gesagt haben soll: Die Nazis? Bei uns in Hessen?

Später habe ich auf kleinen Friedhöfen vergeblich die Grä-   25
ber meiner Großeltern und Vorfahren von der Bergstraße
gesucht, ich konnte sie nicht finden, obwohl auf vielen Grab-
steinen ihre Namen standen, oder gerade deshalb, denn ich
wusste nicht, welche von den vielen Weils und Sanders es
waren, ich kannte keinen Geburtstag oder Todestag, kaum   30
einen Vornamen, und wusste nichts von einer so verzweigten°
Familie. Ich habe meinen Vater immer nur als einen einzelnen
gesehen, der zu niemandem gehörte. Seine Familie waren nur
seine wechselnden Frauen; die Hofbankiers, von denen er

9. **sich etw.** *(Gen.)* **versichern**   to assure o.s. of sth.

13. **das Andenken, -**   memento, keepsake

manchmal sprach, stammten aus einem anderen Jahrhundert. 1
Etwas Näheres, Engeres, schien es nicht gegeben zu haben, ich
wusste nicht einmal, wann und wie sich diese Verzweigungen
aufgelöst hatten und warum mein Vater darüber nicht sprach.

Schließlich habe ich mich gefragt, warum ich denn über- 5
haupt dahin gekommen war, nach Frankfurt, an die Bergstraße und nach Wiesbaden. Wollte ich mich etwa, bevor ich
in die so ersehnte Fremde fuhr, noch einer Herkunft oder
Heimat versichern°? Aber ich habe nichts entdeckt, außer der
Affäre meines Vaters mit der Hauptdarstellerin. Meine Her- 10
kunft von dort war ganz unsichtbar geworden. Ich habe nichts
finden können, keine Erinnerung, kein Zeichen, kein An-
denken° und keine Spur.

1. **klemmen** *here:* to stick • **der Briefträger,** - mail carrier
2. **der Türspalt, -e** crack of the door
3. **die Fahne, -n** flag
11. **der Absender,** - sender, return address
20. **zusammen·passen** to suit each other
21. **im Dämmerzustand** half asleep

TEIL V

Hier klemmt° mir der Briefträger° die Post einfach in den   1
Türspalt°, weil es für die Souterrainwohnungen keine
Briefkästen gibt. Die Briefe hängen wie Fähnchen° an der
Wohnungstür, ich sehe sie schon, bevor ich die Treppe hi-
nuntersteige. Aber die Tür ist selten fähnchengeschmückt, die   5
Freunde aus Berlin haben mich wohl aufgegeben, und die
Kollegen vom ‚Berliner Theater‘ reden noch in der Kantine.
    Eines Tages aber steckte ein Brief von Alfried an der Tür,
ich erkannte von weitem seine Schrift – wie heimatlich sie
mir war. Als ich den Brief in die Hand nahm, sah ich, dass   10
sogar ein Absender° darauf war, ein kleines weißes Schildchen
mit seinem Namen, Adresse und Telefonnummer; in München wohnte er jetzt also. Ich wunderte mich, woher er meine
Adresse wusste, aber vielleicht fragen nicht nur hier die alten
Freunde einander, kennst du den und kennst du den? Sonst   15
hat man ja nicht mehr sehr viel miteinander zu reden, denn
das, was uns früher einmal zusammenhielt, bringt uns jetzt
gerade auseinander. Als ob sich erst jetzt, wie im hellen Tages-
licht, herausstellte, dass wir eigentlich gar nicht zusammen-
passen°, und früher, als wir immer in einer Art Dämmerzu-   20
stand° lebten, hätten wir es einfach nicht gesehen.
    Alfried hatte gehört, dass ich nun auch vom ‚Berliner Thea-
ter‘ weggegangen war, und fragte mich in dem Brief, warum
denn nach Paris, so weit weg, was ich da anfangen und ob ich
nicht lieber nach München kommen wolle, er könne mir doch   25

93

13. der **Schnitt, -e** cut
14. die **Betäubung, -en** anaesthetic • **spüren** to feel
19. **zweifeln** to doubt
26. das **Bündel, -** bunch

helfen, eine Stelle am Theater zu finden, und er würde sich   1
freuen, mich wieder zu sehen.

Ich war glücklich, als ich den Brief las, und habe mich nicht
mehr so allein gefühlt. Ich ließ ihn auf dem Tisch liegen, die
zwei Blätter offen neben dem Kuvert, so dass der Tisch fast   5
ganz von Alfrieds Schrift bedeckt war; er füllte für ein paar
Stunden den ganzen Raum. Später, am Abend, habe ich den
Brief noch einmal gelesen und fühlte mich sehr allein und
hatte Heimweh. Ich setzte mich hin und schrieb ihm eine Antwort, einen Brief, den ich diesmal auch abschicken wollte.   10

Lieber Alfried!
Ich habe einen tiefen Schnitt° in mein Leben gemacht und
laufe noch wie unter Betäubung° herum und spüre° den
Schmerz nicht. Wie soll ich das sagen, ich wollte mich ab-   15
schneiden, hatte das alte Leben satt und hatte Sehnsucht nach
einer großen Änderung, einem Auszug, einer Verwandlung.
Vielleicht ist es Dir ja damals auch so gegangen. Jetzt fange ich
schon an zu zweifeln°, denn ich habe nur eine winzige Wohnung halb unter der Erde gefunden, die noch kleiner ist als die   20
in Berlin. Statt auf den Straßenbahnhof und Zentralviehhof
sehe ich nun auf die Füße der Leute, die vorbeigehen.

Meine Straße ist eine von denen, die von der Place d'Italie
abgehen oder hinführen, wie du willst; der Platz sitzt da jedenfalls in der Mitte und hat sich ausgebreitet und hält ein   25
Bündel° Straßen in der Hand, mehrere große Avenuen und
einige gewöhnliche Straßen, eine führt ins Chinesenviertel.
„Oben" ist es schön, wenigstens ist es anders, die Leute
sprechen eine fremde Sprache, Französisch oder Chinesisch,
so fühle ich mich in Ruhe gelassen.   30

Ich würde Dir gerne alles erzählen, ja, es wäre schön, wenn
wir uns wiedersehen. Aber nach München möchte ich nicht
kommen, nun bin ich einmal hier, und auch ans Theater
möchte ich nicht, ich will endlich keine Gehilfin mehr sein.

17. **das Plakat, -e** poster
19. **sich drängen** to press, to urge
24. **vorig** last, previous • **gelten (gilt; galt, gegolten)** to be valid
25. **das Gastspiel, -e** guest performance
30. **die Generalprobe, -n** dress rehearsal

Jetzt, wo jeder von uns an einem ganz anderen Ort ist, könn-   1
ten wir, wenn wir uns wieder sehen, vergleichen, was wir gefunden haben. Wir sind ja nicht in ein Exil gegangen, um
zurückzukehren, sondern sind doch ausgewandert, um etwas
ganz Neues anzufangen, ist es nicht so?   5

Statt ihn nur einfach in den Kasten zu werfen, brachte ich
den Brief zur Post, denn plötzlich wollte ich, dass Alfried ihn
so schnell wie möglich erhält, als ob es nun um Stunden ginge,
die abgerissene Verbindung wiederherzustellen, und das erste   10
Mal seit Jahren dachte ich wieder an Alfried wie an jemanden,
der irgendwo wohnt, den man anrufen oder besuchen könnte,
ich stellte mir vor, wie er den Brief aus dem Kasten holen
würde, wie er ihn las, in was für einem Haus, in was für einer
Straße das wäre und wie die Stadt aussähe.   15
Auf dem Weg zum Französischkurs an der Volkshochschule
habe ich dann das Plakat° entdeckt, ein kleines Plakat nur, aber
es fiel mir gleich in die Augen, obwohl nur Schrift drauf war.
Bevor ich es überhaupt gelesen hatte, drängten° sich die bekannten Namen vor die fremden, nie gehörten auf den anderen   20
Plakaten, Alfrieds Name, der Name des Autors, der Name des
Stückes, das Alfried schon vor Jahren am ‚Berliner Theater‘ in-
szeniert hatte. Ich sah nach, ob das Plakat nicht etwa noch vom
vorigen° Jahr da hing, aber nein, es galt° gerade für jetzt, für die
nächste Woche: ein Gastspiel° des Münchner Theaters in Paris.   25
Alfried hatte davon nichts in seinem Brief geschrieben und
keinen Besuch angekündigt, als ob er sich immer noch verbergen wollte. So ging ich uneingeladen in das Theater, das
auf dem Plakat genannt war, und setzte mich während der
Generalprobe° einfach in den dunklen Zuschauerraum, in die   30
letzte Reihe, wo Alfried mich nicht sehen konnte. Ich hörte
die vertraute Sprache auf der Bühne, den bekannten Text, den
ich noch halb auswendig konnte, hörte Alfried mit den Schauspielern reden, manchmal schreien, und plötzlich schien mir

11. **undeutlich** unclear
27. **der Beweis**, -e proof

alles so, als ob wir noch am ‚Berliner Theater‘ wären. Aber   1
ich war ja durch ganz fremde Straßen in dieses Theater gekommen, das ich nicht kannte, mit der Metro von der Place
d'Italie und nicht mit dem 57er Bus vor meinem Haus, es war
nicht das ‚Berliner Theater‘, und mein Kopf war voll von den   5
Wörtern der fremden Sprache, die nun nicht mehr abfallen,
alles vermischt sich jetzt in meinem Kopf miteinander, und
ich wusste nicht mehr, an welchem Ort und in welcher Zeit
meines Lebens ich war, und hatte Kopfschmerzen.

Im dunklen Zuschauerraum machte ich ein paar Skizzen   10
von Alfried, wie ich ihn da undeutlich° sah; so, wie ich auch
der Stadt noch nicht ins Gesicht sehen konnte, zog ich es vor,
Alfried von hinten, im Dunklen, in einem Viertelprofil zu
zeichnen, bevor ich ihn wiedersehen würde.

Als die Probe zu Ende war und das Licht anging, rief ich   15
ihn über die Sesselreihen und winkte ihm, aber er tat so, als ob
es ihn überhaupt nicht erstaune, mich hier zu sehen. Jeder lief
aus seiner Reihe heraus, und wir trafen uns im Gang neben
den Sitzen. Wir umarmten uns, und ich zeigte ihm die kleine
Zeichnung, die ich eben von ihm gemacht hatte. Er wollte,   20
dass ich sie ihm schenke, aber ich gab sie ihm nicht.

Ich fragte ihn, warum er in seinem Brief nichts von dem
Gastspiel erwähnt und keine Verabredung vorgeschlagen
hatte, da lachte er und sagte, dass wir uns ja doch immer
treffen und wiederfinden würden und dass wir uns nicht ver-   25
lieren könnten. Eine Verabredung sei ganz überflüssig, der be-
ste Beweis° dafür sei, dass wir jetzt hier im Theater zusammenstehen, und so sei es doch viel schöner als alles andere, nein?

Dann gingen wir aus dem Theater und ein Stück durch die
Stadt, ich zeigte Alfried meine Wohnung und meine Straße   30
und die École des Beaux Arts, wo ich studierte, und die Volkshochschule, an der ich Französisch lernte, und erzählte ihm
von meinem neuen Leben. Er sollte mich nun im Bilde dieser
Verwandlung sehen, im Bilde einer Freiheit, die ich mir hier

1. erringen (errang, errungen) to gain
10. die Lektion, -en lesson
11. schlurfen (ist) to shuffle • das Laub *(no pl.)* leaves
12. die Schicht, -en layer
14. säumen to line
20. über etw./jn. her·ziehen (zog her, ist hergezogen) to mock, to badmouth
25. unansehnlich unsightly
34. das Gedrängel shoving, scramble

erringen° wollte, hier oder woanders. Aber Alfried sagte, es
gäbe kein neues Leben, nur den Traum von einem neuen
Leben, den Traum, dass man noch einmal ganz von vorne anfangen könne, als ein anderer mit einem anderen Namen, in
einer anderen Gestalt, an einem ganz anderen Ort; dass man
nicht noch einmal mit A anfangen müsse, sondern könne beginnen mit B. Aber das sei eine Illusion. Ich sagte ihm, ich
hätte schon gewusst, dass er so reden würde, aber ich sei noch
eine Anfängerin im Auswandern und könne nicht alle Lek-
tionen° des neuen Lebens auf einmal lernen.

Wir schlurften° beim Gehen mit den Füßen im Laub°, das
da in einer dicken Schicht° lag, und als wir näher hinsahen,
waren es Ginkgoblätter – die lange, gerade Allee, die wir hin-
untergingen, war von Ginkgobäumen gesäumt°. Alfried sagte,
dass er Frankreich eigentlich nicht möge, und ich fühlte mich
von dieser Rede angegriffen, als mache er mir Vorwürfe, da ich
doch jetzt hier wohne. Deshalb fing ich an, gegen Deutschland
zu reden, wie es Jean-Marc oft tat, und wiederholte dessen
Sätze, die ich immer abgelehnt hatte. Wir attackierten uns, indem wir über die Länder herzogen°, in denen wir lebten.

Als wir am Ende der Allee angelangt waren, fragte ich Alfried, ob er sich noch an den Ginkgo Biloba im Belvedere, von
Goethe gepflanzt, erinnere, den uns mein Vater gezeigt hatte,
als wir ihn einmal besuchten, und daran, wie mickrig und un-
ansehnlich° der Ginkgo dort war, und hier stehen sie nun zu
Dutzenden einfach an der Straße herum. Damals, im Park von
Belvedere, hatten wir uns jeder ein Blatt vom Ginkgo Biloba
in die Tasche gesteckt. Ob er es noch habe? Nein, und ich
hatte es auch nicht mehr, ich hatte ja alle meine vertrockneten
Pflanzen aus dem Fenster geworfen.

In einem Café setzten wir uns direkt vor das Fenster, das bis
auf den Boden reicht, nebeneinander an einen Tisch, wie es
die Franzosen tun, mit dem Blick auf die Straße, auf das Ge-
drängel° an der Bushaltestelle und alle die Leute, die so aus-

27. **ohnmächtig** helpless, powerless
28. **hingestreckt** supine
31. **die Reißzwecke, -n** thumbtack

sehen, als ob sie wirklich hier zu Hause seien, und dann fragten wir uns gegenseitig die alten Namen ab, was der und der
macht, ein Kollege oder Freund, ob er noch da oder auch
schon weggegangen und was aus ihm geworden sei und von
wem man das gehört hatte. Und wieder, wie schon in seinem
Brief, fragte mich Alfried, ob ich denn nicht nach München
kommen wolle, und ich sagte, dass ich es nicht will.

Ins Theater zurück nahmen wir den Bus, die 42er Linie, die
ganz dicht an der Wäscherei vorbeifährt, in der Jean-Marc arbeitete, ich konnte ihn durch die großen Scheiben im Innern
der Wäscherei mit zwei Arabern reden sehen. Wahrscheinlich
hatten sie die Waschmaschinen zu voll gestopft, und er musste
sie nun überzeugen, mit alldem, was sie da hätten, lieber zwei
Maschinen zu benutzen, wenn es nicht etwas anderes war,
worüber sie diskutierten. Alfried redete immer noch von
München; ich erzählte ihm nichts von Jean-Marc.

Im Theater verschwand er schnell hinter der Bühne, wo ihn
schon eine ganze Gruppe von Leuten erwartete, und ich setzte
mich in den Zuschauerraum, der jetzt voller Menschen war.
Fast jeder, der da saß, hielt ein Blatt in der Hand, auf dem wie
schon auf dem Plakat in großen Buchstaben die vertrauten
Namen standen, allen voran Alfrieds Name. Ich war traurig.
Traurig über unsere ganze Geschichte, über unser Missverstehen, und bin nach der Vorstellung schon vor dem Applaus, bevor die Lichter wieder angingen, aus dem dunklen Zuschauerraum nach Hause gegangen, in meinen XIII. Bezirk zurück,
sah meine Straße, wie sie da irgendwie ohnmächtig° lag, lang
hingestreckt° und grau im Gesicht. Ich stieg in das Souterrain
hinab und holte die kleine Zeichnung aus der Tasche, die ich
während der Probe von Alfried gemacht hatte, und heftete sie
mit einer Reißzwecke° über meinem Schreibtisch an, neben
den großen Plan von Paris, und dachte, dass es wahrscheinlich
immer so zwischen uns gewesen war: eine Liebe aus nichts, in
der nichts passiert und die sich endlos im Nichts verliert.

9. **der Sumpf, ⸚e** swamp • **das Gestrüpp** undergrowth

10. **sich verlieren (verlor, verloren)** *here:* to vanish, disappear

16. **verwest** decayed

27. **ertrinken (ertrank, ist ertrunken)** to drown • **sich ertränken** to drown o.s.

28. **treiben (trieb, getrieben)** *here:* to drift

31. **die Waise, -n** orphan

ⓘ 5.1 Der Possenbach im Schlosspark Belvedere

Der Possenbach begrenzt den Schlosspark von Belvedere im Süden. Die Front des Hauptgebäudes blickt nach Norden Richtung Weimar, hinter dem Hauptgebäude fällt der Schlosspark in Richtung Possenbach hinab. Haupt- und Nebengebäude sowie die berühmte Orangerie befinden sich auf einem kleinen Hügel. Auf den verschlungenen° Wegen hinunter zum Possenbach findet man Fontänen und Grotten, die künstlich angelegt° wurden. Folgt man dem Possenbach und verlässt den Schlosspark Richtung Osten, so gelangt man nach Taubach°, wo der Possenbach° in die Ilm mündet°, sowie nach Meilingen°, beides Vororte von Weimar.

verschlungen: labyrinthine   anlegen: to design, create   Taubach, Meilingen: village names   Possenbach: name of a creek   münden: to flow into

In einer der Regennächte, als der Herbst gekommen war,
mein erster Herbst in Paris, träumte ich, dass mein Vater
im Park von Belvedere spazierenginge und käme nicht mehr
zurück. Ich saß mit seinen vier Frauen und wartete auf ihn,
aber er kam nicht wieder, kam nie mehr wieder.

Er hatte nur einen Abendspaziergang machen wollen, es
gab ja so viele schöne Wege dort, auch unbekannte und un-
entdeckte noch, aber sie führten, vor allem, wenn man dem
Possenbach folgte, manchmal in Sümpfe° und Gestrüpp° und
verloren sich° dann. Dort musste mein Vater sich irgendwo
verirrt haben, Tage später kamen Leute aus Mellingen, dem
nächsten Dorf, und sagten, dass sie ihn gefunden hätten, im
Sumpf, unter dem Gestrüpp, das tief ins Wasser reicht und das
ihn versteckt hat. Wir sollten ihn lieber nicht ansehen, sagten
die Leute aus Meilingen, es sei zu schrecklich, ein Mensch, der
so lange im Sumpf gelegen hat, ein halbverwester° Mensch.
Aber ich hatte Angst, dass man mich zwingen würde, ihn
anzusehen, dass sie sagen würden, sieh hin, sieh doch, sieh
genau und sage uns, wer ist das?

In dem Traum glaubte ich, dass die Frauen meines Vaters
alles gewusst hätten und mein Vater vielleicht sogar den Tod
so gewollt und es ihnen vorher gesagt hatte, bevor er zu seinem
Abendspaziergang aufgebrochen war. Nur mich hatten sie von
diesem Ende ausgeschlossen. Und ich dachte im Traum, wenn
Bilbo, sein Hund, noch gelebt hätte, wäre das nicht geschehen,
der würde Hilfe geholt und nicht einfach zugesehen haben,
wie sein Herr ertrinkt° oder sich ertränkt° und im Sumpf
treibt° unter dem Gestrüpp. Aber Bilbo war schon lange tot.

Am Sonntag in der Wäscherei erzählte ich Jean-Marc von
meinem Traum. Ich sagte ihm, ich habe geträumt, dass ich
eine Waise° geworden bin.

Es war Jean-Marcs letzter Sonntag in der Wäscherei, er war
nur noch einmal gekommen, um die Sachen abzuholen, die
dort noch von ihm herumlagen. Er hatte sein Studium zu

2. drängen to urge

4. nach·geben (gibt nach; gab nach, nachgegeben) to give in, indulge

8. ab·schlagen (schlägt ab; schlug ab, abgeschlagen) to refuse

11. weg·schmeißen (schmiss weg, weggeschmissen) *(colloq.)* to throw out

15. der Korbstuhl, ⸚e wicker chair

17. die Moulinex *(brand name)* food processor

18. Teig schlagen (schlägt; schlug, geschlagen) to knead dough

33. steigen (stieg, ist gestiegen) to rise

Ende gebracht, und jetzt wollte er nach Hause zurückkehren.   1
Seine Eltern drängten° ihn bei jedem Telefongespräch, und
da sie schon alt waren und er ihr einziger Sohn, gab er ihnen,
nachdem er jahrelang fortgewesen, leicht nach°. Noch einmal
versuchte ich ihn zu überreden, mit mir nach Weimar zu   5
meinem Vater und nach Berlin zu kommen, damit ich ihm
alles zeigen könne, bevor er Europa ganz verlasse, aber er
schlug es ab°, das ginge nicht mehr, und ich wisse ja auch, dass
er es nicht wollte.

   Er war schon dabei, die Mansarde auszuräumen, Koffer zu   10
packen, Sachen wegzuschmeißen°, und ich half ihm, Pakete zu
packen und zu schnüren, die wir dann auf die Post brachten.
Der Anblick der ausgeräumten Mansarde war wirklich traurig.
Ein paar Stücke daraus hat Jean-Marc mir vererbt, den Korb-
stuhl° und den Tisch, in dessen Schublade noch die ameri-   15
kanischen Zeitschriften liegen, die er immer las; die Mouli-
nex°, mit der er manchmal Gemüse zerkleinerte oder Teig
schlug°, wenn er ein Essen für uns kochte, und noch das und
jenes, was ich gebrauchen konnte. Er half mir, alles in das
Souterrain herunterzubringen.   20
   Dann fuhr er schon ab. Gerade hatten wir uns kennengelernt, da verabschiedeten wir uns wieder. Ich brachte ihn
zum Flugplatz Charles de Gaulle, wo die Flugzeuge nach
Amerika abfliegen, und sagte ihm, wir hätten wenigstens noch
zusammen zum Atlantik fahren und am offenen Meer stehen   25
sollen, auf dem letzten Stein am Ende des Kontinents, wo es
nicht mehr weitergeht. Wenn ich einmal nach Amerika käme,
würde ich gerne mit einem Schiff von dort losfahren, aber
wahrscheinlich gebe es gar keine Schiffe mehr, die nach Amerika fahren, das haben sie, wie Ellis Island, wohl schon längst   30
abgeschafft. Dort am Ende des Kontinents, wo die Landschaft
so wild sein soll, zwischen dem Land und dem Wasser, das immer steigt° und sinkt und schwankt, hätten wir doch vielleicht
irgendein Abenteuer erleben können, etwas anderes als immer

5. der Zoll, ⸚e customs
12. das Ferngespräch, -e long-distance call
21. die Gewohnheit, -en habit
30. die Luftmatratze, -n air mattress
31. jn. beruhigen to calm sb. down
32. eigenartig peculiar

nur sprechen, reden, erzählen, unsere ewigen Diskussionen. 1
Tut es dir auch leid um so ein Abenteuer, Jean-Marc, habe
ich ihn gefragt. Aber er hat nicht mehr geantwortet, denn
die Passagiere der Air France nach New York wurden zum
Quai 23 gerufen, und hinter den Zoll° durfte niemand 5
mehr mit.

Ein paar Tage später, oder in einer Nacht, hat mich die Frau
meines Vaters angerufen. Ein Telefon habe ich ja nun wenig-
stens, wenn es auch selten klingelt, denn ich kenne noch nicht 10
so viele Leute in Paris, die mich einmal anrufen würden, und
für Ferngespräche° nach Berlin habe ich sowieso kein Geld,
und was sollten wir auch sagen?
Wie geht's? Was machst du?
Und du? 15
Und was hast du heute gemacht?
Und heute Abend?
Ins ‚Berliner Theater‘?
Was soll ich sagen?
Alles ist anders, schwerer, wenn du willst, weil keine Gewohn- 20
heit° das Gewicht nimmt.
Das wolltest du so.
Ja, ich wollte es. Aber versteh doch.
Deinem Vater geht es sehr schlecht, hat die Frau meines Vaters
am Telefon gesagt, sie haben ihn aus dem Krankenhaus nach 25
Hause geschickt, zum Sterben. Er kann sich gar nicht mehr
rühren, ab und zu muss ich ihn von einer Seite auf die andere
drehen. Er hat große Schmerzen und weint, wenn er glaubt,
dass ich es nicht sehe.
    Sie schläft neben seinem Bett auf einer Luftmatratze°, 30
damit sie ihn nachts beruhigen° kann und falls er etwas
braucht. Er redet plötzlich einen eigenartigen° Dialekt, vielleicht Frankfurterisch, den sie nicht verstehen kann, weil sie
aus Brandenburg kommt, so dass sie manchmal überhaupt

9. der Stiefel, - boot
15. aus·borgen to borrow
18. der Hörer, - receiver
30. der Kugelschreiber, - ballpoint pen

nicht weiß, was er will. Länger als ein paar Tage wird er nicht   1
mehr leben, hat sie gesagt.

Später im Jahr, hatte mein Vater in jenem Brief geschrieben,
der noch immer in meiner Handtasche liegt; vielleicht sehen   5
wir uns später im Jahr, wenn Du schon in Paris sein wirst.
Nun war es doch soweit, es war fast Winter, in den letzten
Tagen hatte ich an den Beinen, die an meinem Fenster vor-
übergingen, schon Stiefel° gesehen, der Regen hörte gar
nicht mehr auf, und ein paar Mal hatte es sogar geschneit.   10
Ich wollte doch meinen Vater noch einmal sehen, wollte ihn
hier sehen! Ich würde ihn am Gare de l'Est abholen, so hatte
ich es mir vorgestellt, und ihn sicher um die Baustellen herum
in den XIII. Bezirk in meine Wohnung führen und irgendwo
ein Klappbett ausborgen°, damit er bei mir übernachten   15
könnte.
    Aber ich konnte nur noch seine Stimme hören. Seine Frau
hat ihm den Hörer° hingehalten, als ich in Weimar anrief.
Zum ersten Mal hörte ich seine Stimme wieder, seit ich weggegangen war, und zum letzten Mal also. Er hat mich als erstes   20
nach der Hauptdarstellerin gefragt, ob ich sie in Frankfurt
gesehen habe und ob ich sie nicht einmal anrufen wolle, er
könne mir ihre Telefonnummer geben. Die Telefonnummer
kenne ich, sagte ich, sie hat sie mir auf eine Serviette vom Café
Laumer geschrieben, da haben wir uns getroffen. Ich war ver-   25
letzt, dass er nur von der Hauptdarstellerin sprach, und um
ihm wehzutun, fragte ich: Wann besuchst du mich endlich,
wann kommst du her?, so dass er es selbst sagen musste, dass er
todkrank war. So schwach, dass er sich nicht mehr rühren und
nicht mal einen Kugelschreiber° halten könne, um einen Brief   30
zu schreiben, stell dir mal so viel Schwäche vor. Er habe so gehofft, noch ein bisschen Zeit zu haben, wenigstens ein – zwei
Jahre, ein – zwei Jahre wären doch vielleicht nicht zu viel verlangt. Aber nun wisse er ja, dass ihm keine Zeit mehr bliebe.

17. **horchen** to listen
26. **die Genehmigung, -en** authorization

Wir müssen jetzt Schluss machen, sagte mein Vater am Tele- 1
fon. Aber wie sollten wir denn Schluss machen, ich konnte
doch nicht am Telefon weinen oder schreien, und hätte ich
ihn denn, wenn er vor mir gestanden hätte, umarmen und
küssen können? Na ja, sagten wir am Telefon – und so war er 5
eben, unser Abschied –, jetzt müssen wir Schluss machen,
sagten Tschüss also, und dann legten wir den Hörer auf, jeder
auf seiner Seite.

   In den nächsten Tagen bin ich in meiner Wohnung
geblieben und nicht mehr aus dem Haus gegangen, habe nur 10
dagesessen und gewartet und auf die Füße gesehen, die an
meinem Fenster vorbeiliefen, und mich gefragt, wo sie denn
alle hinlaufen und warum nicht einer, der zu den Füßen gehört, zu mir hereinkommt. Ich ließ den Tag verrinnen, be-
wegungslos, und es war so still im Haus, dass ich die Telefone 15
in den Nachbarwohnungen und sogar in den anderen Etagen
klingeln hörte. Ich drehte und wendete mich und horchte°
nach ihnen, voller Angst, denn ich erwartete aus jedem Telefon die Nachricht von meines Vaters Tod. Und als mein
eigener Apparat, der auf der Erde steht, so dass ich mich hin- 20
knien muss, um den Hörer abzunehmen, endlich klingelte,
dachte ich, wozu noch drangehen, das Klingeln allein sagt mir,
dass mein Vater nun tot ist. Aber ich musste ja mit seiner Frau
sprechen und fragen, wann er begraben wird, und sie bitten,
noch so lange damit zu warten, bis ich ein Visum hätte, die 25
Genehmigung°, dass ich überhaupt zum Begräbnis kommen
durfte, dass sie mich wieder hereinließen.

   Und keinem konnte ich etwas davon erzählen, in meinem
ganzen XIII. Bezirk wusste ja niemand etwas von meinem
Vater, und dabei hatte er doch schon in dieser Stadt gewohnt, 30
war hier herumgelaufen vor fünfzig Jahren, mit seiner ersten
Frau, der Vorgängerin meiner Mutter, und hatte in Bibliotheken gesessen und Artikel für die Vossische Zeitung geschrieben oder Leute besucht und sich mit ihnen im Café

4. **heraus·klauben** to pick out

8. **das Kinderferienlager, -** children's holiday camp

15. **obgleich** *(arch.)* although

20. **erloschen** extinct

23. **winzig** tiny • **das Maß, -e** measure

24. **der Aufschub, ⸚e** delay, postponement

25. **erhandeln** to bargain for

26. **sich zufrieden·geben (gibt zufrieden; gab zufrieden, zufriedengegeben)** to be content
with • **an·betteln** to beg from

28. **aus·lachen** to laugh at

30. **womöglich** possibly

32. **der Anspruch, ⸚e** claim • **erpressen** to extort

getroffen, Leute, die auch schon lange nicht mehr da sind und
an die sich niemand erinnert.

Aus den Pappkartons habe ich alle die alten Briefe meines
Vaters herausgeklaubt°, sie auseinandergefaltet und aufeinan-
dergelegt, so dass ich sie wie ein Buch durchblättern und lesen
konnte wie einen Roman. Da waren noch Briefe aus meiner
Kinderzeit, aus der Zeit mit meiner Mutter, Briefe, die er mir
ins Kinderferienlager° geschrieben hatte, und solche aus der
Zeit mit der Schauspielerin, mit ihren Grüßen darunter, einmal waren sie in Jugoslawien und einmal in Österreich
gewesen; Briefe aus der Zeit mit der letzten Frau im Schloss
Belvedere und der mit dem Hölderlinvers, wo er Mord unterstrichen hatte, das war die letzte Seite des Romans.

Ich sah seine Schrift auf dem Papier und hörte seine
Stimme in meinem Ohr; obgleich° mir seine Frau gesagt
hatte, dass der Körper meines Vaters jetzt gestorben sei, also
auch seine Stimme. Aber ich hörte sie noch, sie war in meinem
Kopf, hier im Souterrain, und ging mit mir aus dem Haus,
fuhr mit mir herum im XIII. Bezirk und in der ganzen Stadt –
so konnte man doch nicht sagen, dass alles erloschen° war. Ich
hörte, wie er sagte, wenn ich wenigstens noch ein – zwei Jahre
hätte, ein – zwei Jahre wären vielleicht nicht zu viel verlangt,
wie er sich, verzweifelt, auf ein so winziges° Maß° bescheiden
wollte, als ob er noch einen Aufschub° erhalten und eine Frist
erhandeln° könnte, wenn er sich mit etwas ganz Minimalem
zufrieden gäbe°. So hatte ich früher Alfried angebettelt°, wenn
er nachts kam und nur so kurz blieb: Bleib wenigstens noch
fünf Minuten! Er hatte mich ausgelacht° deswegen: Warum
sagst du fünf Minuten, wenn du doch meinst, dass ich noch
lange, womöglich° für immer bleiben soll. Du willst deine
maßlose Forderung durch einen scheinbar bescheidenen An-
spruch° erpressen°, aber du weißt, dass ich nicht lange oder gar
für immer bleibe, sondern dass ich nur kurz vorbeikomme
und bald wieder gehe und einmal auch endgültig, das weißt

1

5

10

15

20

25

30

5. **starr** stiff, rigid
11. **jaulen** to howl
13. **erlösen** to deliver from
26. **folgen** *here:* to obey, to follow
29. **sich** *(Dat.)* **etw. vor·stellen** to imagine sth.

du ja, es ist eben so, man kann es nicht ändern. Die Sehnsucht   1
nach dem Zusammensein ist wie die Sehnsucht nach dem
ewigen Leben: ein kindischer Traum.

Wenn ich abends im Bett lag, konnte ich nicht anders, als
mich auch so starr° und unbeweglich auf den Rücken zu legen,   5
wie mein Vater gelegen haben muss, seit er sich nicht mehr be-
wegen konnte, und so blieb ich und rührte mich nicht, bis es
mich schmerzte. Ich zwang mich, in dieser Lage zu bleiben,
ohne Veränderung, ganz unbewegt, als müsste ich warten, dass
jemand käme mich umzudrehen, bis ich vor Schmerz und   10
Erstarrung aufjaulte° und glaubte, eine Spur von seinem Lei-
den gefunden zu haben, indem ich mich selber quälte, und
endlich auch weinte und wenigstens im Weinen erlöst° war.
Denn schon mein ganzes Leben hatte ich Angst gehabt, dass
ich, wenn mein Vater einmal sterben würde, am Tage seines   15
Todes keine Tränen hätte und nicht weinen könnte. War ich
irgendwann eingeschlafen, trat mein Vater in meinen Traum,
da lebte er wieder und sprach mit mir und sagte etwas sehr
Wichtiges, etwas, was er immer nur in den Träumen sagte. Wir
saßen im Schloss Belvedere oder in meiner Wohnung in Berlin   20
oder standen in den Kulissen vom ‚Berliner Theater‘ zwischen
dem Zuschauerraum und der Bühne und der großen Tür,
durch die sie die Dekorationen herein- und heraustrugen, und
manchmal gingen wir in der Orangerie spazieren, am Ginkgo
Biloba vorbei und riefen Bilbo, den Hund, der wieder nicht   25
folgen° wollte. Der Name des Hundes verwandelte sich in
meinen eigenen, und ich hörte meinen Vater meinen Namen
rufen, so lange, bis ich aufwachte. Da war mein Vater wieder
gestorben, und es war mir ganz unmöglich vorzustellen°, dass
er nun in der kalten Erde oder in einer anderen Welt sei.   30

7. **vergeblich** in vain; *cf.* **umsonst**
11. **der Wisch** *(pej.)* piece of paper
22. **der Papierkorb**, ⸚e wastebasket

TEIL VI

Am Gare de l'Est war immer noch die riesige Baustelle, aber nun kannte ich ja die Tür, durch die man hereinkommen konnte. Vom Gare de l'Est bin ich wieder zurückgefahren nach dem Osten. Vom Gare de l'Est nach Frankfurt und von Frankfurt nach Weimar. Da stand ich wieder, wie vor ein paar Monaten, auf einem Bahnsteig des Frankfurter Hauptbahnhofes, wo ich damals vergeblich° meinen Vater gesucht und gerufen hatte. Fünf Stunden dauerte es noch, bis der Zug nach Weimar weiterfuhr, mitten in der Nacht. In der Tasche hatte ich ein Telegramm: „Berechtigung zum Erhalt eines Visums", ein Zettel nur, ein Wisch°, wie der, mit dem man mich herausgelassen hatte.

Ich bin in eine Telefonzelle gegangen und habe in Wiesbaden angerufen, 5 89 21, um der Hauptdarstellerin zu sagen, dass mein Vater nach ihr gefragt hatte, kurz vor seinem Tod, aber sie war nicht da, nur einer von der Wohngemeinschaft, der fragte, ob er was ausrichten solle. Ja, sagte ich, dass mein Vater, den er bei seinen Besuchen in Wiesbaden vielleicht gesehen habe, jetzt tot sei. Der Mann aus der Wohngemeinschaft sagte, ach, das tut mir leid, und ich bat ihn, für die Hauptdarstellerin einen Zettel zu schreiben. Die Serviette mit der Telefonnummer warf ich in den Papierkorb°.

Ich habe mir die Geschäfte am Bahnhof angesehen und einen Tee getrunken und nach einer Stunde einen Kaffee und dann noch einmal einen Tee. Später habe ich mir an einer

119

1. die Bude, -n stand, booth

6. schleichen (schlich, ist geschlichen) to creep, to sneak

7. der/die Obdachlose, -n homeless person

10. die Tanne, -n fir • die Weihnachtskugel, -n Christmas ornament • die Glocke, -n bell

11. pudern to powder

14. raus·fliegen (flog raus, ist rausgeflogen) *(colloq.)* to be chucked out

17. das Anfangsfeld, -er first square on a game board

26. die Auffahrt, -en driveway

27. die Fontäne, -n fountain, water jet • die Seerose, -n water lily

32. geigen to fiddle • klimpern to tinkle

ⓘ 6.1 Kavalier

Ein Kavalier ist ein Adliger. Schloss Belvedere ist von vier sogenannten „Kavaliershäuschen" gerahmt. Diese waren vermutlich° Wohnhäuser unverheirateter adliger Männer, die dem Hofstaat angehörten.

vermutlich: probably

Bude° ein Brötchen gekauft und mich auf eine Bank gesetzt,   1
dann wieder auf eine andere, denn ich hatte Angst einzuschla-
fen. Der ganze Bahnhof schien mir verwandelt, seitdem ich
damals hier angekommen war, vielleicht nur, weil es damals
Tag und diesmal Nacht war und ich nun auch die Leute sah,   5
die da in den Ecken lagen oder herumschlichen°, arme Leute,
Obdachlose° und Betrunkene, die ich damals gar nicht be-
merkt hatte und die mir jetzt Angst machten. Weil es schon
auf Weihnachten ging, war der ganze Bahnhof mit Tannen-
zweigen° und Weihnachtskugeln°, Glöckchen° und falschem   10
Schnee überpudert°, das passte nicht zu dem Dreck und dem
nächtlichen Misstrauen, es sah lächerlich aus, alles wirkte
erschöpft und wie am Ende.

Als wäre ich bei einem Spiel rausgeflogen°, so habe ich
die ganze Reise noch einmal gemacht, retour. Wie es in den   15
Spielregeln oft heißt: Der Spieler setzt wieder aufs Anfangs-
feld° zurück, und das Spiel fängt noch einmal von vorne an.
Dieselben Stationen: Place d'Italie – Gare de l'Est – Metz –
Frankfurt – Eisenach – Erfurt – Weimar. So war ich gekom-
men. Es schien mir, als ob man mich dort nicht loslassen   20
wollte, als ob ich alles noch einmal anschauen sollte, mit
einem Blick, der vielleicht schon versöhnt wäre, und mich
fragen, warum ich denn überhaupt weggefahren war.

Die breite Belvedere-Allee, die zum Schloss hinaufführt, gip-   25
felt in einer fürstlichen Auffahrt°, auf einem Platz mit einer
Fontäne°, die aus einem seerosenbedeckten° Teich springt.
ⓘ   Zu beiden Seiten des Schlosses stehen die Kavaliershäuschen,
6.1   in denen eine Musikschule untergebracht ist, so dass man
im Park und in der ganzen Umgebung des Schlosses immer   30
von irgendwoher, je nachdem wie der Wind weht, ein Stück-
chen Musik geigen° oder klimpern° und manchmal auch
singen hört.

Seit Jahren hieß es, dass im Schloss ein Museum einge-

1. ein·richten *here:* to establish
3. der Handwerker, - skilled manual worker
5. ab·ziehen (zog ab, ist abgezogen) to withdraw (military term)
7. das Kupfer copper; der Dachdecker, - roofer
8. der Flügel, - *here:* wing of a building; *also:* wing of a bird
11. verfallen (verfällt; verfiel, ist verfallen) to become dilapidated
16. der Kamin, -e fireplace
23. sich zurück·ziehen (zog zurück, zurückgezogen) to withdraw
25. der/die Verfolgte, -n persecuted person
27. beziehungsweise respectively
28. vorgedruckt preprinted
31. das Telefon ab·heben (hob ab, abgehoben) to lift the receiver, to answer the phone
33. die Sprechanlage, -n intercom

richtet° werden sollte, und seit Jahren bereitete die Frau
meines Vaters die Einrichtung dieses Museums vor. Aber es
kamen nur selten Handwerker°. Sie begannen in einigen Sälen
etwas herzurichten, ließen dann aber, mitten in der angefange-
nen Arbeit, alles stehen und liegen und zogen ab° und wurden
nie wieder erblickt. Einige Wochen lang machten sich Kupfer-
decker° am Dach zu schaffen, sie hatten noch nicht mal einen
halben Flügel° fertig, da verschwanden sie, ließen die andere
Hälfte einfach ungedeckt stehen und kamen auch nie wieder.
So ist das Schloss immer leer geblieben, in einem halb ver-
fallenen° und halb restaurierten Zustand, es wurde nie etwas
darin eingerichtet, und mein Vater und seine Frau blieben
während all der Jahre, in denen sie dort gewohnt haben, ganz
allein darin.

   In einem der leeren Säle mit den großen Spiegeln und Ka-
minen°, zwischen die Anzüge und Schuhe, die von den Arbeitern da herumlagen, war der Sarg meines Vaters bis zum
Begräbnis abgestellt worden, und der Hausmeister der Musikschule, der meinen Vater hinter seinem Rücken immer nur
„Itzig" genannt hatte, soll herübergekommen sein und „Machs
gut, Chef" gesagt haben.

Mein Vater lebte in Weimar ganz zurückgezogen°. Er ging
nicht mehr zu den Versammlungen der Partei und auch nicht
mehr zu den Versammlungen der „Verfolgten° des Nazi-
regimes", die aber trotzdem zu jedem Geburtstag dem „Lieben
Genossen" beziehungsweise „Lieben Kameraden" einen
vorgedruckten° Glückwunsch schickten, auch nach seinem
Tode noch. Am gesellschaftlichen Leben seiner jungen Frau,
die als Museumsdirektorin viele Einladungen erhielt, nahm er
nicht teil, meistens hob° er nicht einmal das Telefon ab, und
wenn es unten am Schlossportal klingelte, steckte er oben den
Kopf aus dem Fenster, denn die Sprechanlage° funktionierte
schon seit Jahren nicht mehr, und rief herunter, nein, nein, es

6. **verachten** to despise

10. **ausgehöhlt** hollow • **der Ast, ‥e** branch, bough, twig

12. **sich verschanzen** to barricade o.s.

16. **die Zeder, -n** cedar tree

17. **der Johannisbrotbaum, ‥e** carob tree

26. **stolpern (ist)** to stumble • **die Wurzel, -n** root

30. **jn. im Stich lassen (lässt; ließ, gelassen)** *(idiom.)* to abandon sb. • **kreuz und quer** crisscross

32. **der Jagdhund, -e** hunting dog

33. **auf·scheuchen** to startle

ist keiner da. Er wollte niemanden mehr sehen. Anstelle seiner 1
eigenen Lebenserinnerungen schrieb er ein paar Biografien
von Leuten, die ihm möglichst unähnlich waren und die ihn
überhaupt nicht interessierten, und veröffentlichte sie in
einem Verlag, den er wegen seiner sonstigen Publikationen 5
verachtete°.

Vor allem ging er im Park spazieren und spielte ein kindisches Spiel mit seinem Hund, der wegen des Ginkgo Biloba
hieß. Er kletterte in einen riesigen alten Baum hinein, der innen ganz ausgehöhlt° war und dessen starke Äste° sich nah 10
am Boden verbreiteten, so dass er wie eine Burg mit äußeren
Höfen war; darin verschanzte° sich mein Vater und ließ sich
von dem Hund suchen.

Wenn ich ihn besuchte, führte er mich zuerst in die Orangerie, in der die seltsamen und fremden Bäume stehen, im 15
Sommer werden sie sogar hinausgebracht, Zedern° vom Li-
banon, Orangen- und Johannisbrotbäume° und Palmen, und
mein Vater beklagte immer wieder von neuem den mickrigen
Zustand des Ginkgo Biloba und der anderen Bäume aus den
fernen Ländern, die nie Früchte trugen. Dann gingen wir wei- 20
ter zu den Grotten und Fontänen und der künstlichen Ruine
bis zum Possenbach, der den Park begrenzt, und über die
Brücke in den Wald hinein. Manchmal, wenn es dann plötzlich Nacht geworden war, obwohl wir nur einen Abendspaziergang hatten machen wollen, verloren wir uns im Wald, jenseits 25
des Parks, und stolperten° über Äste und Wurzeln° und fanden
den Weg nicht mehr, denn weil wir ja viel mehr Stadtmen-
schen waren, hatten wir keine Übung, in der nächtlichen
Natur zu sehen und uns darin zurechtzufinden. Der Hund ließ
uns dann meistens auch im Stich°, raste kreuz und quer° durch 30
den Wald, und wir hörten nur noch ein fernes wildes Bellen
von ihm. Für ein paar Stunden fand er seine Jagdhundnatur°
wieder, scheuchte die nächtlichen Tiere auf° und wollte uns
nicht mehr folgen, ließ sich nicht mehr blicken, und wir hat-

7. **verhungern (ist)** to starve to death • **verdursten (ist)** to die of thirst
28. **kramen** *(colloq.)* to rummage about
32. **um·schreiben (schrieb um, umgeschrieben)** *here:* to alter
34. **aus·streichen (strich aus, ausgestrichen)** to cross out • **gültig** valid

ten Angst um ihn und um die nächtlichen Tiere und darum,   1
dass wir ohne ihn den Weg zurück ins Schloss nicht mehr
finden würden. Wir riefen und schrien Bilbo!, denn auf diese
Form hatte sich der Name seit langem verkürzt, Bilbo hierher!
Bilbo komm!   5

Eigentlich ist dein Vater verhungert° und verdurstet°, hat mir
seine Frau nach dem Begräbnis erzählt. Er konnte nicht mehr
essen und nicht mehr trinken oder wollte es nicht mehr, und
sie hat ihn mit Teelöffeln voll Grießbrei und Tee zu ernähren   10
versucht und die Teelöffel gezählt wie für ein kleines Kind.
Noch ein Löffelchen, bitte, ein Löffelchen für dich, ein Löffelchen für mich, und ein Löffelchen für deine Tochter, ein
Löffelchen für Bilbo, ein Löffelchen für deine Mama und eins
für deinen Papa, und ein Löffelchen für die Hofbankiers, ein   15
Löffelchen für die Bergstraße, ein Löffelchen für die Odenwaldschule, bitte, ein Löffelchen für die Vossische Zeitung, ein
Löffelchen für Paris, ein Löffelchen für London, ein Löffelchen für Berlin, ein Löffelchen für das neue Deutschland, ein
Löffelchen für die Verfolgten des Naziregimes, ein Löffelchen   20
fürs Schloss Belvedere und ein Löffelchen für den Ginkgo
Biloba, bitte, bitte.
    Das war alles nur wie mit Martha, habe ich zu ihr gesagt,
und sie hat gefragt, wer ist Martha, was ist mit Martha. Vielleicht hat ihr mein Vater die Geschichte von Martha nie   25
erzählt.
    Wir standen in seinem Zimmer, das ich noch einmal hatte
sehen wollen, ich habe in seinen Sachen gekramt° und mir
die russische Uhr genommen und aus der Schublade seines
Schreibtisches das englische Notizbuch, den Kalender vom   30
Jahre 44. Mein Vater hatte die Wochentage für das Jahr 46
umgeschrieben°, das Jahr, in dem er nach Deutschland
zurückgekehrt war. Der Name jedes Wochentages war aus-
gestrichen° und der gültige° daneben gesetzt, aber nur wenige

10. **die Grenze passieren** to cross the border

17. **brav** good, upright

21. **die Laufbahn, -en** career • **die Akte, -n** file, record

22. **einen Brief auf·setzen** to compose a letter

28. **die Lebensmittelkarte, -n** food ration card

29. **der Kumpel, -** miner; *(colloq.)* chum, pal

30. **lauter** nothing but (*not to be confused with the comparative of* laut) • **besoffen** *(colloq.)* drunk

31. **das Weib, -er** *(pej.)* woman

Seiten waren beschrieben, und auf den wenigen Seiten standen   1
meist nur ein paar Zeilen in der Mitte des Blattes. Ich habe sie
gleich da im Zimmer meines Vaters, unter dem Dach vom
Belvedere, neben dem Tischleindeckdich von Goethe und
Karl August, durchgelesen.   5

[Wednesday] May 31. *Friday*
Mit dem Military Entry Permit Nr. 17174 und dem Certifi-
cate of Identity Nr. H 5139 habe ich am 23. Mai 1946 aus
London (via Prag) kommend die deutsche Grenze passiert°.   10
    Alles in allem war ich dreizehn Jahre weg, jetzt komme
ich zurück nach Berlin zu den Russen, obwohl mich die Engländer in Hamburg erwarten.

[Thursday] June 1. *Saturday*   15
Hole mein Gepäck mit Parteiauto vom Bahnhof Zoo ab. Der
Chauffeur ist ein braver° Mann, wir fahren durch die Lüt-
zowstraße, er erzählt mir von den letzten Kämpfen um den
Bunker am Zoo. Im Parteibüro muss ich stundenlang warten,
bis F. zu sprechen ist. Fragt mich genau über meine Parteilauf-   20
bahn° aus, lässt sich meine Akte° kommen und schreibt die
Neuigkeiten hinein. Setzt einen Brief auf°, in dem ich den
Engländern erkläre, dass ich in der russischen Zone bleiben
werde. Fragt mich, was ich denn hier machen will, lacht, als
ich sage: eine Zeitung.   25

[Saturday] June 3. *Monday*
Melde mich für Wohnung und Lebensmittelkarten° an. Gehe
mit den zwei Kumpels° aus dem Schlafsaal, die aus Chemnitz
kommen, in ein Lokal, das sie kennen. Lauter° besoffene°   30
Weiber°, scheußlich. (In der Garage W. U.s 2-Zylinder-
Mercedes gesehen.)

2. **das Quartier, -e** accommodation, apartment
3. **das Wohnungsamt, ¨er** housing office
4. **der Bezirksvorsteher, -** chief officer of local government
6. **der Keks, -e** cookie
7. **die (Grammofon)platte, -n** record
8. **die Elektrische** *(colloq.)* streetcar
9. **ungewollt** *here:* not wanted
14. **auf Marke essen gehen (ging, gegangen)** to go eat rationed food • **der Gang, ¨e** errand
15. **zwecklos** without success
16. **hauptsächlich** mainly
17. **der PG, -s** *(abbr. for* **Parteigenosse, -n**) party member in the GDR
18. **die Bumsmusik** loud, vulgar music (*cf.* **bumsen** to fuck)
21. **die Fleischerei, -en** butcher shop
24. **vor·lassen (lässt vor; ließ vor, vorgelassen)** to let sb. go in front • **murren** to grumble
26. **der Staatenlose, -n** stateless person
27. **gelten als (gilt; galt, gegolten)** to be regarded as
34. **die Strecke, -n** stretch, distance • **gruselig** horrifying

ⓘ 6.2 Berlin (1)

Im Roman werden verschiedene Stadtteile und Gebäude Berlins erwähnt:

Pankow ist ein Stadtteil im Nordosten Berlins. Der heutige Bezirk Pankow entstand 2001 durch die Zusammenschließung der Bezirke Prenzlauer Berg und Weißensee mit dem ehemaligen Bezirk Pankow. Zu DDR-Zeiten war es eins der politischen Zentren der Stadt.

Ostkreuz ist der Name eines S-Bahnhofes in Berlin-Friedrichshain.

„**Alex**" ist die auch heute geläufige° Abkürzung° für **Alexanderplatz**. Der Alexanderplatz liegt in Berlin-Mitte und war vor der Wende der Mittelpunkt des Ost-Berliner Zentrums mit dem Fernsehturm, der Weltzeituhr und dem Brunnen° der Völkerfreundschaft.

Das **Hotel Fürstenhof** in Berlin Mitte befand sich am Leipziger Platz. Das Hotel wurde im Zweiten Weltkrieg zerstört.

geläufig: commonly used   **die Abkürzung:** abbreviation   **der Brunnen:** fountain

ⓘ 6.3 Lebensraumpolitik

Die von den Nazis propagierte „Lebensraumpolitik" geht auf Ideen zurück, die schon zu Ende des 19. Jahrhunderts formuliert wurden. 1911 veröffentlichte der General und Militärhistoriker Friedrich von Bernhardi sein Buch *Deutschland und der nächste Krieg*, in dem er Osteuropa als den potenziellen deutschen Siedlungsraum bezeichnete. 1926 erschien Hans Grimms Roman *Volk ohne Raum*. Der Titel wurde mit veränderter Bedeutung ein viel genutzter Slogan der Nazis für ihre Expansionspolitik und ihren Expansionskrieg in Osteuropa. Mehr „Lebensraum" bedeutete für sie, ein größeres Territorium für das deutsche Volk zu erobern.

[Sunday] June 4. *Tuesday*   1
Ins Quartier° V umgezogen, Zimmer drei. Auf dem Woh-
ⓘ   nungsamt° in Pankow nichts erreicht. Schlangestehen,
6.2   Bezirksvorsteher° Krause nimmt sich Zeit. Kriege meine
Lebensmittelkarten und kaufe zum ersten Mal ein: etwas But-   5
ter, Kekse°, Zucker und Suppenpaste. Abendessen bei den K.s,
danach schön sentimentale Grammofonplatten° gehört. Fahre
bis Ostkreuz, von da an stundenlang Elektrische°, ab Alex
zu Fuß in ungewollter° Begleitung eines Mannes, der vom
Angriff am 3. Februar erzählt und sich Sorgen macht um   10
ⓘ   Deutschland wegen zu kleinem Raum.
6.3

[Monday] June 5. *Wednesday*
Gehe auf Marken essen°. Viele sinnlose Gänge°. Wohnungs-
amt, wieder zwecklos°. Abends im Fürstenhof, wieder haupt-   15
sächlich° nur besoffene Frauen und Männer, sehe geradezu die
PGs° vor mir. Viel Schnaps. Hungrig und traurig. Aber schöne
Bumsmusik°.

[Thursday] June 8. *Saturday*   20
Lange Schlange vor der Fleischerei°, gehe wieder. Wohnungs-
amt – zwecklos. Kehre zum Fleischer zurück und kriege
meine erste Wurst. Dann ins Bad, wieder eine Schlange, Ausländer werden vorgelassen°. Einige murren°, werden aber
belehrt, was sie schließlich den anderen Nationen angetan hät-   25
ten, jetzt müssten sie eben warten. Staatenloser°, der ich bin,
gelte° ich als Ausländer und darf vor den Deutschen baden
gehen.
    Regine besucht mich im Schlafsaal des Quartiers IV und
bringt einen elektrischen Kocher und eine Tasse mit, macht   30
ⓘ   mir einen Tee. Später gehen wir in die Hasenheide und nachts
6.4   wandere ich vom Küstriner Platz zum Märkischen Museum.
Mond über der Straße, sonst kein Licht und lange, lange
Strecken° nur Ruinen, gruselig°.

3. **der Rotarmist, -en, -en/die Rotarmistin, -nen** soldier in the Red Army

4. **knipsen** *(colloq.)* to take a photo

12. **in Zivil** in civilian clothes

17. **die Kripo** *(colloq. for* **Kriminalpolizei**) criminal investigation department

18 **durch·brennen (brannte durch, ist durchgebrannt)** to run away

23. **herum·pennen** *(colloq.)* to crash somewhere

25. **das Heim, -e** *here:* orphanage

33. **ein·tragen (trägt ein; trug ein, eingetragen)** to enter, to put down

ⓘ **6.4 Berlin (2)**

Die **Hasenheide** ist ein Volkspark zwischen Berlin-Neukölln und Kreuzberg.

Das **Märkische Museum** ist ein Museum für Kultur und Geschichte Berlins in Berlin-Mitte an der Spree.

Der **Kurfürstendamm**, auch Ku'damm genannt, ist eine der größten Einkaufstraßen im Westen Berlins. Der Ku'damm beginnt an der Kaiser-Wilhelm-Gedächtniskirche am Breitscheidplatz und verbindet die Bezirke Charlottenburg und Wilmerdorf.

ⓘ **6.5 Ost-West-Achse**

Nach den Plänen Adolf Hitlers und seines Architekten Albert Speers sollte Berlin zur „Welthauptstadt Germania" mit repräsentativen Monumentalbauten ausgebaut werden, unter anderem entlang einer großen Ost-West-Achse. Ein 12 km langes Teilstück der Ost-West-Achse – geplant waren 50 km – wurde zu Hitlers Geburtstag 1939 fertiggestellt; es reicht von der Museumsinsel bis nach Wilmersdorf im Westen Berlins. Die Siegessäule wurde dabei vom Königsplatz vor dem Reichstag auf den Großen Stern versetzt, wo sie heute noch steht, und um mehr als sechs Meter erhöht. (Quelle: *Ost-West-Achse*, http://de.wikipedia.org)

ⓘ **6.6 8. Mai: Ende des Zweiten Weltkrieges und sowjetische Ehrenmale**

Am 8. Mai 1945 endete der Zweite Weltkrieg mit der bedingungslosen° Gesamtkapitulation der deutschen Truppen.

Nach dem Ende des Krieges wurden in Berlin drei große **sowjetische Ehrenmale** errichtet: im Tiergarten, im Treptower Park und im Volkspark Schönholzer Heide. Sie erinnern an die Kapitulation von Nazi-Deutschland und sind gleichzeitig Soldatenfriedhöfe der etwa 21 000 sowjetischen Soldaten, die im Kampf um Berlin fielen. (Quelle: *Senatsverwaltung für Stadtentwicklung: Sowjetische Ehrenmale*, http://www.stadtentwicklung.berlin.de)

bedingungslos: unconditional

① 6.5

Mit dem Fahrrad auf der Ost-West-Achse zum Kurfürsten-damm. Am russischen Gefallenendenkmal werden Rotar-misten° aus Lastwagen abgesetzt, sie machen Gruppenfotos, Amerikaner knipsen° vom Jeep aus ohne auszusteigen. Besehe den Bunker am Zoo und den kleinen Friedhof mit den am 8.

1

5

① 6.6

Mai Gefallenen. Trinke eine Limonade im Café Wien.

[Friday] June 11. *Sunday*
Im Quartier IV Gemeinschaftskocherei. Jefim kommt. Wir diskutieren die verlorenen Illusionen. Abends zusammen in den Fürstenhof. Die Deutschen wieder mit so viel Gemüt. Jefim in Zivil°. Jemand spricht uns an, ob wir Italiener seien. Sie erinnern sich nicht mehr, wie Juden aussehen.

10

[Saturday] June 10. *Monday*
Versuche, erste Artikel zu schreiben. Es fällt mir schwer. Zum Polizeipräsidium wegen der Papiere. Nebenan auf der Kripo°

15

① 6.7

ein kleiner Junge, von Beuthen durchgebrannt°, um seinen Vater zu suchen, der in einem Lager sein soll, wo und warum weiß er nicht. Aber vielleicht hat ihn auch Berlin gelockt, da sollen die Amis den Kindern soviel Schokolade geben, wie sie haben wollen. Nun ist er eigentlich sehr enttäuscht. Hat vier Nächte irgendwo herumgepennt° und ist mitten am Tage vor Hunger und Müdigkeit auf dem Alex eingeschlafen. Jetzt wird er in ein Heim° gebracht.

20

25

① 6.8

Abends Zirkus Barley Löwen, Elefanten und Kunst auf dem Einrad, aber alles viel zu ernst. Der auf dem Einrad sollte wenigstens eine Zigarette dabei rauchen. Gehe traurig nach Hause, weiß so ganz genau nicht, wo ich bin. Ein bisschen so wie der Italiener eben im Zirkus, der eigentlich aus Russland kommt. Genauso ein Italiener wie ich.

30

Das war alles, was mein Vater in den Kalender eingetragen° hatte. Außerdem gab es nur noch ein Adressenregister voller

2. **die Umrechnungstabelle, -n** conversion table • **das Gewicht, -e** weight

10. **die Aufzeichnung, -en** record, note

11. **verlaufen (verläuft; verlief, ist verlaufen)** to run, to melt

12. **ab·laufen (läuft ab; lief ab, ist abgelaufen)** to expire

21. **unauffällig** inconspicuous

33. **das Beet, -e** bed, patch • **die Bohne, -n** green bean • **die Erdbeere, -n** strawberry

34. **die Himbeere, -n** raspberry • **der Strauch, ⸚er** bush, shrub • **die Schaukel, -n** swing

ⓘ **6.7 Beuthen**

Gemeint hier ist wahrscheinlich die kleine Stadt Beuthen an der Oder in Niederschlesien.
Nach dem Zweiten Weltkrieg wurden Nieder- und Oberschlesien Teil von Polen. Heute heißt
die Stadt Bytom Odrzanski.

In Oberschlesien gibt es die größere Stadt Beuthen (heute Bytom), bekannt vor allem
durch den Steinkohleabbau°.

der Abbau: mining

ⓘ **6.8 Zirkus Barley**

Zirkus Barley war der Name des DDR-Staats-Zirkus, der 1950 gegründet wurde und bis 2004
existierte.

ⓘ **6.9 Orte in Brandenburg**

Brandenburg ist ein Bundesland mit der Hauptstadt Potsdam, das Berlin umgibt.

Fürstenwalde ist eine Stadt an der Spree südöstlich von Berlin.

Der **Scharmützelsee** liegt im Oder-Spree Seengebiet zwischen Frankfurt/Oder und Berlin,
südlich von Fürstenwalde.

Die **Rauenschen Berge** sind eine kleine Bergkette in Brandenburg.

Namen, die ich alle nicht kannte, und eine Umrechnungsta-   1
belle° der englischen Maße und Gewichte° in das kontinentale
Dezimalsystem. Weil ich den Kalender nicht einfach nur als
ein Erinnerungsstück mit nach Paris nehmen wollte und weil
so viele Seiten leer geblieben waren, schrieb ich selber darin   5
weiter und datierte die Wochentage noch einmal um auf das
jetzige Jahr. Ich trug den Todestag meines Vaters und den Tag
seines Begräbnisses ein und den Tag, an dem wir uns das letzte
Mal gesehen hatten, und dann habe ich angefangen, die leeren
Seiten vollzuschreiben, so dass unsere Aufzeichnungen° inein-   10
ander verliefen° in dem englischen Kalender, der sowieso
schon längst abgelaufen° war.

[Friday] December 15. *Dienstag*
Weimar, Apolda, Naumburg, Weißenfels, Halle, Berlin.   15
Hundertmal bin ich diese Strecke gefahren, aber jetzt ist die
Reise illegal, denn die „Berechtigung" gilt nur für den Ort des
Begräbnisses.
    Irgendwo am Rand von Berlin bin ich deshalb aus dem Zug
ausgestiegen, um mit der S-Bahn oder mit einem Bus weiter-   20
zufahren, weil ich dachte, das wäre unauffälliger°. Habe mich
gleich verlaufen, denn in diesem Teil der Stadt bin ich nie
gewesen, es ist eine ganz unbekannte Gegend, die ich zum
ersten Mal gesehen habe. Ein Straßenschild weist zur Auto-
ⓘ   bahn und nach Fürstenwalde – ein Ortsname, den ich gut   25
6.9 kenne. Hier könnten wir vor einer sehr langen Zeit entlang-
gefahren sein, als ich ein Kind war und meine Eltern noch
zusammenlebten. Sie hatten ein Haus am Scharmützelsee, wo
wir die Wochenenden verbrachten, ich kann mich nicht wirklich daran erinnern, sondern nur an das, was meine Eltern   30
davon erzählt haben: eine kleine Villa aus Holz und eine Ve-
randa auf den See hinaus, ein großer Garten mit alten Bäumen, ein paar Beete° mit Bohnen° und Erdbeeren°, Him-
beersträucher° und Apfelbäume und die Schaukel° vor dem

1. **turnen** to do gymnastics
3. **der Liegestuhl, ⸚e** deck chair, chaise
8. **aus·dehnen** to expand, extend
9. **pachten** to lease
25. **verwöhnen** to pamper
27. **verstummen** to become silent
31. **wirtschaften** to busy o.s.

ⓘ 6.10 Johannes R. Becher

(*1898 in München †1958 in Berlin)
In den 20-er Jahren schrieb der Dichter und spätere DDR-
Politiker Becher expressionistische Dichtung und einen Anti-
Kriegsroman. Er trat dem Spartakusbund und der kom-
munistischen Partei bei. 1933 musste er vor den Nazis
fliehen; in der Sowjetunion fiel er beinahe den Stalinistischen
Säuberungen zum Opfer. Nach Gründung der DDR wurde
Becher Volkskammerabgeordneter°. 1949 schrieb er auf die
Melodie von Hanns Eisler den Text zu dem Lied „Aufer-
standen aus Ruinen", das zur Nationalhymne der DDR
wurde. Von 1954 bis 1958 war Becher Kulturminister der
DDR. Während der Entstalinisierungsperiode, die 1956 in
der Sowjetunion begann, trat er für politische Reformen
in der DDR ein, wurde aber von der Parteiführung scharf
kritisiert und politisch kalt gestellt. (Quelle: *Johannes R.
Becher*, http://de.wikipedia.org)

Volkskammerabgeordneter: representative of the GDR parliament

DDR-Briefmarke mit dem
Porträt Johannes R. Bechers

Ⓘ Küchenfenster. Johannes R. Becher soll mit mir geturnt°   1
6.10 haben, wenn er manchmal mit seinem Segelboot herüberkam,
und dann haben sie in Liegestühlen° unter den Bäumen
gesessen und diskutiert, wie es mit dem neuen Deutschland
werden soll. Ich wollte in dieser Zeit noch Naturforscherin   5
werden und forschte im Garten oder am Rande des Wassers;
als ich meine Forschungen auf das Segelboot von Johannes R.
Becher ausdehnen° wollte, war das allerdings verboten. Das
Haus und der Garten waren gepachtet°, und nach ein paar
Jahren schon forderte der Besitzer, den mein Vater immer nur   10
den „alten Nazi" nannte, beides zurück. Von da an gab es kein
Haus und keinen Garten am Scharmützelsee mehr, meine
Eltern gingen bald auseinander, die Schauspielerin brauchte
kein Haus fürs Wochenende, weil sie sowieso immer im
Theater zu tun hatte, und meine Mutter dachte wohl schon   15
an die Rückkehr nach Bulgarien.

Viele Jahre später, in der Zeit an der Universität, bin ich
dann doch wieder an diesen Ort gekommen. Die Mutter
meiner Freundin hatte ein Haus dort, beinahe einen Hof, und
meine Freundin und ich haben auf diesem Hof viele Wochen-   20
enden verbracht, manchmal mit ihrer Mutter oder mit anderen Freunden oder mit den Freunden der Mutter. Es war so
eine Flucht aus dem Leben in Berlin und dem Leben überhaupt. Wir ließen uns von der Mutter und den Freundinnen
der Mutter verwöhnen°, aber das Verwöhnen war uns auch   25
wieder nicht recht, denn es kam uns doch wie ein Zum-
Schweigen-Bringen und Verstummen° vor. Dann liefen wir
wieder weg. Einmal zeigte ich meiner Freundin am anderen
Ende des Ortes den Garten und das Haus, die früher unser
Garten und unser Haus gewesen waren, und wir sahen hinter   30
dem Zaun den „alten Nazi" im Garten wirtschaften°. Wir
liefen in die Rauenschen Berge, deren Name mir fast als
einziges von diesem Ort aus der Kindheit in Erinnerung
geblieben war, oder einem der drei Wege nach, die in die

4. **Pläne schmieden** to hatch plans
23. **öde** desolate, waste, dreary
30. **schaffen** to manage, to succeed
33. **der Aushang, ⸚e** notice, announcement
34. **nach·sehen (sieht nach; sah nach, nachgesehen)** *here:* to look up, to check

Nachbardörfer führten; und wir kannten bald jeden Stein, der   1
da lag, und jeden Strauch, der da wuchs, und fingen an, von
Weiterem, Unbekannterem zu träumen, und wollten lange
Wanderungen unternehmen und schmiedeten große Pläne°
für unser Leben.   5

[Saturday] December 16. *Mittwoch*
Jeder alte Mann, den ich auf der Straße sehe, erschreckt mich,
ich sehe ihn an und denke, warum lebt der und kennt mich
nicht und geht da herum und sieht mich nicht, als ob ich ihn   10
gar nichts angehe, warum kann er nicht mein Vater sein.
Dann fange ich zu heulen an, aus Trauer darüber, dass jede
Reise jetzt sinnlos ist, dass ich meinen Vater nicht mehr wiederfinden kann. Wo ich auch hinfahren werde – ich werde ihn
doch nicht wiederfinden, nie und nirgends, im Guten nicht   15
und nicht im Bösen.
    An jeder Ecke gibt es eine Wohnung, wo irgendjemand,
den ich kenne, gewohnt hat oder immer noch wohnt. Soll ich
hingehen, frage ich mich jedes Mal, und laufe vorbei.

        20
[Sunday] December 17. *Donnerstag*
Neben dem S-Bahnhof Leninallee streckt sich die Werner-
Seelenbinder-Halle öde° aus und bereitet wieder oder immer
noch irgendeinen Parteitag vor, der Zentralviehhof stinkt, und
die Straßenbahnen quietschen ins Depot und aus dem Depot   25
wieder heraus. Ich bin zu meiner alten Wohnung gegangen,
habe mich vielmehr daran vorbeigeschlichen, um zu sehen,
was für ein Name jetzt an meiner Tür steht. Da steht: Walter.
Herr oder Frau Walter haben endlich eine Klingel anbringen
lassen, das habe ich in zehn Jahren nicht geschafft°, man hat   30
immer klopfen müssen. Dann habe ich mich an die Haltestelle
vor meinem Haus gestellt und auf den 57er Bus gewartet und
bin ins ‚Berliner Theater‘ gefahren, um auf den Aushängen°
nachzusehen°, was für ein Stück sie gerade proben, wer welche

19. **nach·sehen (sieht nach; sah nach, nachgesehen)** *here:* to follow sb. with one's eyes

Rolle spielt und wer die Dramaturgen, Assistenten und
Gehilfen sind. Ich bin ziemlich lange vor der Liste mit den
bekannten Namen stehen geblieben, bis der Pförtner mich
fragte, ob ich jemanden sprechen will, jetzt seien sie alle auf
der Probe, bis vierzehn Uhr, danach könne man alle in der
Kantine treffen. Das wusste ich sowieso; ich wolle niemanden
sprechen, habe ich gesagt, danke schön.

Habe mich ins „Lindenkorso" gesetzt und Ansichtskarten
geschrieben, wie ein Tourist. Eine mit dem Foto vom ‚Berliner
Theater‘ an Alfried nach München und einen Brief an Jean-
Marc nach New York.

Lieber Jean-Marc,
Gott weiß, wann ich wissen werde, was passiert ist. Ich bin
jetzt in Berlin, wo Du nie hinwolltest. Mein Vater ist gestorben. Er ist in Weimar, nicht weit vom Schloss Belvedere, begraben worden.

In Deine Mansarde ist eine junge Frau mit einem Kind
eingezogen, sie wundert sich, wenn ich ihr nachsehe°. In der
Wäscherei arbeitet an Deiner Stelle ein Chinese, oder einer,
den ich dafür halte. Es tut mir jetzt leid, dass wir immer in
einer fremden Sprache miteinander gesprochen haben, und
nur die Worte, die wir zu dieser Sprache dazu erfunden haben,
scheinen mir jetzt noch einen Sinn zu haben.

Im Naturstudium komme ich langsam voran und traue
mich auch schon manchmal raus und zeichne, wenn schon
nicht die Stadt, wenigstens ein paar Bäume oder Gräser. Ich
müsste aus dem Souterrain heraus. Vielleicht hätte ich in
Deine Mansarde einziehen sollen, oben ist es doch besser als
immer halb unter der Erde. Ich umarme Dich also aus Berlin.

[Monday] December 18. *Freitag*
Ich habe gar niemanden in Berlin besucht, keinen von den alten Freunden und auch die Kollegen vom ‚Berliner Theater‘

6. **weg·wischen** to wipe off

9. **jm. ist etw. abhanden gekommen (kam abhanden, ist abhanden gekommen)** sb. has lost sth.

11. **auf·lösen** to dissolve

13. **sich verflüchtigen** to evaporate

17. **zerkrümeln** to crumble

20. **die Reinigung, -en** dry cleaner

23. **der Grenzübergang, ⸚e** border crossing point

29. **der Vorhang, ⸚e** curtain

30. **die Vorhänge zu·ziehen (zog zu, zugezogen)** to draw the curtains

nicht. In den letzten Stunden, bevor mein Zug abfuhr, bin ich   1
dahin gegangen, wo keiner mehr wohnt, zu dem Haus, wo ich
mit meiner Mutter lebte, bevor sie wieder nach Bulgarien zog,
und zu dem Haus, wo ich meinen Vater bei der Schauspielerin
besucht habe. Sie wohnt immer noch da. Aber wie schon in   5
Paris war alle Gegenwart weggewischt°, und selbst die Erinnerung, schien mir, konnte sich nicht wirklich an den Orten
halten. Plötzlich, wie ich da vor den Häusern stand, ist mir
aller Sinn abhanden gekommen° von Weggehen und Wiederkommen und Freundschaft und den verschiedenen Orten der   10
Welt, als ob sie sich alle auflösten° oder in die Luft aufstiegen,
wenn man sich ihnen nähert, und eigentlich kann man nicht
wissen, ob sie sich verflüchtigen° oder ob man selber flieht.

Aus dem Park von Belvedere habe ich mir wieder ein paar
Blätter vom Ginkgo Biloba mitgenommen und in meine   15
Manteltasche gesteckt. Mit der Zeit werden die Blätter zerkrü-
meln° und zerfallen, wenn ich mit den Händen immer wieder
in die Tasche fasse, und werden sich mit dem Dreck und den
Krümeln auf dem Boden der Tasche vermischen, und ich
werde den Mantel dann nicht zur Reinigung° bringen, damit   20
der Blätterstaub auf dem Grund der Tasche bleibt.

Am Bahnhof Friedrichstraße, kurz vor dem Grenzüber-
gang°, habe ich Wanda, die ich vom Theater kenne, getroffen,
wir sind auf der Straße stehen geblieben und haben miteinander geredet, und ich merkte, sie wusste gar nicht, dass ich   25
nicht mehr da lebe, und ich habe ihr nichts gesagt.

Ich konnte nicht noch einmal die ganze Strecke von Berlin bis Paris über Frankfurt besichtigen. Habe einen Schlafwagen genommen und mich hingelegt und die Vorhänge°
zugezogen°.   30

Vokabeln und Aufgaben

Allgemeine Vorschläge für tägliche Hausaufgaben

1. Die „Fragen zum Textverständnis" sollen Sie beantworten können, wenn Sie den Text gelesen haben. Im Kurs werden Sie nicht immer alle Einzelfragen beantworten, sondern im Zusammenhang darüber sprechen.
2. Schreiben Sie jeden Tag a) 1–2 Fragen zur Sprache und b) 1–2 Fragen zum Inhalt oder für eine Diskussion auf.
3. Machen Sie sich jeden Tag Notizen zu den wichtigsten Ereignissen und Gedanken der Figuren des Romans. Integrieren Sie dabei mindestens 2–4 neue Vokabeln.
4. Schreiben Sie Ihre eigenen Beobachtungen und Gedanken beim Lesen auf. Integrieren Sie dabei mindestens 2–4 neue Vokabeln.
5. Benutzen Sie jeden Tag mindestens 1–2 dieser neuen Vokabeln bei der Diskussion des Romans.
6. Machen Sie beim weiteren Lesen eine Liste der wichtigsten Motive und Symbole im Roman.

Teil I

der Alptraum, ¨-e	nightmare
der Traum	dream
träumen von	to dream of
das Begräbnis, -se	funeral

Zu dem Begräbnis ihres Vaters wurde ein Kantor aus Griechenland eingeladen.
A cantor from Greece was invited to her father's funeral.

begraben (begräbt; begrub, begraben)	to bury
das Grab, ¨er	grave
graben (gräbt; grub, gegraben)	to dig
die Bemerkung, -en	comment, remark

Er machte eine witzige Bemerkung.
He made a funny remark.

das Besteck	cutlery
betrügen (betrog, betrogen)	to betray, cheat on s.b.

Sie fühlte sich betrogen.
She felt betrayed.

der Bezirk, -e	district

Sie wohnte in einem Bezirk von Ost-Berlin.
She lived in an East Berlin district.

die Bühne, -n	stage

Auf der Bühne fühlte sie sich wohl.
On the stage she felt comfortable.

das Dach, ¨er	roof
der Friedhof, ¨e	cemetery

Er wurde auf einem jüdischen Friedhof begraben.
He was buried in a Jewish cemetery.

der Friede *(rare)* / der Frieden	peace
der Hof, ⸚e	court(yard)
gähnen	to yawn
der Gegenstand, ⸚e	thing, object

Welche Gegenstände nahm sie mit?
Which objects did she take with her?

das Geräusch, -e	sound
der Geruch, ⸚e	smell
riechen	to smell
die Hauptperson, -en	main character
die Hauptrolle, -n	main role
heimlich	secret(ly)

Sie trafen sich heimlich.
They met secretly.

das Heimweh	homesickness
Heimweh haben (nach)	to be homesick (for)

Sie hatte Heimweh nach Berlin.
She was homesick for Berlin.

jüdisch	Jewish
der Jude, -n, -n / die Jüdin, -nen	Jew
das Judentum	Judaism; Jewry

Sein Leben lang war ihr Vater kein religiöser Jude gewesen.
All his life her father had not been a religious Jew.

die Nebenrolle, -n	supporting role
die Reihe, -n	row

Wir saßen in der ersten Reihe im Theater.
We sat in the front row in the theater.

das Schauspiel, -e	play
der Schauspieler, - / die Schauspielerin, -nen	actor / actress
die Sehnsucht	longing
Sehnsucht haben nach / sich sehnen nach	to long for

Sie hatte Sehnsucht nach ihrem Vater. / Sie sehnte sich nach ihrem Vater.
She longed for her father.

der Statist, -en, -en	extra *(referring to theater or film)*

Sie brauchten einige Statisten für das Stück.
They needed a few extras for the play.

das Stück, -e   play; *also:* piece (of cake, etc.)

    Wie hat dir das Stück von dem neuen Theaterdirektor gefallen?

    How did you like the play by the new theater director?

    Ich möchte drei Stück Kuchen, bitte.

    I would like three pieces of cake, please.

das Testament, -e   (last) will

ein Testament hinterlassen   to leave a will

(hinterließ, hinterlassen)

    Hat er ein Testament hinterlassen?

    Did he leave a will?

unterstreichen (unterstrich,   to underline; to emphasize

unterstrichen)

    In dem Brief hatte er das Wort „Mord" unterstrichen.

    In the letter he had underlined the word „murder."

sich verlaufen (verläuft; verlief,   to get lost, lose one's way

verlaufen)

    Sie hatte sich in der fremden Stadt verlaufen.

    She had lost her way in the foreign city.

die Verwandlung, -en   transformation, metamorphosis

der Vorort, -e   suburb

die Vorstellung, -en   performance, show; imagination

 vor·stellen   to present; to introduce o.s.

    Der Direktor stellte sein neues Stück vor.

    The director presented his new play.

 sich etw. vor·stellen   to imagine

    Das kann ich mir nicht vorstellen.

    I can't imagine that.

wagen   to dare (to do)

    Sie wagte nicht ihn anzurufen.

    She did not dare call him.

✍ Sprache im Kontext

A. Assoziogramm „Theater"

  1. Finden Sie alle Wörter und Ausdrücke zum Thema „Theater" aus der
     Vokabelliste bzw. aus dem Text.

2. Kennen Sie weitere Wörter und Ausdrücke zu diesem Begriff? Geben Sie bei Nomen auch den bestimmten Artikel und Plural an; bei Verben die Temporaformen, d.h. unregelmäßige Formen im Präsens (Vokalwechsel usw.), die Präteritumform und für das Perfekt das Partizip. Geben Sie auch an, ob man **haben** oder **sein** benutzt.

NB: Sie können alle Assoziationsübungen auch als Wettspiel durchführen: Bilden Sie dazu 2–4 Gruppen. Finden Sie möglichst viele Wörter in ca. fünf Minuten.

B. Assoziogramm „Verlust und Tod"
   1. Finden Sie alle Wörter und Ausdrücke zu diesen Begriffen aus der Vokabelliste bzw. aus dem Text.
   2. Kennen Sie weitere Wörter und Ausdrücke zu diesen Begriffen? Geben Sie bei Nomen auch den bestimmten Artikel und Plural an; bei Verben die Temporaformen.

C. Assoziogramm „Besteck" (Alltagsvokabular)
   1. Was gehört alles dazu? Geben Sie auch den bestimmten Artikel und Plural an.
   2. Was macht man mit diesen Gegenständen? Bilden Sie Sätze.

D. Synonyme
Wie kann man es anders sagen? Ersetzen Sie die unterstrichenen Wörter:
   1. Wir brauchen Messer, Gabel und Löffel.
   2. Sie fand den Weg nicht mehr in der neuen Stadt.
   3. Sie hatte Angst, ihn anzurufen.
   4. Im Theater saßen wir ganz vorne.
   5. Sie spielte nur eine kleine Rolle, bei der sie nichts sagen musste.

E. Wettspiel: Vokabel-Definitionen
Wählen Sie fünf Wörter aus der Vokabelliste und erklären Sie sie in Ihren eigenen Worten auf Deutsch. Die anderen Studentinnen/Studenten sollen die Vokabeln erraten.

Variation:
   a. Machen Sie die Übung in Partnerarbeit oder im Plenum.
   b. Machen Sie diese Übung als Wettspiel in Kleingruppen. Wer zuerst die Vokabel errät, erhält einen Punkt.

NB: Diese Übung sollten Sie auch mit den Vokabeln in den folgenden Teilen machen.

F. Vokabular und Konversation

Sprechen Sie mit Ihrer Nachbarin/Ihrem Nachbarn, indem Sie die neuen Vokabeln benutzen. Denken Sie daran, die **du**-Form zu benutzen.

1. Haben Sie manchmal Albträume? Warum?
2. Wie reagieren Sie, wenn jemand eine dumme Bemerkung über Sie macht?
3. Welches Besteck brauchen Sie beim Frühstück?
4. In welchem Bezirk wohnen Sie?
5. Standen Sie schon mal auf einer Bühne?
6. Haben Sie schon mal in einem Stück eine Hauptrolle oder Nebenrolle gespielt? Wie war Ihre Erfahrung?
7. In welcher Situation gähnen Sie?
8. Welche Geräusche finden Sie ganz schrecklich?
9. In welcher Reihe sitzen Sie im Kino am liebsten? Warum?
10. Haben Sie manchmal Sehnsucht nach Ihrer Heimatstadt?
11. Welches Stück finden Sie besonders interessant?
12. Was würden Sie nie wagen zu tun?

G. Übersetzen Sie ins Deutsche!

1. Her father's Jewish funeral was a nightmare.
2. She got lost in the new suburb.
3. The noise and smell there were awful.
4. She was homesick for her hometown, where she grew up.
5. Somebody made a funny remark, but he yawned.
6. She didn't dare call him.
7. She felt betrayed by him.

H. Partizipien als Adjektive und erweiterte Adjektivkonstruktionen

Partizipien als Adjektive

Sowohl das Partizip Präsens als auch das Partizip Perfekt können als Adjektive benutzt werden.

Die Partizipialkonstruktion kann einen Relativsatz ersetzen:

Relativsatz	**Partizip Präsens:**
ein Bus, der schnell um die Ecke fährt	➲ *ein schnell um die Ecke **fahrender** Bus*
	Partizip Perfekt:
ein Bus, der schnell um die Ecke gefahren ist	➲ *ein schnell um die Ecke **gefahrener** Bus*

151

Wortstellung bei erweiterten Adjektivkonstruktionen
Das Partizip steht direkt vor dem Nomen, alle anderen Elemente, wie Zeit, Ort, Adverb, stehen zwischen Artikel (sofern vorhanden) und Partizip:

> *ein <u>**fahrender** Bus</u>*
> *ein <u>um die Ecke **fahrender** Bus</u>*
> *ein <u>schnell um die Ecke **fahrender** Bus</u>*
> *<u>schnell um die Ecke **fahrende** Busse</u>*

Eine besondere Funktion hat die Konstruktion mit **zu** + Partizip Präsens, die eine Möglichkeit impliziert. Im Relativsatz benutzt man daher **können:**

> *ein Auto, das nicht mehr repariert werden **kann***
> ➲ *ein nicht mehr **zu reparierendes** Auto*

Anwendung:
Schreiben Sie die folgenden Ausdrücke als Partizipien um. Achten Sie darauf, ob Sie das Partizip Präsens oder Perfekt oder eine **zu**-Konstruktion benutzen müssen:

1. eine Uhr, die vor langer Zeit stehen geblieben ist
2. eine Uhr, die noch gut funktioniert
3. eine Uhr, die man nicht mehr aufziehen kann
4. ein Kantor, der in Thessaloniki lebt
5. ein Brief, den ihr Vater vor langer Zeit geschrieben hatte
6. ein Name, den man schwer aussprechen kann

I. Besonderheiten der Wortstellung in Nebensätzen mit Modalverben und **lassen**
In Relativsätzen, wie anderen Nebensätzen, stehen die Hilfsverben **haben** und **sein** in der Regel am Ende des Satzes:

> *Der Kantor war ein Jude aus Saloniki, der meinen Vater gar nicht gekannt und nie gesehen* **hat.**
> *Ihr Vater ist ein Mensch, der in vielen Ländern gewesen* **ist.**
> *Sie nahm die russische Armbanduhr, die er immer getragen* **hatte.**

Gibt es aber ein Modalverb oder **lassen** bzw. ein Modalverb und **lassen** im Nebensatz, wird das Hilfsverb **haben** oder **sein** vorgestellt, die anderen Verbteile bleiben am Ende des Satzes:

> *Der Kantor, den man aus einer anderen Stadt <u>**hatte** kommen lassen müssen</u>, [...]*

> *Ihre Wohnung war unter dem Dach, gleich neben dem Tischleindeckdich, einem Speiseaufzug, den Goethe für Karl August <u>**hatte** installieren lassen</u>, damit sie oben auf der Dachterrasse picknicken konnten.*

NB: Besonders in der gesprochenen Sprache vermeidet man diese Konstruktion und benutzt lieber das Präteritum:

*der Kantor, den man aus einer anderen Stadt kommen **ließ***

*der Kantor, der aus einer anderen Stadt kommen **musste***

*der Kantor, den man aus einer anderen Stadt kommen **lassen musste***

Anwendung:

Schreiben Sie die folgenden Sätze als Relativsätze um: a) im Präteritum, b) im Perfekt oder Plusquamperfekt:

1. Karl August war Herzog von Sachsen-Weimar. Er hatte Goethe an seinen Hof holen lassen.

   ➲ *Karl August war Herzog von Sachsen-Weimar, der ...*

2. Viele Dichter und Denker der Weimarer Klassik waren von den Ideen der Französischen Revolution inspiriert. Sie haben diese Ideen nach Deutschland importieren wollen.

   ➲ *Viele Dichter und Denker der Weimarer Klassik waren von den Ideen der Französischen Revolution, ...*

📖 Textarbeit

A. Fragen zum Textverständnis

1. Von welchem Ereignis berichtet die Erzählerin am Anfang des Romans?
2. In welcher Stadt finden die ersten Szenen statt?
3. Warum will die Erzählerin ihren toten Vater nicht noch einmal anschauen?
4. Was tut sie nach dem Begräbnis?
5. Welche Dinge aus dem Besitz ihres Vaters nimmt sie mit?
6. Wo lebt die Erzählerin?
7. Warum ist die Erzählerin dort hingezogen?
8. Was tut und erlebt die Erzählerin an ihren ersten Tagen in der neuen Stadt? Machen Sie eine Liste der Aktivitäten.
9. Womit vergleicht die Erzählerin die Menschen auf dem Wachtelberg?
10. An welche Zeit in der Vergangenheit erinnert sich die Erzählerin?

B. Diskussion und Interpretation

1. Ganz am Anfang des Romans wird ein jüdisches Begräbnis in Weimar beschrieben. Wofür stehen „Judentum" und „Weimar"? Welche Bedeutung hat die Gegenüberstellung der verschiedenen jüdischen Traditionen bzw. von „jüdischer Tradition" und „Weimar"?

2. Warum hatte die Erzählerin nicht versucht, ihren Vater vor seinem Tod zu sehen? Beschreiben Sie ihre gemischten Gefühle ihrem Vater gegenüber.

3. Warum lebt die Erzählerin in einem Souterrain? Erklären Sie die Bedeutung der Lage der Wohnung.

4. Vergleichen Sie die Erfahrung der Erzählerin in Budapest und Paris. Welche Ähnlichkeiten, welche Unterschiede gibt es?

5. Wofür stehen Budapest und die k. u. k.–Zeit?

6. Warum spricht die Erzählerin über Ellis Island? Was sind die Parallelen zwischen ihr und den Einwanderern auf Ellis Island?

7. Warum geht die Erzählerin einfach in fremde Häuser und Hinterhöfe? Was sucht sie dort? Wie wird sie behandelt?

8. Was erfahren wir über die Erzählerin, was über ihren Vater? Machen Sie zwei Listen. Arbeiten Sie in zwei Gruppen.

9. Beschreiben Sie die Gefühle der Erzählerin a) am Anfang des Romans in Weimar, b) in Paris. Welche der folgenden Aussagen stimmen? Erklären Sie warum bzw. korrigieren Sie die falschen Aussagen.

In Weimar:

a. Sie hat Schuldgefühle ihrem Vater gegenüber.

b. Sie bereut nach Weimar gekommen zu sein.

c. Sie ist erleichtert, dass ihr Vater gestorben ist.

d. Sie hat Angst vor ihrem Vater.

In Paris:

a. Sie freut sich in Paris zu leben.

b. Sie hat Angst vor der Zukunft.

c. Sie hat Sehnsucht nach etwas ganz Unbestimmten.

d. Sie ist einsam.

C. Formale Analyse

1. **Erzählkonstellation und Erzählperspektive.** Lesen Sie dazu „A. Erzählkonstellation und Erzählperspektive" in Anhang I. Beantworten Sie die Fragen und benutzen Sie dabei die entsprechenden literarischen Termini.

2. **Zeitstruktur: Vorausblende und Rückblende.** Lesen Sie dazu „B. Zeitstruktur: Vorausblende und Rückblende" in Anhang I. Beantworten Sie die Fragen und benutzen Sie dabei die entsprechenden literarischen Termini.

3. **Vokabular zur Text-Analyse.** Für die literarische Diskussion finden Sie „E. Allgemeines Vokabular zur Text-Analyse" in Anhang I. Benutzen Sie im Laufe der Diskussion und Analyse des Romans, besonders beim Schreiben, jeweils einige Vokabeln aus dieser Liste.

D. Zitate und Interpretation: Bildsprache und Motive

Lesen Sie dazu „C. Bildsprache und Motive" und die entsprechenden literarischen Termini in Anhang I. Beantworten Sie die Fragen und benutzen Sie dabei die entsprechenden literarischen Termini.

Symbole

1. Erklären Sie das Symbol der stehen gebliebenen Uhr in dem folgenden Zitat. Welche Bedeutung hat diese Uhr in der Geschichte? Denken Sie daran, um wessen Uhr es sich handelt.

   Jetzt war die Uhr stehen geblieben und nicht mehr aufzuziehen, deshalb habe ich sie hier in Paris gleich zur Reparatur gebracht. Der Uhrmacher hat sie mir wieder hergerichtet, aber er machte abfällige Bemerkungen über die russischen Uhren; sie seien zwar solide, sagte er, aber im Inneren grob und ohne Kunstfertigkeit.

2. Was für eine Funktion hat der Bahnhof bzw. die Baustelle vor dem Bahnhof als Symbol? Was für ein Ort ist ein Bahnhof, beispielsweise im Vergleich zu einer Wohnung? Warum halten Menschen sich dort auf? Wie lange? Was bedeutet es, dass sich vor dem Bahnhof eine Baustelle befindet? Denken Sie daran, wie sich die Erzählerin fühlt, als sie keinen Ausweg findet.

   Aber schon, als ich aus dem Bahnhof in die Stadt hinaus wollte, war kein Weg da und keine Straße, nur eine lose Absperrung, eine Baustelle, Bagger, Kräne, lärmende Maschinen und eine riesige Baugrube; ich bin wieder in den Bahnhof hineingegangen und aus einem anderen Ausgang wieder hinaus, doch da standen auch nur wieder die Bagger, Kräne, lärmenden Maschinen und gähnte die riesige Baugrube, und ich bin noch durch hundert Eingänge und Ausgänge wieder herein- und wieder herausgehetzt, es war, als ob wirklich kein Zugang in diese Stadt hinein zu finden wäre.

3. Wofür steht Ellis Island? Welche Ähnlichkeiten finden Sie zwischen dem Bahnhof und Ellis Island?

   Und so hatte ich bald manches gesehen, was ich lieber nicht hätte sehen wollen, und fühlte mich überhaupt viel mehr wie ein Einwanderer nach Amerika vor hundert Jahren: Nun sitzt er auf Ellis Island, der verdammten Insel, hat sein ganzes Leben hinter sich abgebrochen und Amerika noch nicht mal mit einem Fuß betreten, aber er ahnt schon die grausamen Wahrheiten der neuen Welt und muss sich manchmal fragen, ob er nicht viel zu viel für viel zu wenig hergegeben hat. Ein Zurück in sein russisches, polnisches, ungarisches, litauisches oder sonst ein Dorf aber gibt es nicht mehr, ganz im Gegenteil, die Geschwister, Onkel, Tanten und Freunde wollen auch bald nachkommen, und dann soll er, der jetzt noch so erstarrt auf Ellis Island sitzt, doch etwas aufgebaut haben – ein neues Leben.

Metaphern und Vergleiche

1. Achten Sie auf die Metaphorik von „Behalten und Wegwerfen" in dem folgenden Zitat. Erklären Sie dabei die Bedeutung von Geschichte als Erinnern („Behalten") und Vergessen („Wegwerfen").

   Aber ich begriff, dass die Erinnerung aus den Gegenständen herausgefallen war; jetzt würden sie weggeworfen werden oder weggeschenkt, und andere Leute können ihre Geschichte wieder neu hineinlegen, aber die Geschichte meines Vaters war darin zu Ende, in den Dingen hielt sie sich nicht mehr.

2. Achten Sie auf die Wassermetaphorik in dem folgenden Zitat. Womit vergleicht die Erzählerin den Boulevard? Der Ausdruck „Wasserfall" existiert, aber nicht der Ausdruck „Straßenfall". Erklären Sie diesen poetischen Neologismus.

   Plötzlich aber stand ich doch auf einem Platz, da fiel ein Boulevard direkt vom Bahnhof hinunter, ein Straßenfall, ein breiter Fluss mit bunten Schiffchen, und ich lief an seinen beiden Ufern hinauf und hinunter.

3. Erklären Sie die Metapher „ein Ball von Träumen" in dem folgenden Zitat. Was assoziieren Sie normalerweise mit „Ball"? Einige Ideen finden Sie auch im Zitat selbst. Welche Bedeutung bekommt der Ball im Zusammenhang mit Träumen?

   Irgendwohin musste ich ja nun, einmal angekommen, gehen, doch ich hatte ja noch nie daran gedacht, dass ich in eine richtige Stadt käme, mit großen Straßen, Avenuen, Bezirken, in alle Himmelsrichtungen ausgebreitet, und müsste mich entscheiden, wo entlang, und es wäre nicht ein Ball von Träumen, der vor mir springt, und ich liefe ihm nach und holte ihn mir.

4. Welchen Vergleich und welche Metapher finden Sie in dem folgenden Zitat? Was ist ihre Funktion?

   Wie im Gefängnis, dachte ich da, und nicht wie in der neuen Welt, und hatte nachts Albträume von Kälte und Verbannung.

5. Achten Sie auf die Metaphorik von „Exploration und Militarismus" in dem folgenden Zitat. Unterstreichen Sie die entsprechenden Ausdrücke. Warum werden sie benutzt?

   Aus meiner Höhle im Souterrain bin ich dann jeden Tag auf Streifzüge längs und quer durch die Stadt gegangen, über Straßen, Boulevards und Alleen und winzig kleine und riesengroße Plätze und durch schattige Parks, und habe mich in Kirchen und Cafés gesetzt, die am Wege waren, und habe die Linien der Metro abgefahren und ihre Gänge und Treppen und Tunnel kilometerlang durchlaufen, und manchmal bin ich auch in einen Vorortzug gestiegen und wieder hinaus aus der Stadt gefahren und in das flache Land hineingelaufen, mit einer Art Elan, der wie eine Wut war, als ob ich das Land überrennen und es mir unterwerfen könnte.

6. Warum vergleicht die Erzählerin die Straßenszene auf dem Wachtelberg mit

einer Theatervorstellung? Welche Bedeutung hat die Theatermetaphorik hier? Was sagt das über die Menschen? Was sagt das über die Erzählerin selbst?

Für einen Moment habe ich mich dazusetzen wollen. Ich fand noch einen einzigen freien Stuhl, allein an einem Tisch, von dem alle anderen Stühle schon längst weggeholt waren. Aber weil es so eng war, habe ich trotzdem ganz nah bei dem Wachtelbergvolk gesessen. Wie in einer Theatervorstellung saß ich da in der ersten Reihe, ganz dicht an der Bühne, sah dem Schauspiel ihrer Volksversammlung zu und erkannte auch schon die Dramaturgie und die Verteilung der Rollen. Die Hauptpersonen blieben nämlich die ganze Zeit sitzen, und nur die Nebenrollen und Statisten hatten wechselnde Auftritte. Ich musste lachen, wenn sie lachten, war schon gefangen in ihrem Stück – da haben sie mich fragend angesehen. Ich verstand. Ich hatte ihnen einen Platz weggenommen, eine halbe Stunde lang saß ich schon da. So bin ich wieder weggegangen und wusste nicht, ob ich im Weggehen grüßen und „Salut" sagen sollte, wagte es nicht und hätte doch gerne auf Wiedersehen gesagt. Während ich mich entfernte, habe ich noch lange den Lärm des Wachtelbergvolkes hinter mir gehört.

E. Intertext: Johann W. von Goethe, „Ginkgo Biloba" (1815)

Lesen Sie dazu „D. Intertexte und Gedichtanalyse" in Anhang I. Beantworten Sie im Laufe des Romans die Fragen und benutzen Sie dabei die entsprechenden literarischen Termini.

Einleitende Fragen/Vorwissen:

1. Was wissen Sie über Goethe?
2. Was wissen Sie über den Ginkgo Biloba?

Ginkgo Biloba

Dieses Baums Blatt, der von Osten	
Meinem Garten anvertraut°,	anvertrauen: to entrust
Gibt geheimen° Sinn zu kosten°,	geheim: secret / kosten: to taste
Wie's den Wissenden erbaut°.	erbauen: to edify, to uplift
Ist es Ein lebendig Wesen°,	das Wesen: creature
Das sich in sich selbst getrennt?	
Sind es zwei, die sich erlesen°,	sich erlesen: to choose each other
Dass man sie als Eines kennt?	
Solche Frage zu erwidern°,	erwidern: to respond
Fand ich wohl den rechten° Sinn:	recht: *here:* richtig, passend
Fühlst du nicht an meinen Liedern°,	das Lied: *here:* die Gedichte, Lyrik
Dass ich Eins und doppelt bin?	

Fragen zum Inhalt und zur Diskussion:

1. Mit welchen Ausdrücken wird der Ginkgo in diesem Gedicht beschrieben?
2. Warum identifiziert sich das lyrische Ich des Gedichts mit dem Ginkgo?
3. Was ist das Thema des Gedichts?
4. Finden Sie Motive im ersten Teil des Romans, die analog zum Ginkgoblatt die Gleichzeitigkeit *(simultaneity)* von Zusammengehörigkeit einerseits und Trennung andererseits repräsentieren.
5. Achten Sie bei der weiteren Lektüre des Romans darauf, welche Bedeutung das Gedicht bzw. das Ginkgoblatt für den Roman bekommt, und welche neue Bedeutung es durch den Roman annimmt! Achten Sie im ersten Teil auf die Gleichzeitigkeit von Widersprüchen, z.B. die gegensätzliche Bedeutung des Ortes Weimar oder die gemischten Gefühle der Erzählerin ihrem Vater gegenüber.

👫 Aktivitäten

A. Schreiben

1. Die Erzählerin schreibt in ihrem Tagebuch über das Begräbnis ihres Vaters. Denken Sie besonders an ihre ambivalenten Gefühle.
2. Die Erzählerin sitzt in einem Straßencafé in Paris und schreibt Briefe an ihre Freunde. Sie schreibt über ihre ersten Erfahrungen in Paris.

Variation:
Tauschen Sie die Briefe mit Ihrer Nachbarin/Ihrem Nachbarn aus und antworten Sie auf diese Briefe.

B. Dialoge

1. Die Erzählerin sitzt in einem Straßencafé in Paris. Plötzlich spricht eine Bekannte/ein Bekannter aus Berlin sie an:
   „Entschuldigung, kenne ich Sie nicht vom Berliner Theater?"
   Setzen Sie den Dialog fort. Sprechen Sie über das Theater, gemeinsame Bekannte, usw.
2. Die Erzählerin sitzt in einem Straßencafé in Paris; ihr Deutsch-Französisches Wörterbuch liegt auf dem Tisch. Plötzlich spricht jemand sie auf Deutsch an:
   „Entschuldigung, ich sehe, dass Sie ein Deutsch-Französisches Wörterbuch haben. ..."
   Setzen Sie den Dialog fort.
   Sie sprechen über Paris, Berlin, das Fremdsprachenlernen, Heimat und Heimweh, usw.

C. Kurzreferate

Finden Sie weitere Informationen zu den folgenden Themen und stellen Sie sie im Kurs vor:

1. die Weimarer Klassik, die Weimarer Republik, Schloss Belvedere, Weimar und Thüringen

2. Johann Wolfgang von Goethe

3. der Ginkgobaum

4. Geschichte der Sepharden und Aschkenasen, Juden in Griechenland, Juden in Deutschland

5. Ellis Island

6. Paris, 13. Arrondissement, der Wachtelberg/ Butte aux Cailles

7. die k. u. k. Monarchie, Budapest

8. das Deutsche Theater, die Schauspieler-Sozietät, Theater in Berlin, die Volksbühne

NB: Einige dieser Themen können auch im Laufe des Romans vorgestellt werden.

Teil II

📄 Vokabeln

sich ab·finden mit   to come to terms with

Es fiel ihr schwer, sich mit der neuen Situation abzufinden.

She found it difficult to come to terms with the new situation.

die Aufregung, -en   excitement

  aufgeregt   excited

Sie war sehr aufgeregt vor dem Stück.

She was very excited before the play.

  aufregend   exciting

Das Stück war aufregend.

The play was exciting.

auf·treten (tritt auf; trat auf, ist   to perform, appear
aufgetreten)

Was für Figuren traten in seinem Stück auf?

What kind of characters appeared in his play?

der Auftritt   performance, entry

die Begegnung, -en   encounter

  begegnen (ist) + *Dat.*   to encounter, meet

Wem ist sie dort begegnet?

Whom did she encounter/meet there?

begleiten   to accompany

Er begleitete sie zum Bahnhof.

He accompanied her to the station.

erwidern   to reply; to reciprocate

Sie stellte eine Frage; er erwiderte nichts.

She asked a question; he did not reply.

Er erwiderte ihre Liebe nicht.
He did not reciprocate her love.

das Geschirr	tableware
die Kiste, -n	box

Es gab noch viele Kisten vom letzten Umzug.
There were still a lot of boxes from the last move.

künstlich	artificial
but: künstlerisch	artful, belonging to art
der Künstler, - / die Künstlerin, -nen	artist
die Last, -en	burden

Er war eine Last für seine Tochter.
He was a burden for his daughter.

der Lastwagen, -	truck
die Nachricht, -en	message; news *(pl.)*

Auf dem Anrufbeantworter ist eine Nachricht von deinem Vater.
There is a message from your father on the answering machine.

Hast du schon die Nachrichten im Radio gehört?
Have you heard the news on the radio yet?

die Probe, -n	rehearsal
proben	to rehearse
rechtfertigen	to justify
die Rechtfertigung, -en	justification
gerecht	just
die Gerechtigkeit	justice
die Requisite, -n	prop
der Ruhm	fame
berühmt	famous
sichtbar	visible
die Sicht	view, vision, visibility
der Staub	dust
der Vorwurf, ̈e	reproach
jm. / sich Vorwürfe machen	to reproach sb. or o.s.

Sie machte sich Vorwürfe, dass sie ihn nicht öfter besucht hatte.
She reproached herself for not visiting him more often.

zögern	to hesitate

Sie zögerte, bevor sie ihn noch einmal anrief.
She hesitated before calling him again.

✍ Sprache im Kontext

A. Assoziogramm „Theater"

1. Vervollständigen Sie die Liste mit Wörtern und Ausdrücken zum Thema „Theater", die Sie in Teil I angefangen haben.
2. Schreiben Sie Sätze oder einen kurzen Text mit diesen Wörtern.

B. Assoziogramm „Geschirr" (Alltagsvokabular)

1. Welche Wörter und Ausdrücke passen dazu? Geben Sie auch den Artikel und die Pluralform.
2. Was macht man mit diesen Gegenständen? Benutzen Sie ganze Sätze.

C. Assoziogramm „Umzug" (Alltagsvokabular)

1. Welche Wörter und Ausdrücke passen dazu? Geben Sie bei Nomen den Artikel und die Pluralform und bei Verben die Temporaformen.
2. Schreiben Sie Sätze oder eine kurze Geschichte mit diesen Wörtern.

D. Ähnliche Wörter

Finden Sie passende Nomen zu den folgenden Verben und Adjektiven und geben Sie die englische Bedeutung an.

1. begleiten
2. aufregen
3. begegnen
4. vorwerfen
5. berühmt

E. Wettspiel: Ähnliche Wörter

Finden Sie in fünf Minuten möglichst viele Wörter mit **sicht** und erklären Sie die Bedeutung:

Beispiele:

➲ sichtbar: *Man kann es gut sehen.*

➲ vorsichtig: *Wenn man die Straße überquert, muss man vorsichtig sein.*

F. Vokabular und Konversation

Sprechen Sie mit Ihrer Nachbarin/Ihrem Nachbarn. Denken Sie daran, die **Du**-Form zu benutzen.

1. In welchen Situationen sind Sie manchmal aufgeregt?

2. Was würden Sie tun, wenn Sie mitten in der Nacht auf der Straße einem unbekanntem Menschen begegneten?

3. Begleiten Sie manchmal Ihre Eltern oder Ihre Freundin/Ihren Freund zum Flughafen oder zum Bahnhof?

4. Was für Geschirr nehmen Sie mit, wenn Sie zelten gehen?

5. Haben Sie jeden Tag viele Nachrichten auf Ihrem Anrufbeantworter? Von wem?

6. Womit können Sie sich nicht oder nur schwer abfinden?

G. Grammatik und Wortschatz

Bilden Sie Sätze im Präteritum oder Perfekt mit den folgenden Wörtern.

1. sie / begleiten / von / ihr Vater (Passiv)

2. sie / rechtfertigen / versuchen / ihr Verhalten

3. der Vater / sich abfinden / die neue Situation / mit / können / nicht

H. Übersetzen Sie ins Deutsche!

1. She was excited when the play started.

2. She accompanied him to the station.

3. He didn't reciprocate her love.

4. She had to resign herself to the fact that she could not have everything she wanted.

5. There was a message from her father.

6. He reproached her for not visiting her more often.

I. Konjunktiv II mit so tun / sich verhalten / scheinen als (ob)

Bei Sätzen mit so ... , **als ob** steht das Verb am Ende des Satzes und ist in der Regel im Konjunktiv II; bei Sätzen mit so ... , **als** steht das Verb in der 2. Position und wird häufiger im Konjunktiv I benutzt:

*Er tat, **als ob** er schliefe (auch: schlafe).*

*Er tat, **als** schlafe (auch: schliefe) er.*

Wie verhielt sich der Vater, als er die Erzählerin in Berlin besuchte:

„... , *so **als habe** er niemals in dieser Stadt gelebt.*"

Man kann auch sagen:

„... , *als ob er niemals in dieser Stadt gelebt habe/hätte.*"

Anwendung:

Bilden Sie ähnliche Sätze mit **so tun/sich verhalten/scheinen, als (ob)**. Achten Sie auf die Wortstellung.

1. Die Eltern der Erzählerin hatten den Holocaust erlebt, aber nach dem Krieg ...

2. Die Erzähler und ihr Vater liebten sich, aber ...

3. Die Erzählerin hatte Heimweh nach Berlin, aber ...

📖 Textarbeit

A. Fragen zum Textverständnis

1. Wo befindet sich die Erzählerin?

2. Was bringt der Lastwagen?

3. Welcher Gegenstand ist für die Erzählerin besonders wichtig?

4. Wo war der Vater der Erzählerin in ihrer Kindheit?

5. In welcher Stadt hat die Erzählerin ihre Kindheit verbracht?

6. Was tut die Erzählerin, als ihr Vater einmal einen Mittagsschlaf macht? Wie reagiert der Vater?

7. Wen heiratet ihr Vater nach ihrer Mutter? Welchen Beruf hat diese Frau?

8. Welche Frau heiratet der Vater später? Warum zieht er mit ihr nach Weimar?

9. Was erzählt die Erzählerin über Paris?

10. Was hat sie in ihrer Kindheit im Keller gefunden? Was hat das mit ihrer jetzigen Situation zu tun?

11. Wohin fliehen die Eltern der Erzählerin im Zweiten Weltkrieg?

12. Warum will ihr Vater nach Ende des Krieges nach Ost-Berlin ziehen?

13. Wie verhalten sich die Eltern der Erzählerin gegenüber dem Holocaust?

14. Wer oder was ist Martha? Wo und wann erzählt der Vater die Geschichte von Martha?

15. Wo verbrachte der Vater seine Kindheit?

B. Vokabeln: „Beziehung/Verhältnis"

Beschreiben Sie die Beziehung zwischen Vater und Tochter. Benutzen Sie dazu das folgende Vokabular.

die Beziehung, -en
das Verhältnis, -se } relationship

NB: Werden diese Wörter ohne ein Adjektiv gebraucht, ist in der Regel eine sexuelle Affäre impliziert:

*Sie hat eine Beziehung/ein Verhältnis **mit** einem verheirateten Mann.*

ABER: *Sie hat eine gute Beziehung/ein gutes Verhältnis **zu/mit** ihrem Vater.*

Positive Wörter und Ausdrücke

eng	close
entspannt	relaxed
freundschaftlich	amicable
harmonisch	harmonious
herzlich	cordial, affectionate
vertraut	intimate

NB: Falsche Freunde: **intim** impliziert in der Regel eine sexuelle Beziehung.

jm. vertrauen	to trust sb.
warm	warm
zärtlich	gentle
(gut) miteinander aus·kommen (kam aus, ist ausgekommen)	
sich (gut) verstehen (verstand, verstanden)	to get on (well) with one another

Negative Wörter und Ausdrücke

distanziert	distant
entfremdet	alienated
feindlich	hostile, antagonistic
gespannt	tense
nicht oder nicht gut miteinander aus·kommen	
sich nicht verstehen	to not get on (well) with one another
sich nicht verstanden fühlen	to feel misunderstood
jm. etwas vor·werfen (wirft vor; warf vor, vorgeworfen)	to accuse sb. of sth., to blame sb. for sth.
sich gegenseitig Vorwürfe machen	to reproach each other
Schuldgefühle haben gegenüber jm.	to feel guilty toward sb.

> *Sie hatte ihrem Vater gegenüber Schuldgefühle.*
> She felt guilty toward her father.

sich streiten (stritt, gestritten)	to quarrel, fight

Ambivalente Wörter und Ausdrücke

gemischte Gefühle haben	to have mixed feelings
gespalten sein/hin und hergerissen sein	to be torn

NB: Dieses Vokabular können Sie auch bei der weiteren Diskussion des Romans verwenden.

C. Diskussion und Interpretation

1. Warum schaut die Erzählerin nicht in die Briefe? Warum nimmt sie die Briefe überhaupt mit?
2. Gibt es Parallelen zwischen der Kindheit der Erzählerin und der Gegenwart?
3. Welche Parallelen gibt es zwischen den Lebensgeschichten von Mutter und Tochter und von Vater und Mutter? Welche Unterschiede gibt es?
4. Wo stehen die Erzählerin und ihr Vater im Theater, in der die Frau des Vaters spielt? Was können sie sehen, was nicht? Welche Signifikanz hat diese Position?
5. Warum sprechen die Eltern und die Erzählerin nicht über den Holocaust? Welche Bedeutung hat das für ihre Beziehung? Worüber sprechen sie lieber?
6. Wofür steht die Geschichte von Martha? Womit vergleicht der Vater die Geschichte von Martha?

D. Zitate und Interpretation

Lesen Sie dazu „C. Bildsprache und Motive", besonders die Passage zu „Metapher und Vergleich", und die entsprechenden literarischen Termini in Anhang I.

1. Warum werden die alten Briefe mit „Nachrichten aus der Unterwelt" verglichen?

   Wenn mein Blick doch auf eine Seite fiel, dann erschrak ich, so fern waren mir diese Schriften aus einer anderen Zeit, wie Nachrichten aus der Unterwelt erschienen sie mir, die mich bei längerem Hinsehen ganz hinunterziehen könnten.

2. Was werfen sich Vater und Tochter in dem folgenden Zitat gegenseitig vor? Erklären Sie dabei die Bedeutung des Vergleichs „wie eine Liebe von weit her".

   Er sagte, dass er mich trotzdem liebe, aber er sagte es in einer Art, als ob ich seine Liebe nie erwidert hätte, es war ein Vorwurf; er klagte mich mangelnder Liebe zu ihm, ja, der Kälte und Gleichgültigkeit an: Unsere Gespräche seien immer zu kurz, nicht ausführlich genug, ich konzentriere mich nicht richtig auf ihn, sei abwesend, melde mich viel zu selten – und dabei war er es doch gewesen, der fortgegangen war. So ist unsere Liebe, weil wir immer getrennt voneinander lebten und wegen der wechselseitigen Forderungen, die nie erfüllt wurden, nur wie eine Liebe von weit her geblieben, so als sei es nur ein Einsammeln von Begegnungen und gemeinsamen Erlebnissen gewesen und nie ein Zusammensein.

3. Wie beschreibt die Erzählerin die Beziehung zu ihrem Vater? Erklären Sie die Metapher „Schalen der Fremdheit".

   In meiner ganzen Kindheit bin ich zwischen meinen Eltern hin und her gependelt, und es hat mir wehgetan, zu kommen, zu gehen, wieder zu kommen und wieder zu gehen, und so hat es wohl zwischen uns nie etwas ganz Vertrautes gegeben, weil sich immer von neuem, bei jedem Wiedersehen, die Schalen der Fremdheit darüber gelegt haben.

4. Beschreiben Sie die ambivalenten Gefühle der Erzählerin ihren Eltern gegenüber. Was meint sie mit „nur der Traum von einer wirklichen Trennung"? Achten Sie im Folgenden auf ähnliche Beschreibungen, die andere Figuren im Roman benutzen.

   Ich wollte ja auch nicht immer in den Spuren meiner Eltern bleiben, wenngleich ich wusste, dass ich auch nicht aus ihnen herauskomme und mein Auswandern vielleicht nur der Traum von einer wirklichen Trennung, der Wunsch nach einem wurzellosen Leben war. Mehr als von allem anderen bin ich vielleicht von meinen Eltern weggelaufen und lief ihnen doch hinterher.

5. Auf welches historische Ereignis verweist das folgende Zitat? Welche Wirkung hat die personalisierte Ausdrucksweise?

   Als Hitler meiner Mutter nach Paris folgte, ist sie nach London gezogen.

E. Intertext: Friedrich Hölderlin, „Die Liebenden" (1796–1798)
Lesen Sie dazu „D. Intertexte und Gedichtanalyse" und die entsprechenden literarischen Termini in Anhang I.

Fragen:
1. Von welcher „Tat" wird hier gesprochen?
2. Warum erwähnt der Vater wohl dieses Gedicht?

Die Liebenden

Trennen wollten wir uns, wähnten°   wähnten ≈ hielten ... für
es gut und klug;
Da wir's taten, warum schröckt'° uns,   schröckt' = erschreckte
wie Mord, die Tat?
Ach! wir kennen uns wenig,
Denn es waltet° ein Gott in uns.   walten: to preside over

 Aktivitäten

A. Schreiben
1. Schreiben Sie kurze Biografien des Vaters und der Mutter der Erzählerin. Denken Sie an folgende Kategorien: Wohnorte, Ehepartner, Berufe/Tätigkeiten, Sprachen.
   Sie können auch in zwei Gruppen arbeiten und anschließend Ihre Ergebnisse vortragen.
   Setzen Sie diese Aufgabe im Laufe des Romans fort.

2. Die junge Erzählerin schreibt in ihrem Tagebuch, als sie von einem Besuch beim Vater zurückkehrt. Denken Sie insbesondere an ihre Gefühle ihrem Vater gegenüber.

B. Dialoge

1. Vater und Tochter unterhalten sich auf dem Rückweg vom HO-Laden über Herkunft und Heimat. Der Vater erzählt die Geschichte von Martha.

2. Die Erzählerin spricht mit einer guten Freundin über ihre Kindheit und ihre Beziehung zu ihren Eltern.

3. Vater und Tochter sprechen offen über ihre Beziehung. Was werfen sie sich gegenseitig vor? Wie könnten sie ihre Beziehung verbessern?

C. Kurzreferate

Finden Sie Informationen zu den folgenden Themen und stellen Sie sie im Kurs vor.

1. Bulgarien im Zweiten Weltkrieg, Geschichte der Juden in Bulgarien

2. Geschichte der Juden in Deutschland, Geschichte der Juden in der DDR und BRD: Vergleichen Sie dazu z.B. die entsprechenden Artikel in Anhang II.

3. Ost-Berlin vor und nach 1989

4. die Nazis in Frankreich und England während des Zweiten Weltkrieges

5. Konzentrationslager, insbesondere Auschwitz und Buchenwald

6. Friedrich Hölderlin

Teil III

📄 Vokabeln

aufmerksam	observant, attentive
die Aussicht, -en	view (*also:* prospect)

*Wir hatten eine tolle Aussicht **auf** die Stadt **aus** unserem Fenster.*

We had a fantastic view of the town from our window.

dauernd	constant(ly), continuous(ly)

Sie machte sich dauernd Vorwürfe.

She constantly blamed herself.

dauern	to last
die Dauer	duration
ein·brechen (bricht ein; brach ein, ist ausgebrochen)	to break in
erschöpft	exhausted
frieren (fror, gefroren)	to be cold
klopfen	to knock

Jemand klopfte an die Tür.

Somebody knocked on the door.

die Niederlage, -n	defeat
der Regisseur, -e	director
etw. satt haben *(colloq.)*	to be fed up with sth.
satt sein	to be full / to have had enough (to eat)
der (Blumen)Strauß, ⸚e	(flower) bouquet
trauern	to mourn
traurig	sad
die Umgebung	surroundings
umsonst	in vain; for free

Sie wartete umsonst; er kam nicht.

She waited in vain; he did not come.

Sie musste nichts bezahlen; sie kam umsonst in das Konzert.

She did not have to pay; she got into the concert for free.

unverschämt   outrageous, insulting

Jemand machte eine unverschämte Bemerkung.

Somebody made an outrageous/insulting remark.

verführerisch   tempting; seductive

der Verlag, -e   publishing company

verraten (verrät; verriet, verraten)   to betray

der Verstand   reason, mind

 verstehen (verstand, verstanden)

der Vertrag, ˝e   contract

verurteilen   to condemn

verzeihen (verzieh, verziehen) + *Dat.*   to forgive

Er hat ihr nie verziehen.

He never forgave her.

cf. *Verzeihung/Entschuldigung, wie komme ich zum Theater?*

Excuse me, how do I get to the theater?

zögern   to hesitate

✍ Sprache im Kontext

A. Assoziogramm „Theater"

 1. Vervollständigen Sie die Liste zum Thema „Theater" aus Teil I und II.

 2. Schreiben Sie Sätze mit diesen Wörtern.

B. Assoziogramm „Müdigkeit"

Finden Sie Ausdrücke für Müdigkeit in der ersten Passage. Was für eine Funktion haben diese Wörter hier?

C. Antonyme

Bilden Sie ganze Sätze mit der gegensätzlichen Bedeutung.

 1. Das Fußballspiel endete mit einem Sieg für unsere Mannschaft.

 2. Mir ist heiß.

 3. Er war frisch und munter.

 4. Sie passte nicht auf.

5. Er gab der Polizei die Namen seiner Freunde.

6. Das Konzert kostete viel.

D. Vokabel-Definitionen

Wählen Sie 4–5 Wörter aus der Vokabelliste und erklären Sie sie in Ihren eigenen Worten. Die anderen Studentinnen/Studenten sollen die Bedeutung erraten.

E. Vokabular und Konversation

Sprechen Sie mit Ihrer Nachbarin/Ihrem Nachbarn. Denken Sie daran, die **du**-Form zu benutzen.

1. Was für eine Aussicht haben Sie aus Ihrem Zimmer?

2. In welchen Situationen sind Sie besonders aufmerksam?

3. Ist schon mal jemand in Ihr Studentenwohnheim eingebrochen?

4. Was tun Sie, wenn Sie sehr erschöpft sind?

5. Haben Sie schon mal eine Niederlage erlebt?

6. Haben Sie schon mal bei einem Verlag gearbeitet?

7. Was ist an Ihrer Uni umsonst?

8. Was finden Sie besonders verführerisch?

F. Übersetzen Sie!

1. We had a fantastic view from our window.

2. She hesitated before breaking into his apartment.

3. She had knocked on his door in vain.

4. He never forgave her.

5. She felt betrayed by him.

6. She was exhausted from running around in her new surroundings.

7. The publishing company did not give her a new contract.

G. Wettspiel: Ähnliche Wörter mit **ver**

Bilden Sie 2–4 Gruppen. Wie viele Wörter mit **ver** finden Sie in fünf Minuten? Schreiben Sie auch die englische Bedeutung auf.

Tipp: **ver** kann auch in der Mitte eines Wortes stehen.

Variation:

a. Erklären Sie die Wörter auf Deutsch.

b. Machen Sie dasselbe Spiel mit Wörtern mit **un**.

H. Verben + Präpositionen mit **da**-Komposita

Gebrauch von da-Komposita

Man benutzt **da**-Komposita, um eine Kombination von Präposition und *unbelebtem* Nomen oder einen ganzen Satz zu ersetzen:

> *Wir sprachen **über das Weggehen**.*
>
> ➲ *Wir sprachen **darüber**.*

> *Sie freuten sich **auf ein neues Leben**.*
>
> ➲ *Sie freuten sich **darauf**.*

> *Jeden Tag musste sie früh aufstehen.*
>
> ➲ ***Daran** konnte sie sich nur schwer gewöhnen.*

NB: Bei *belebten* Nomen wird die Präposition mit einem Personalpronomen verwandt:

> *Wir sprachen **über die Leute vom ‚Berliner Theater‘**.*
>
> ➲ *Wir sprachen **über sie**.*

> *Sie freuten sich **auf ihre Bekannten**.*
>
> ➲ *Sie freuten sich **auf sie**.*

Textbeispiel:

> *Überall wurde nur **darüber** geredet, in der Kantine des ‚Berliner Theaters‘ oder in meiner Wohnung, wo wir in der Küche um den großen Tisch herum saßen.*

Anwendung:

Ersetzen Sie die folgenden Präpositionen und Nomen Konstruktionen mit der richtigen Konstruktion. Achten Sie darauf, ob es sich um ein belebtes oder unbelebtes Nomen handelt.

1. Sie träumte von Alfried.
2. Ihre Mutter dachte an Bulgarien.
3. Sie interessierte sich nicht für Politik.
4. Sie hat sich noch nicht an das neue Leben in Paris gewöhnt.

Da-Komposita bei Nebensätzen oder Infinitivkonstruktionen

Man benutzt ein **da**-Kompositum, wenn bei festen Verben + Präposition– Verbindungen ein Nebensatz oder eine Infinitivkonstruktion folgt:

> *Sie sprachen **darüber, dass** es in anderen Ländern viel interessanter wäre.*
> *Sie freute sich **darauf**, in Paris ein neues Leben **zu** beginnen.*

Textbeispiel:

> *In der ganzen Stadt Berlin war doch von nichts anderem gesprochen worden als **davon, dass** man nicht ewig an einem Fleck bleiben könne, dass es sonst ein kindisches Leben sei, wie bei einem, der nie von zu Hause weggeht.*

Anwendung:

Bilden Sie aus den beiden Sätzen einen. Benutzen Sie entweder einen Nebensatz oder eine Infinitivkonstruktion.

1. Sie wollte ihren Vater besuchen.

   ⮑ *Sie dachte oft ... , ...*

2. Sie schrieben nur Zettel statt Briefe.

   ⮑ *Sie beschränkten sich ... , ...*

3. Seine Tochter war weggezogen.

   ⮑ *Der Vater konnte sich nur schwer ... abfinden, ...*

I. Passivalternativen mit Reflexivverben **sich lassen** und **sein ... zu** + Infinitiv

Textbeispiel:

*Aber mit einem der Schlüssel **öffnete sich die Tür** ganz leicht.*

Diese Konstruktion impliziert eine Möglichkeit oder Fähigkeit. Im Passiv braucht man daher das Modalverb **können**:

*Aber mit einem der Schlüssel **konnte die Tür** leicht **geöffnet werden**.*

NB: Noch häufiger wird eine Konstruktion mit **sein ... zu** + Infinitiv oder **sich ... lassen** benutzt:

*Die Tür **war** leicht **zu öffnen**.*

*Die Tür **ließ sich** leicht **öffnen**.*

Anwendung:

Bilden Sie Passivalternativen mit a) **sein ... zu** + Infinitiv, b) **sich ... lassen**:

1. Das kann nicht so leicht erklärt werden.

2. Die alte Uhr konnte nicht so einfach repariert werden.

NB: Bei Passivkonstruktionen mit Modalverben bleibt, wie im Englischen, das Modalverb im Aktiv, das Vollverb steht im Passivinfinitiv, d.h. es besteht aus Partizip Perfekt und **werden**:

	Modalverb im Aktiv	Passivinfinitiv: Partizip Perfekt + werden
Die Tür	konnte	geöffnet werden.
Die Wohnung	muss	aufgeräumt werden.

Anwendung:

Setzen Sie die folgenden Aktivsätze ins Passiv. Achten Sie auf das richtige Tempus.

1. Die Erzählerin konnte in ihrem Koffer nichts wieder finden.

2. Sie hat einige neue Sachen kaufen müssen.

3. Jean-Marc hat sie nicht überreden können mit ihm nach New York zu gehen.

📖 Textarbeit

A. Fragen zum Textverständnis

1. Über welche Frage denkt die Erzählerin am Anfang dieses Abschnittes nach?

2. Was tut die Erzählerin nach der Premiere von *Egmont*?

3. Worüber diskutiert sie häufig mit Kollegen im ‚Berliner Theater'?

4. Wer ist Alfried? Was tut er als erster?

5. Warum bricht die Erzählerin in Alfrieds Wohnung ein? Was passiert, als sie dort einbricht?

6. Warum hasst die Erzählerin den Namen „Alfried"?

7. Was muss die Erzählerin tun, damit sie auswandern kann?

8. Was alles nimmt die Erzählerin nach Paris mit?

9. Wobei helfen ihr Bekannte nach ihrer Ankunft in Paris?

10. Woher hat die Erzählerin ihre Staffelei?

11. Was malt die Erzählerin in Paris?

12. Mit wem verbringt sie viel Zeit?

13. Worüber sprechen die beiden meistens?

14. Warum hat ihr Freund nie Deutsch lernen wollen?

B. Diskussion und Interpretation

1. Was sagt die Tatsache, dass sich die Erzählerin nie um ihren Vertrag gekümmert hat, über ihre Einstellung zum Leben und ihren Charakter?

2. Wofür steht das Wegwerfen der getrockneten Blumen, die auch metaphorisch „Blumenfriedhof" genannt werden?

3. Was sagt die Berliner Wohnung der Erzählerin über sie? Vergleichen Sie diese Wohnsituation und „Perspektive" mit dem Souterrain in Paris! Vergleichen Sie außerdem Jean-Marcs Mansarde und das Souterrain der Erzählerin!

4. Wie charakterisiert die Erzählerin sich und ihre Kollegen am ‚Berliner Theater'? Was bedeutet in diesem Zusammenhang das Rilke-Zitat? Bedenken Sie dabei, dass das Zitat aus dem Gedicht „Der Abschied des verlorenen Sohnes *(prodigal son)*" stammt.

5. Beschreiben Sie die Beziehung zwischen der Erzählerin und Alfried. Warum schreiben sie sich anstatt miteinander zu sprechen? Warum kommt Alfried mitten in der Nacht und verlässt die Erzählerin vor dem Morgengrauen wieder? Warum lässt er sie nie in seine Wohnung?

6. Die Erzählerin ist Jüdin, Alfried ist „Germane" – welche Auswirkungen hat dies auf ihre Beziehung?

7. Weshalb beschließt die Erzählerin auszuwandern?

8. Warum beginnt die Erzählerin in Paris Malerei zu studieren, anstatt in einem Theater oder für einen Verlag zu arbeiten?

9. Warum malt die Erzählerin? Warum ist die Geschichte der Staffelei bedeutend?

10. Warum kann die Erzählerin „keinen Ausschnitt, keine Begrenzung" finden, um Paris zu zeichnen?

11. Was verbindet die Erzählerin und Jean-Marc, was trennt sie? Worüber streiten sie sich? Vergleichen Sie ihr Verhältnis zu Jean-Marc und Alfried.

12. Charakterisieren Sie das unterschiedliche Verhältnis der Erzählerin und Jean-Marcs zu Ellis Island!

C. Zitate und Interpretation

1. Welche Wörter und Ausdrücke passen a) auf das alte Leben, welche b) auf das neue Leben der Erzählerin? Machen Sie zwei Listen. Aus welchen Bereichen kommen diese Ausdrücke? Was ist die Funktion?

Manchmal ist es mir fast unmöglich erschienen, mein ganzes durcheinandergeratenes Lebenswerk, so wie es mir aus dem Container entgegengefallen war, wieder in eine Art Ordnung zu bringen, und ich war schon erschöpft von den Eindrücken der neuen Welt. Eigentlich hatte ich gar keine Kraft mehr, immer wieder loszugehen, und vielmehr Lust, einfach auf meinem Bett liegen zu bleiben, um Luft zu holen, und oft dachte ich, dass es nun überhaupt genug sei mit den großen Veränderungen und dass ich diese dauernde Bewegung lieber anhalten wolle, weil ich schon außer Atem war. Warum hatte ich eigentlich alles hinter mir stehen- und liegenlassen wie einer, der flüchten muss?

2. Erklären Sie den Traum der Erzählerin. Erklären Sie ihre gespaltenen Gefühle. Warum möchte sie wohl ein Kind und hat gleichzeitig Angst davor? Wie sieht das Kind im Traum aus? Welche Bedeutung hat dieser Traum?

Manchmal wünschte oder fürchtete ich, dass wir ein Kind hätten. Ich sah das Kind aber in Albträumen, wie es nur lose aus einzelnen Teilen gefügt war, die nicht zusammenhielten, und wie es dann auseinanderfiel und zerbrach und nicht aufrecht bleiben konnte. Alfried habe ich von diesen Träumen nichts erzählt, denn ich wusste, dass er davon nichts hören wollte.

3. Erklären Sie die Haltung der Erzählerin gegenüber Jean-Marcs Angebot, mit ihm nach New York zu kommen. Möchte sie mit ihm kommen oder nicht? Warum entscheidet sie sich am Ende dagegen?

Er [Jean-Marc] wollte mich überreden, mit ihm nach New York zu kommen, er wisse ja, dass ich das wolle, und obwohl es stimmte, konnte ich nicht so weit gehen.

Vokabeln & Aufgaben   Teil III

🏃 Aktivitäten

A. Schreiben

1. Die Erzählerin und Alfried schreiben sich kleine Zettel, als sie beide in Berlin leben. Worüber schreiben sie wohl?
Schreiben Sie nur ca. 2–3 Sätze und geben Sie sie dann an Ihre Nachbarin/Ihren Nachbarn weiter, die/der diese Zettel beantwortet.
Tragen Sie anschließend die Zettel-Korrespondenz vor.
2. In Paris schreibt die Erzählerin einen Brief an Alfried, den sie dann in den Müllschlucker wirft. Was erklärt sie ihm vielleicht in diesem Brief?
3. Die Erzählerin schreibt einen Brief an Jean-Marc, in dem sie ihm erklärt, warum sie nicht mit ihm nach New York gehen kann.

B. Dialoge

1. Die Erzählerin arbeitet am ‚Berliner Theater‘ und sitzt mit ihren Kollegen in der Kantine. Wie immer diskutieren sie über das Weggehen. Sie sprechen über Vor- und Nachteile des Auswanderns.
2. Die Erzählerin trifft kurz nach der Ankunft in Paris einen Bekannten vom ‚Berliner Theater‘. Sie unterhalten sich in einem Café über Berlin und die Möglichkeiten eines neuen Lebens in Paris.
3. Die Erzählerin und Jean-Marc sprechen über ihre Eltern und ihre Beziehung zu Deutschland und die deutsche Sprache.

C. Kurzreferate

Finden Sie Informationen zu den folgenden Themen:
1. Rainer Maria Rilke, insbesondere Rilke in Paris
2. Ausreisemöglichkeiten aus der DDR, insbesondere für Juden
3. Stadtteile und andere Aspekte Berlins: Prenzlauer Berg, Pankow; die S-Bahn, Grenzübergänge
4. École des Beaux-Arts
5. Franco und der Spanische Bürgerkrieg
6. Juden in Riga/Lettland

Teil IV

📄 Vokabeln

ab·schweifen (ist) (von einem Thema) — to digress (from a topic)
*Er **ist** von seinem Thema abgeschweift.*
He digressed from his topic.

der Absender, - — sender, return address

das Andenken, - — keepsake, souvenir; remembrance

 denken an + *Akk.* — to think of; remember

beleidigt — offended

 die Beleidigung — offense

 beleidigen — to offend

sich beschränken auf + *Akk.* — to limit o.s. to

der Betrieb, -e — place of work, company, factory

blättern — to skim through, browse

 das Blatt, ⸚er — leaf; sheet of paper

Morgens blättere ich gern in der Zeitung.
In the morning I like to skim through the paper.

der Briefträger, - — mail carrier

foltern — to torture

die Gewissheit, -en — certainty

 gewiss — certain

heulen — to cry, blubber

die Lehne, -n — armrest

die Qual, -en — pain, anguish; agony

 die Qual der Wahl haben *(idiom.)* — to be spoiled for choice

Wer die Wahl hat, hat die Qual.

der Reißverschluss, ⸚e — zipper

die Serviette, -n — napkin

die Spur, -en	trace
verwöhnt	spoiled, pampered
verwöhnen	to spoil, pamper
das Viertel, -	district, quarter

✍ Sprache im Kontext

A. Assoziogramm „Heimat und Heimatlosigkeit"
   1. Finden Sie Ausdrücke zu diesem Thema in diesem Teil des Romans, besonders im ersten und vorletzten Abschnitt.
   2. Kennen Sie weitere Ausdrücke?

B. Synonyme
Wie kann man es anders sagen? Schreiben Sie ganze Sätze.
   1. Er bleibt nie beim Thema.
   2. Die Eltern gaben dem Kind alles, was es wollte.
   3. Ich konnte mich nicht entscheiden; es gab zu viele Möglichkeiten.
   4. Sie liest nicht jede Seite in der Zeitung, sondern nur bestimmte Teile.

C. Vokabular und Konversation
Sprechen Sie mit Ihrer Nachbarin/Ihrem Nachbarn. Denken Sie daran, die **du**-Form zu benutzen.
   1. Kennen Sie Leute, die oft von ihrem Thema abschweifen? Wie reagieren Sie darauf? Und Sie, schweifen Sie manchmal von Ihrem Thema ab?
   2. Kennen Sie Leute, die schnell beleidigt sind? Und Sie, sind Sie schnell beleidigt?
   3. Sind Sie als Kind von ihren Eltern verwöhnt worden? Würden Sie Ihre Kinder verwöhnen? Warum (nicht)?
   4. Beschreiben Sie eine Situation, in der Sie die Qual der Wahl hatten.

D. Direkte und indirekte Rede
   1. In der indirekten Rede benutzt man Konjunktiv I oder II. Wenn die Konjunktiv-I-Form wie das Präteritum ist (in der Regel in der 3. Person Plural), benutzt man Konjunktiv II.

      Sie sagten, sie kämen morgen. (Konjunktiv II, da Konjunktiv I: *kamen* = Präteritum)

      Sie sagte, sie komme morgen. (Konjunktiv I)
      auch: *Sie sagte, sie käme morgen.* (Konjunktiv II)

Sie sagten, sie seien müde. (Konjunktiv I)

auch: *Sie sagten, sie wären müde.* (Konjunktiv II)

NB: In der gesprochenen Sprache benutzt man oft auch den Indikativ:

Sie sagten, sie sind müde.

2. Bei **ja-/nein**-Fragen ergänzt man ein **ob**:

   Direkte Rede: *„Kommst du wieder?"*

   Indirekte Rede: *Die Erählerin fragte Alfried, **ob** er wieder komme.*

3. Bei der Umwandlung von Imperativen in der direkten in die indirekte Rede
   benutzt man **sollen** oder eine Infinitivkonstruktion.

   Direkte Rede: *„Komm doch bald wieder."*

   Indirekte Rede: *Die Erzählerin bittet Alfried, er **solle** bald wieder kommen.*

   *Die Erzählerin bittet Alfried, bald wieder **zu** kommen.*

Anwendung:

Setzen Sie die folgende Passage der Hauptdarstellerin in die indirekte Rede. Benutzen
Sie, wenn möglich Konjunktiv I oder II.

1. Diese Vorstellungen sind schrecklich, weil es ja fast kein Publikum gibt, wie Sie
   gleich sehen werden.

   ➲ *Die Hauptdarstellerin beschwerte sich darüber, dass ...*

2. Es ist beängstigend und so sinnlos, in die Leere hineinzuspielen, wenn niemand mir
   zuschaut, eine Qual für eine Schauspielerin.

   ➲ *Sie meinte, ...*

3. In der Zeitung kann man übrigens auch lesen, wie misslungen alles ist. Ich schäme
   mich.

4. Es ist mir schon morgens und den ganzen Tag übel, wenn ich abends in dieses
   verfluchte Theater kommen muss, das keiner kennt und für das sich überhaupt
   niemand interessiert.

5. Verstehen Sie mich?

6. Geben Sie doch das dumme Stück auf!

E. Wunschsätze im Konjunktiv II der Gegenwart und Vergangenheit

1. Schreiben Sie die folgenden Sätze im Indikativ als Wunschsätze im Konjunktiv
   II. Achten Sie auf das richtige Tempus.

   a. Sie ist in Alfried verliebt.

      ➲ *Sie wünschte, sie ...*

   b. Sie war in Alfrieds Wohnung eingebrochen.

      ➲ *Sie wünschte, sie ...*

c. Ihr Vater holte sie nicht vom Bahnhof ab.

➲ *Sie hoffte, ...*

2. Schreiben Sie Ihre eigenen Sätze im Konjunktiv II, die sich auf den Roman beziehen.

a. Was wünscht sich die Erzählerin noch?

b. Was wünscht sich ihr Vater?

c. Was wünscht sich Alfried?

d. Was wünscht sich Jean-Marc?

📖 Textarbeit

A. Fragen zum Textverständnis

1. Was trägt die Erzählerin immer bei sich?
2. Aus welcher Stadt kommt der Vater der Erzählerin ursprünglich?
3. Zu wem fährt die Erzählerin, als sie in Frankfurt ankommt?
4. Warum weint die Hauptdarstellerin des Stückes und ist unzufrieden?
5. Wie reagiert die Erzählerin auf das Weinen der Hauptdarstellerin?
6. Warum konnte der Vater die Erzählerin nicht vom Bahnhof abholen?
7. Womit vergleicht der Vater in seinem Brief seine jetzige Situation, seine Todesgewissheit?
8. Mit wem hatte sich der Vater in Frankfurt verabredet? Warum verabschiedet er sich so schnell von ihr?
9. Was macht der Vater, als er dann in Frankfurt wieder allein ist?
10. Was soll die Erzählerin nach Wunsch ihres Vaters in Frankfurt tun?
11. Mit wem trifft sich die Erzählerin?
12. In welche Stadt fährt die Erzählerin, nachdem sie in Frankfurt gewesen ist?
13. Wohin macht sie dann einen Ausflug? Was erfährt sie dort über ihre Vorfahren?
14. Von wem bekommt die Erzählerin einen Brief? Was fällt an dem Brief auf?

B. Diskussion und Interpretation

1. Was ist die Meinung des Regisseurs in Frankfurt zum Auswandern? Was für eine Meinung hat die Erzählerin?
2. Warum schreibt der Vater, sie könnten sich „gegenseitig einen Vogel zeigen"?
3. Warum fährt der Vater nach Frankfurt?
4. Der Vater verliebt sich in die Hauptdarstellerin Correll. Was sind die verschiedenen Gründe dafür? Was bedeutet dies für die Erzählerin? Wie empfindet die Erzählerin diese Affäre des Vaters mit der Hauptdarstellerin? –

Denken Sie auch an das mutmaßliche *(presumed)* Alter des Vaters und der Schauspielerin.

5. Was erfährt die Erzählerin in Wiesbaden über ihren Vater? Was erfährt sie über ihre Vorfahren bei ihrem Ausflug zur Bergstraße?

C. Zitate und Interpretation

1. Welche Widersprüche finden Sie in dem folgenden Zitat? Achten Sie auf die ungewöhnlichen Verben, mit denen der Ausflug angepriesen wird, einerseits und die Beschreibung der Weinorte andererseits.

> *Sogar in einen Touristenbus bin ich eingestiegen. „Die Hessische Bergstraße – sehen – erleben – erobern". Friedliche Weinorte, wie Perlen an der Schnur aufgereiht, sagte der Reiseführer.*

2. Welches widersprüchliche Bild deutscher Geschichte erhalten wir in dem folgenden Zitat?

> *Der Reiseführer erwähnte in seiner historischen Abschweifung die Römer und die Kelten, Alemannen und Franken, aber von meinen Vorfahren sprach er nicht. Dafür zeigte er den Ort, wo Siegfried erschlagen wurde [...] der Reiseführer erinnerte wieder an die Nibelungenereignisse, und ich dachte daran, dass dort irgendwo die Odenwaldschule sein müsse, in der mein Vater vom legendären Paul Geheeb erzogen wurde, der gesagt haben soll: Die Nazis? Bei uns in Hessen?*

3. Welches Bild von Heimat findet wir in dem folgenden Zitat? Erklären Sie den Gebrauch des Wortes „unsichtbar" in diesem Kontext. Welche Wirkung hat die viermalige Wiederholung von „kein" bzw. „keine" im letzten Satz? Könnte man, analog zum Titel des Romans, sagen, die Erzählerin hat eine Heimat „aus nichts" gefunden?

> *Schließlich habe ich mich gefragt, warum ich denn überhaupt dahin gekommen war, nach Frankfurt, an die Bergstraße und nach Wiesbaden. Wollte ich mich etwa, bevor ich in die so ersehnte Fremde fuhr, noch einer Herkunft oder Heimat versichern? Aber ich habe nichts entdeckt, außer der Affäre meines Vaters mit der Hauptdarstellerin. Meine Herkunft von dort war ganz unsichtbar geworden. Ich habe nichts finden können, keine Erinnerung, kein Zeichen, kein Andenken und keine Spur.*

👫 Aktivitäten

A. Schreiben

Die Erzählerin schreibt eine Antwort auf den Brief ihres Vaters und berichtet von ihren Erlebnissen in Frankfurt, Wiesbaden und an der Bergstraße.

B. Dialoge

1. Die Erzählerin unterhält sich mit dem Regisseur nach der Aufführung ihres Stückes über die Hauptdarstellerin, das Weggehen usw.

2. Der Vater der Erzählerin holt Ruth, seine erste Frau, vom Bahnhof ab. Er beginnt mit einer Bemerkung über die Zeitung, die sie trägt ...

C. Kurzreferate

Finden Sie weitere Informationen zu den folgenden Themen:

1. Hessische Bergstraße, Odenwald, Rheintal

2. die Geschichte der Juden in: Frankfurt, Wiesbaden, Hessen, Hessen-Darmstadt

3. die Odenwaldschule und Paul Geheeb

4. die Nibelungensage

5. die Deutsche Bank, Banken in Deutschland, Hofbankiers

Variation:

Stellen Sie eine Broschüre für eine alternative Bergstraßen-Tour zusammen. Finden Sie Informationen, die die Erzählerin nicht gefunden hat.

Teil V

der Applaus	applause
applaudieren/klatschen	to applaud/clap
auf·geben (gibt auf; gab auf, aufgegeben)	to give up
aus·lachen	to laugh at
beruhigen	to calm down
Sie musste ihn beruhigen.	
She had to calm him down.	
sich beruhigen	to calm down
Beruhig dich!	
Calm down! Take it easy.	
ruhig	quiet, calm
die Ruhe	quiet, calm
der Beweis, -e	proof
beweisen (bewies, bewiesen)	to prove
der Briefkasten, ⸚	mailbox
ertrinken (ertrank, ist ertrunken)	to drown
trinken (trank, getrunken)	to drink
betrunken sein	to be drunk
die Generalprobe, -n	dress rehearsal
die Gewohnheit, -en	habit
sich gewöhnen an + *Akk.*	to get used to
der (Telefon)Hörer, -	(phone) receiver; *also:* listener
(den Hörer) auflegen	to hang up, put down the phone

Kaum hatte sie den Hörer aufgelegt, als das Telefon schon wieder klingelte.

No sooner had she hung up than it rang again.

ohnmächtig (≈ ohne Macht)	helpless, powerless; unconscious
das Plakat, -e	poster
das Publikum *(sg. only)*	audience
NB: **die Öffentlichkeit** *(sg. only)*	the public
vorig ≈ **letzt**	last, previous

Wo warst du im vorigem Jahr im Urlaub?

Where did you spend your vacation last year?

die Waise, -n	orphan
winzig	tiny
zusammen·passen	to (be a good) match

Sie haben gleiche Interessen; sie passen gut zusammen.

They have similar interests; they are a good match.

Diese Farben passen nicht zusammen.

These colors do not match.

zweifeln	to doubt
der Zweifel, -	doubt

✍ Sprache im Kontext

A. Assoziogramm „Theater"

Vervollständigen Sie die Liste zum Thema „Theater" in Teil I–III.

B. Assoziogramm „Briefeschreiben" (Alltagsvokabular)

Schreiben Sie die deutsche Bedeutung. Schreiben Sie auch den Artikel und den Plural. Einige Wörter finden Sie im Text.

1. *addressee:* der Adressat, -en; der Empfänger, -
2. *sender/return address*
3. *address*
4. *postage:* das Porto
5. *stamp*
6. *to receive a letter*
7. *to mail a letter*
8. *mail carrier*
9. *mailbox*
10. *picture postcard*
11. *envelope*
12. *e-mail:* die Email, -s

186

C. Assoziogramm „Telefonieren" (Alltagsvokabular)
Schreiben Sie die deutsche Bedeutung. Schreiben Sie auch den Artikel und den Plural.
Die meisten Wörter finden Sie im Text.
1. *phone*
2. *cell phone*
3. *to (make a) call*
4. *to talk to somebody/to be on the phone*
5. *receiver*
6. *to hang up*
7. *to leave a message*
8. *to take a message:* jm. etwas aus·richten/sagen

Anwendung:
Spielen Sie eine Situation am Telefon:
1. Sie rufen Ihren Vater an, aber er ist nicht zu Hause. Ihre Mutter geht ans Telefon. Was sagen Sie?
2. Jemand ruft Sie an, fragt aber nach Ihrer Mutter, die nicht da ist. Was fragen Sie?

D. Synonyme
Ersetzen Sie die unterstrichenen Ausdrücke bzw. ergänzen Sie die Lücken.
1. Sie hatte eine sehr kleine Wohnung.
2. Sie fühlte sich wie ein Kind, dessen Eltern gestorben waren.
3. Sie war nicht sicher, ob sie es schaffen würde.
4. Die Zuschauer klatschten wie wild.
5. Sie macht das immer so, das ist eine ... von ihr.

E. Verwandte Wörter
Finden Sie verwandte Wörter (Adjektive, Verben, Nomen) und bilden Sie Sätze:
1. die Gewohnheit
2. der Zweifel
3. der Beweis
Beispiel:
die Gewohnheit
➲ gewöhnt sein an + *Akk.*, sich gewöhnen an + *Akk.*
*Ich **bin** immer noch nicht **an** dieses Klima gewöhnt.*
*Ich **habe** mich immer noch nicht **an** dieses Klima gewöhnt.*

F. Vokabular und Konversation

Sprechen Sie mit Ihrer Nachbarin/Ihrem Nachbarn. Denken Sie daran, die **du**-Form zu benutzen.

1. Welche Farben passen Ihrer Meinung nach gut bzw. überhaupt nicht zusammen?
2. Sind Sie schon mal ausgelacht worden? Warum? Wie haben Sie sich gefühlt?
3. Welche winzigen Gegenstände besitzen Sie?
4. Welche Gewohnheiten Ihrer Mitbewohnerinnen/Mitbewohner gefallen Ihnen nicht?

G. Übersetzen Sie!

1. The audience laughed at her play.
2. She felt tortured by his constant questions.
3. She doubted that they really are a good match.
4. Calm down, kids!
5. She found the proof in her mailbox.
6. She really liked the tiny poster.

H. Relativpronomen mit **was** und **wo**-Kompositum

1. Man benutzt **was** als Relativpronomen
   a. nach Superlativen im Neutrum:
      Das war das Beste, was ihr passieren konnte.
   b. nach den folgenden Bezugswörtern – **alles, einiges, etwas, manches, nichts, viel(es), wenig(es)**:
      Es gibt viel, worüber wir noch nachdenken müssen.
   c. nach den Bezugswörtern **das, dasselbe**:
      Das, was du eben gesagt hast, stimmt.
   d. wenn sich das Relativpronomen auf den ganzen Satz bezieht:
      Sie erhielt einen Brief mit Absender von Alfried, was sie sehr erstaunt hat.
2. Das Relativpronomen **was** wird, bei den oben genannten Kategorien, durch ein **wo**-Kompositum ersetzt, wenn es das Objekt einer Präposition ist:
      *Sie erhielt einen Brief von Alfried, **worüber** sie sich sehr gefreut hat.* (d.h. *Sie hat sich über den Brief gefreut.*)
      *In diesem Roman werden viele Vergleiche benutzt, **worauf** Sie besonders achten sollten.*

NB: Ein **da**-Kompositum wird nie als Relativpronomen verwandt.

Textbeispiel:

*Wahrscheinlich hatten sie die Waschmaschinen zu voll gestopft, und er musste sie nun überzeugen, mit alldem, was sie da hätten, lieber zwei Maschinen zu benutzen, wenn es nicht **etwas** anderes war, **worüber** sie diskutierten.*

Anwendung:

Machen Sie aus den folgenden Sätzen einen, indem Sie Relativsätze bilden. Achten Sie darauf, ob Sie **was** oder ein **wo**-Kompositum benutzen müssen.

1. Ihr Verlag verlängerte den Vertrag nicht. Sie war nicht sehr überrascht.

   ➲ *Ihr Verlag ...*

2. Sie beschränkte sich bei ihrem Vortrag auf wenige Worte. Das hat mich erstaunt.

3. Alfried gab ein Gastspiel in Paris. Er hatte ihr nicht davon erzählt.

4. Alfried kam nach Paris, ohne der Erzählerin davon zu berichten. Darüber hat sie sich gewundert.

📖 Textarbeit

A. Fragen zum Textverständnis

1. Von wem erhält die Erzählerin einen Brief? Freut sie sich darüber oder nicht?

2. Worüber schreibt sie in ihrem Brief an Alfried?

3. Was für ein Plakat entdeckt die Erzählerin in Paris?

4. Was unternehmen die Erzählerin und Alfried in Paris? Machen Sie eine Liste.

5. Was will Alfried von der Erzählerin?

6. Wovon träumt die Erzählerin?

7. Was wünscht sich die Erzählerin von Jean-Marc, bevor er nach Amerika zurückgeht?

8. Von wem erhält die Erzählerin wenig später einen Anruf?

9. Was tut die Erzählerin, nachdem sie erfahren hat, dass ihr Vater im Sterben liegt?

10. Was tut sie, nachdem sie die Nachricht seines Todes erhalten hat?

B. Diskussion und Interpretation

1. Warum antwortet die Erzählerin Alfried auf seinen Brief, nachdem sie ihre ersten Briefe nie abgeschickt hat? Was hat sich am Selbstverständnis der Erzählerin und ihrer Beziehung zu Alfried geändert?

2. Warum zeichnet die Erzählerin Alfried, bevor sie ihn anspricht? Denken Sie an ihre Erklärung, was Malerei für sie bedeutet.

3. Gibt es Parallelen zwischen dem Abschied von Jean-Marc und dem ersten Abschied von Alfried?

4. Inwiefern charakterisiert die Ginkgo-Szene das Verhältnis der Erzählerin und Alfrieds zu Deutschland?

5. Warum will Alfried wohl, dass die Erzählerin zu ihm nach München kommt?

6. Warum verlässt sie das Theater, bevor die Lichter wieder angehen?

7. Die Erzählerin bezeichnet ihre Beziehung mit Alfried als „eine Liebe aus nichts". Trifft dies nur auf die Beziehung mit Alfried zu?

8. In ihrem Traum will man die Erzählerin „zwingen", ihren toten Vater anzuschauen. Vergleichen Sie diese Traumsequenz mit dem tatsächlichen Begräbnis am Anfang.

9. Warum erkundigt sich der Vater zuerst nach der Hauptdarstellerin?

10. Warum fährt die Erzählerin nicht so schnell wie möglich nach Weimar, als sie erfährt, dass ihr Vater im Sterben liegt, sondern kommt erst zum Begräbnis?

11. Warum vergleicht die Erzählerin die alten Briefe ihres Vaters mit einem „Roman"?

12. Wie findet sich die Erzählerin mit dem Tod ihres Vaters ab? Was tut sie, damit sie endlich Erlösung *(relief)* findet? Wie identifiziert sie sich mit der Situation ihres Vaters?

13. Erklären Sie den Traum der Erzählerin im letzten Abschnitt.

C. Zitate und Interpretation

1. Warum benutzt die Erzählerin das Wort „abschneiden" in dem folgenden Zitat? In welchem Kontext benutzt man normalerweise dieses Wort? Erklären Sie den metaphorischen Gebrauch hier.

    Wie soll ich das sagen, ich wollte mich abschneiden, hatte das alte Leben satt und hatte Sehnsucht nach einer großen Änderung, einem Auszug, einer Verwandlung.

2. Welche Vorstellung von „Exil" hat die Erzählerin? Wie verstehen Sie „Exil"? Unter welchen Umständen gehen Leute ins Exil? Inwiefern unterscheidet sich „Exil" von „Auswandern" oder „Emigration"? Warum benutzt die Erzählerin diesen Ausdruck für ihre Situation?

    Wir sind ja nicht in ein Exil gegangen, um zurückzukehren, sondern sind doch ausgewandert, um etwas ganz Neues anzufangen, ist es nicht so?

3. Wie verstehen Sie Alfrieds Behauptung in dem folgenden Zitat? Will er die Erzählerin wieder sehen?

    [...], dass wir uns ja doch immer treffen und wiederfinden würden und dass wir uns nicht verlieren könnten. Eine Verabredung sei ganz überflüssig, der beste Beweis dafür

sei, dass wir jetzt hier im Theater zusammenstehen, und so sei es doch viel schöner als
alles andere, nein?

4. Was sagt das folgende Zitat über die Beziehung von Alfried und der Erzählerin
   aus? Wer im Roman hat eine ähnliche Meinung zum Auswandern wie Alfried?

   Er sollte mich nun im Bilde dieser Verwandlung sehen, im Bilde einer Freiheit, die
   ich mir hier erringen wollte, hier oder woanders. Aber Alfried sagte, es gäbe kein neues
   Leben, nur den Traum von einem neuen Leben, den Traum, dass man noch einmal
   ganz von vorne anfangen könne, als ein anderer mit einem anderen Namen, in einer
   anderen Gestalt, an einem ganz anderen Ort; dass man nicht noch einmal mit A
   anfangen müsse, sondern könne beginnen mit B. Aber das sei eine Illusion.

5. Erklären Sie die Antwort der Erzählerin. Was meint sie mit „Anfängerin im
   Auswandern"? Könnte diese Antwort ironisch sein?

   Ich sagte ihm, ich hätte schon gewusst, dass er so reden würde, aber ich sei noch eine
   Anfängerin im Auswandern und könne nicht alle Lektionen des neuen Lebens auf
   einmal lernen.

🏃 Aktivitäten

A. Schreiben

1. Alfried erhält den Brief der Erzählerin und beantwortet ihn.
2. Die Erzählerin schreibt in ihrem Tagebuch über ihr Wiedersehen mit Alfried.
3. Setzen Sie die Biografie des Vaters fort.

B. Dialoge

1. Die Erzählerin und Alfried treffen sich nach vielen Jahren in Paris wieder. Sie
   sprechen über die Freunde in Berlin, den Traum von einem neuen Leben, die
   Ginkgo-Blätter etc.
2. Es ist Jean-Marcs letzter Sonntag in der Wäscherei. Jean-Marc und die
   Erzählerin unterhalten sich über ihre Zukunft.
3. Die Erzählerin spricht mit einem Therapeuten über die Bedeutung ihres
   Traums und ihre Beziehung zu Alfried.

Teil VI

ab·laufen (läuft ab; lief ab, ist   to expire
  abgelaufen)

  Der Pass war schon abgelaufen.

  The passport was no longer valid.

beziehungsweise (*abbr.* **bzw.**)   respectively

gelten (gilt; galt, gegolten) als   to be regarded as

  Sie galt als zuverlässige Studentin.

  She was considered a reliable student.

gültig   valid

  Ist dein Pass noch gültig?

  Is your passport still valid?

im Stich lassen (lässt; ließ, gelassen)   to leave in the lurch, abandon
  (*idiom.*)

der Keks, -e   cookie

die Klingel, -n   bell

  klingeln   to ring the bell

lächerlich   ridiculous

nach·sehen (sieht nach; sah nach,   to look up, check; to follow sb. with
  nachgesehen)   one's eyes

  Er sah nach, ob jemand an der Tür war.

  He checked if someone was at the door.

  Er sah ihr lange nach.

  He followed her with his eyes for a long time.

der/die Obdachlose, -n   homeless person

der Papierkorb, ⸚e   wastepaper basket

die Reinigung, -en   dry cleaners

Schlange stehen (stand, gestanden) *(idiom.)*	to stand in line
schleichen (schlich, ist geschlichen)	to creep, sneak
verachten	to despise
vergeblich	in vain
Wir warteten vergeblich.	
We waited in vain.	
verhungern	to starve
vor·lassen (lässt vor; ließ vor, vorgelassen)	to let someone go in front (in a line)
verlassen (verlässt; verließ, verlassen)	to abandon; to leave (behind)
der Vorhang, ⸗e	curtain
hängen (hing, gehangen)	to hang, to be hanging

✎ Sprache im Kontext

A. Synonyme
Wie kann man es anders sagen?

1. Der nette Herr ließ mich zuerst an die Kasse gehen.
2. Sie wartete, aber er kam nicht.
3. Die Flüchtlinge hatten nichts zu essen.
4. Sie ging langsam und leise, ohne dass jemand sie bemerkte.
5. Sie musste an der Kasse lange warten, bis sie an die Reihe kam.
6. Die Kinder hatten keinen Respekt vor ihren Eltern.
7. Mein Pass muss nicht verlängert werden.
8. Er hat uns nicht geholfen.

B. Wettspiel: Ähnliche Wörter
Finden Sie möglichst viele Wörter mit **vor** und erklären Sie die Bedeutung. Arbeiten Sie in 2–4 Gruppen. Sie haben fünf Minuten Zeit.

C. Wettspiel: Ähnlich klingende Wörter
Erklären Sie möglichst viele der folgenden Wörter auf Deutsch, indem Sie Sätze mit diesen Wörtern schreiben. Arbeiten Sie mit Ihrer Nachbarin/Ihrem Nachbarn. Sie haben zehn Minuten Zeit.

1. verlassen, vorlassen, zulassen, erlassen, entlassen, lassen
2. Schlange stehen, eine Schlange sehen

3. verwöhnen, sich gewöhnen, wohnen, Gewohnheit
4. vergeblich, vergeben, zugeben, angeben, umgeben, Umgebung

Variation:
Geben Sie die englische Übersetzung.

D. Vokabular und Konversation
Sprechen Sie mit Ihrer Nachbarin/Ihrem Nachbarn. Denken Sie daran, die **du**-Form
zu benutzen.

1. Ist Ihr Pass noch gültig? Bis wann?
2. Gibt es in Ihrer Stadt viele Obdachlose? Warum?
3. Wo müssen Sie manchmal Schlange stehen?
4. Was bringen Sie in die Reinigung?
5. Was finden Sie besonders lächerlich? Warum?
6. Haben Sie Vorhänge vor Ihren Fenstern? Warum (nicht)?
7. Sind Sie schon mal im Stich gelassen worden? Wie haben sie sich gefühlt?

E. Übersetzen Sie!

1. She felt abandoned by her father.
2. The homeless are looking for food in various wastepaper baskets.
3. They are despised by many.
4. He rang the bell in vain.
5. He is considered an expert.
6. Would you please let me go to the front of the line?

📖 Textarbeit

A. Fragen zum Textverständnis

1. Wo macht die Erzählerin einen Zwischenstopp? Wen ruft sie dort an? Warum?
2. Was hat sich dort verändert? Warum scheint alles anders?
3. Womit vergleicht sie ihre Reise?
4. Wo wurde der Sarg des Vater vor der Beerdigung ausgestellt?
5. Wie verbrachte der Vater sein Leben in Weimar? Machen Sie eine Liste von Aktivitäten.
6. Wie ist der Vater der Erzählerin laut seiner Frau gestorben?
7. Was tut die Erzählerin, nachdem sie Uhr und Notizbuch aus den Dingen des Vaters ausgewählt hat?

8. Was will der Vater nach seiner Rückkehr nach Berlin 1946 tun?
9. Worüber spricht er mit Jefim?
10. Wer besucht den Vater im Quartier IV?
11. Warum darf die Erzählerin eigentlich nicht nach Berlin fahren?
12. Woran erinnert sie sich im Zug, kurz bevor sie Berlin erreicht?
13. Was tut die Erzählerin am 17. Dezember?
14. Was tut die Erzählerin im Park Belvedere, bevor sie wieder nach Paris zurückfährt?

B. Diskussion und Interpretation

1. Beschreiben Sie die Atmosphäre am Bahnhof in Frankfurt. Welche widersprüchlichen Eindrücke erhält die Erzählerin?
2. Die Erzählerin stellt sich vor, wie die Frau des Vaters ihn vor seinem Tod gefüttert haben muss. Was zählt man normalerweise einem Kind beim Füttern auf, was zählt sie auf? Warum?
3. Was bedeutet es, dass die Frau des Vaters „Martha" nicht kennt?
4. Wie interpretieren Sie, dass die Erzählerin das Tagebuch des Vaters weiterführt, in einem Kalender, der zu beiden Zeitpunkten schon abgelaufen war?
5. Wofür steht „die Zeit der Universität"?
6. Warum kehrt die Erzählerin in Berlin zu ihrer alten Wohnung zurück?
7. Was erfahren wir über die Situation von nicht-DDR-Bürgern, die die DDR besuchen?
8. Warum steckt sich die Erzählerin vor ihrer Rückkehr nach Paris Ginkgo-Blätter in die Tasche?

C. Zitate und Interpretation

1. Erklären Sie die Bedeutung der Metapher „Spiel" in der folgenden Passage:
   Als wäre ich bei einem Spiel rausgeflogen, so habe ich die ganze Reise noch einmal gemacht, retour. Wie es in den Spielregeln oft heißt: Der Spieler setzt wieder aufs Anfangsfeld zurück, und das Spiel fängt noch einmal von vorne an.
2. Warum vergleicht sich der Vater mit einem Italiener? Was sagt das über sein Identitätsverständnis?
   Gehe traurig nach Hause, weiß so ganz genau nicht, wo ich bin. Ein bisschen so wie der Italiener eben im Zirkus, der eigentlich aus Russland kommt. Genauso ein Italiener wie ich.
3. Erklären Sie die Bedeutung der Tatsache, dass die Erzählerin den abgelaufenen Kalender ihres Vaters fortsetzt. Erklären Sie insbesondere den metaphorischen Gebrauch des Ausdruckes „ineinander verlaufen."

*Weil ich den Kalender nicht einfach nur als ein Erinnerungsstück mit nach Paris nehmen wollte und weil so viele Seiten leer geblieben waren, schrieb ich selber darin weiter und datierte die Wochentage noch einmal um auf das jetzige Jahr. Ich trug den Todestag meines Vaters und den Tag seines Begräbnisses ein und den Tag, an dem wir uns das letzte Mal gesehen hatten, und dann habe ich angefangen, die leeren Seiten vollzuschreiben, so dass unsere Aufzeichnungen **ineinander verliefen** in dem englischen Kalender, der sowieso schon längst abgelaufen war.*

4. Kommentieren Sie die folgende Passage. Was für ein Bild von Erinnerung und Identität hat die Erzählerin?

Aber wie schon in Paris war alle Gegenwart weggewischt, und selbst die Erinnerung, schien mir, konnte sich nicht wirklich an den Orten halten. Plötzlich, wie ich da vor den Häusern stand, ist mir aller Sinn abhanden gekommen von Weggehen und Wiederkommen und Freundschaft und den verschiedenen Orten der Welt, als ob sich alle auflösten oder in die Luft aufstiegen, wenn man sich ihnen nähert, und eigentlich kann man nicht wissen, ob sie sich verflüchtigen oder ob man selber flieht.

5. Erklären Sie die Bedeutung der Theater-Metapher in den letzten beiden Sätzen. Wird die Erzählerin ein neues Leben anfangen oder nicht?

Ich konnte nicht noch einmal die ganze Strecke von Berlin bis Paris über Frankfurt besichtigen. Habe einen Schlafwagen genommen und mich hingelegt und die Vorhänge zugezogen.

👫 Aktivitäten

A. Schreiben

1. Vervollständigen Sie die Biografie des Vaters der Erzählerin.
2. Die Erzählerin schreibt in ihrem Tagebuch, nachdem sie wieder in Paris angekommen ist. Wie geht es weiter?

B. Dialoge

Die Erzählerin unterhält sich nach ihrer Rückkehr nach Paris mit einer Bekannten über ihre Reise zum Begräbnis ihres Vaters.

C. Kurzreferate

1. Ende des Zweiten Weltkrieges in Berlin, Trümmerfrauen, Lebensmittelkarten, russische Gefallenendenkmäler in Berlin
2. Johannes Becher, Nationalhymne der DDR
3. Vereinigung der Verfolgten des Nazi-Regimes / Bund der Antifaschistinnen und Antifaschisten

Abschließende Fragen und Aufsatzthemen

1. Was ist das Thema bzw. was sind die Hauptthemen des Romans?
2. Nehmen Sie Stellung zum Titel des Romans:
   a. Auf wen bezieht sich „eine Liebe aus nichts"? Ist die Liebe zwischen Tochter und Vater wirklich „eine Liebe aus nichts"?
   b. Gibt es andere Motive „aus nichts"? Denken Sie zum Beispiel an das Leben des Vaters, an das Haus, in dem er zuletzt wohnte usw.
3. Welche Rolle spielt das Theater bzw. die Theatermetaphorik im Roman?
4. Welche Rolle spielt Lyrik im Roman?
5. Welche Bedeutung haben Goethe, Weimar, das Ginkgo-Blatt, und Goethes Ginkgo-Gedicht im Roman? Kommentieren Sie die Ambivalenz von „Weimar" und des Ginkgo-Blattes.
6. Wie wird die „Exilerfahrung" im Roman bewertet (*evaluated*)? Vergleichen Sie die Exilerfahrungen verschiedener Personen im Roman und ihre verschiedenen Haltungen zum Auswandern.
7. Wie prägt das Verhältnis der Erzählerin zu ihrem Vater ihr Verhältnis zu Männern? Welche Rolle spielt dabei die Lebensgeschichte des Vaters, bzw. welchen Einfluss hat der historische Kontext auf zwischenmenschliche Beziehungen?
8. Welches Deutschlandbild vermittelt der Roman? Wie wird deutsch-jüdische Geschichte dargestellt?
9. Welche Rolle spielt Kommunikation bzw. die Abwesenheit von Kommunikation in diesem Roman? Denken Sie daran, wie kommuniziert wird.
10. Zeichnen Sie eine Übersicht über die Zeitstruktur des Romans. Wann erzählt die Erzählerin über die Gegenwart, ihre Vergangenheit, die Vergangenheit ihrer Eltern?
11. Zeichnen Sie in die Europakarte am Anfang des Buches die Reiseroute der

Erzählerin und die Migrationswege ihres Vaters und ihrer Mutter in verschiedenen Farben ein.

12. Zeichnen Sie Ihre eigene Deutschlandkarte und tragen Sie dort weitere Orte und Landschaften ein, die im Roman eine Rolle spielen oder genannt werden (zum Beispiel die Hessische Bergstraße).

Anhang

I: Konzepte und Vokabular zur Text-Analyse

A. Kommunikationssituation und Erzählsituation

Bei der Analyse eines literarischen Textes unterscheidet man folgende **Kommunikats-situation**: Autorin/Autor (bzw. Schriftstellerin/Schriftsteller) – Erzählerin/Erzähler – Figur bzw. Figuren der Erzählung – Leserin/Leser. Dabei ist zu beachten, dass Autorin/Autor und Erzählerin/Erzähler nicht identisch sind, auch wenn es sich um eine autobiografische Erzählung handelt. Die Erzählerin kann das Sprachrohr (*mouthpiece*) der Autorin sein, muss es aber nicht.

Man unterscheidet außerdem drei verschiedene **Erzählsituationen**: die **Ich-Erzählung**, die **auktoriale Erzählung** und die **personale Erzählung**. Die Ich-Erzählung ist in der ersten Person geschrieben, die auktoriale und die personale Erzählung in der dritten Person.

In der **Ich-Erzählung** ist der Erzähler Teil der fiktionalen Welt und nimmt an der Handlung teil oder war bei der Handlung dabei. Diese Erzählsituation hat zur Folge, dass sich der Leser leichter mit dem Erzähler bzw. der Erzählerin identifizieren kann. Man unterscheidet zwischen dem **erzählenden Ich** und dem **erlebenden Ich,** also dem Ich zu der Zeit, in der es die Geschichte erzählt, und dem Ich zu der Zeit, in der es die beschriebenen Dinge erlebt. Zwischen dem Charakter, dem Wissen und den Überzeugungen *(convictions)* von erzählendem und erlebendem Ich gibt es oft große Unterschiede.

In der auktorialen und in der personalen Erzählung steht der Erzähler außerhalb der fiktionalen Welt. Der **auktoriale Erzähler** nimmt eine neutrale Position ein, aus der er die Handlung, Gedanken und Gefühle der Figuren schildert *(describes)*. Man bezeichnet ihn deshalb oft auch als **allwissenden Erzähler**. Der **personale Erzähler** schildert alle Ereignisse aus der Sicht einer bestimmten Figur.

Kommunikationssituation

die Autorin, -nen	female author
der Autor, -en	male author

die Schriftstellerin, -nen	female author
der Schriftsteller, -	male author
die Dichterin, -nen	female poet
der Dichter, -	male poet
die Erzählerin, -nen	female narrator
der Erzähler, -	male narrator
die Figur, -en	character
NB: der Charakter	personality, character
die Leserin, -nen	female reader
der Leser, -	male reader
die Kritik	criticism; *here:* review
der Kritiker, - / die Kritikerin, -nen	critic
kritisieren	to criticize
die Rezension, -en	review (of a book/film, etc.)
rezensieren	to review (a book/film, etc.)

Erzählsituation

der Ich-Erzähler, -	male first-person-narrator
die Ich-Erzählerin, -nen	female first-person narrator

Den Namen der Ich-Erzählerin erfahren wir bis zum Ende des Textes nicht.

der auktoriale / allwissende Erzähler, -	authorial / omniscient narrator
der personale Erzähler, -	personal narrator

Der Roman ist aus der Perspektive von . . . geschrieben.

sich identifizieren mit	to identify with

NB: Im Deutschen wird das Reflexivpronomen benutzt:
*Können **sich** die Leser mit der Ich-Erzählerin identifizieren?*

Fragen:

1. Handelt es sich in diesem Roman um eine Erzählerin oder einen Erzähler?
2. Aus wessen Perspektive ist der Roman geschrieben? Um was für eine Erzählsituation handelt es sich?
3. Was ist die Funktion dieser Erzählsituation für den Leser?

B. Zeitstruktur: Vorausblende und Rückblende

Als Vorausblende bezeichnet man in der Literatur und im Film eine Erzähltechnik, die der Autor bzw. Filmemacher verwendet, um den Leser bzw. Zuschauer auf einen Zeitpunkt nach dem Geschehen des Romans hinzuweisen *(point to)*. Das weit häufiger benutzte Gegenstück *(counterpart)* dazu ist die Rückblende. Voraus- und Rückblenden werden verwendet, um eine Geschichte nicht-linear zu erzählen.

die Zeitstruktur	chronology
die Rückblende, -n	flashback
die Vorausblende, -n	foreshadowing
chronologisch	in chronological order
linear	linear
nicht-linear	nonlinear

Durch Rückblenden und Vorausblenden wird eine nicht-lineare Erzählstruktur geschaffen.

verweisen (verwies, verwiesen)	to refer to
auf + *Akk.*	
vorweg·nehmen (nimmt vorweg; nahm	to anticipate
vorweg, vorweggenommen)	

Fragen:

1. Geben Sie Beispiele für Vorausblenden und Rückblenden in Honigmanns Roman.

2. Was ist die Wirkung dieser Voraus- bzw. Rückblenden? Worauf verweisen die Rückblenden? Was nehmen die Vorausblenden vorweg?

C. Bildsprache und Motive

Symbol

In der Literatur versteht man unter **Symbol** ein Zeichen (ein Wort oder einen Ausdruck), das auf einen „höheren", abstrakteren Bereich verweist *(refers)*.

In Honigmanns Roman symbolisiert beispielsweise das zweiteilige Ginkgoblatt (vgl. Ginkgo bi-loba: Lateinisch für „zwei Lippen") die Gleichzeitigkeit *(simultaneity)* von Gegensätzen: Gespaltenheit und Zusammengehörigkeit. Oder, wie Goethe es in seinem Gedicht formuliert: Das Ginkgoblatt ist zugleich „eins und doppelt".

Motiv, Leitmotiv und Thema

Unter **Motiv** versteht man ein Element oder Thema, das wiederholt, vor allem durch die Bildsprache, aufgerufen wird. In Honigmanns Roman ist ein vorherrschendes Motiv das des „Auswanderns und Exils" einerseits und das der „Suche nach Zugehörigkeit und Heimat" andererseits.

Unter **Thema** versteht man den Hauptgedanken eines literarischen Werkes, es wird aber auch synonym mit **Motiv** verwandt.

Taucht *(appears)* ein Symbol oder Motiv wiederholt und an strategischen Punkten im Text auf, z.B. um immer wieder an das zentrale Thema zu erinnern, so spricht man von einem **Leitmotiv.**

Metapher und Vergleich

Die **Metapher** ist ein rhetorisches Mittel, bei dem ein Wort nicht in seiner eigentlichen *(literal),* sondern in seiner übertragenen *(figurative),* also metaphorischen Bedeutung benutzt wird. Metaphern werden verwandt, um Ähnlichkeit und nicht, wie bei der Ironie, Gegensätzlichkeit auszudrücken. Man spricht auch von einem verkürzten Vergleich, Beim **Vergleich** steht das Wort „wie": *Er fühlte sich* **wie** *ein Löwe.* Bei der Metapher fehlt das Vergleichswort: *Er war ein Löwe.*

In Honigmanns Roman fühlt sich die Erzählerin beispielsweise in ihrer Wohnung in Paris „wie in einer Sternwarte" bzw. beobachtet die Leute „wie mit einem Fernrohr". An anderer Stelle wird das Vergleichswort weggelassen. Anstatt zu sagen „Meine Wohnung war wie eine Höhle", schreibt sie: „Aus meiner Höhle im Souterrain bin ich dann jeden Tag auf Streifzüge längs und quer durch die Stadt gegangen."

Es können auch mehrere Ausdrücke aus einem Bereich für einen anderen verwandt werden, wie z.B. in Honigmanns Roman, wenn die Erzählerin bei ihrer Ankunft in Paris den Boulevard mit einem Wasserfall vergleicht: Er erscheint ihr plötzlich wie „ein Straßenfall, ein breiter Fluss" mit Autos wie „bunte[n] Schiffchen", die Bürgersteige *(sidewalks)* wie „Ufer[n]", auf denen sie „hinauf und hinunter" läuft.

das rhetorische Mittel, -	rhetorical device
das Symbol, -e für	symbol of
symbolisieren	to symbolize
für etw. stehen (stand, gestanden)	to stand for sth., to mean sth.
die Metapher, -n	metaphor
die Metaphorik / die Bildsprache	imagery
die übertragene / metaphorische	figurative meaning
Bedeutung, -en	
Das Wort wird hier in übertragener Bedeutung verwandt.	
die wörtliche Bedeutung,-en	literal meaning
das Motiv, -e	motif
das Leitmotiv, -e	leitmotif
Das Motiv der Gespaltenheit zieht sich durch den ganzen Roman.	
die Anspielung, -en auf + *Akk.*	allusion to
an·spielen auf + *Akk.*	to allude to
Worauf wird hier angespielt?	
vergleichen (verglich, verglichen) mit	to compare with
der Vergleich, -e	comparison

206

im Vergleich zu	in comparison to
im Gegensatz zu	in constrast to
gegenüber·stellen	to juxtapose
die Parallele, -n	parallel
der Unterschied, -e	difference
die Ähnlichkeit, -en	similarity
sich beziehen (bezog, bezogen)	to refer to
auf + *Akk.*	

Worauf bezieht sich dieser Ausdruck?

Fragen:

1. Inwiefern symbolisiert das Ginkgoblatt Gespaltenheit und Zusammengehörigkeit? Wessen Gespaltenheit bzw. Zusammengehörigkeit ist gemeint?
2. Was für andere Symbole finden Sie im ersten Teil des Romans? Was ist ihre Funktion? Machen Sie beim Lesen eine Liste und erklären Sie, in welchem Kontext die Symbole auftreten und ob bzw. wie sich ihre Bedeutung verändert.
3. Welche Leitmotive finden Sie im ersten Teil? Achten Sie auf diese wiederkehrenden Motive beim Lesen. Machen Sie eine Liste.

D. Intertexte und Gedichtanalyse

Im engeren Sinne bedeutet **Intertextualität,** dass in einem literarischen Text auf einen anderen literarischen Text – den sogenannten Intertext – Bezug genommen wird. Eine solche Einzeltextreferenz erfolgt zum Beispiel durch ein direktes Zitat, eine Anspielung oder eine Parodie.

In Honigmanns Roman wird auf Intertexte angespielt (*das ach so berühmte Gedicht* – „Ginkgo Biloba"), sie werden direkt genannt (*Egmont*) oder zitiert (Gedichte von Hölderlin und Rilke).

Intertexte

der Intertext, -e	intertext
der intertextuelle Verweis, -e	intertextual reference
an·spielen auf + *Akk.*	to allude to
verweisen (verwies, verwiesen) auf + *Akk.*	to refer to
sich beziehen (bezog, bezogen) auf + *Akk.*	

Im Roman wird auf Goethes Gedicht „Ginkgo Biloba" verwiesen.
Die Autorin bezieht sich hier auf Goethes Gedicht „Gingko Biloba".

Gedichtanalyse

das Gedicht, -e	poem
die Strophe, -n	stanza
die Zeile, -n	line
der Reim, -e	rhyme
sich reimen	to rhyme
Die erste und vierte Zeile reimen sich.	
bestehen (bestand, bestanden) aus	to consist of
Das Gedicht besteht aus vier Strophen.	

Fragen:

1. Erklären Sie die Bedeutung der Intertexte von Goethe, Rilke und Hölderlin. Beschreiben Sie den Kontext, in dem diese Texte verwandt werden.
2. Welche Gemeinsamkeiten haben diese Intertexte? Welche Motive treten auf? Welche Unterschiede gibt es?

E. Allgemeines Vokabular zur Text-Analyse

Gattungen

die Prosa / die Erzählliteratur	prose
die Novelle, -n	novella
die Erzählung, -en	story, tale
Kurzgeschichte, -n	short story
der Roman, -e	novel
die Lyrik	poetry
das Gedicht, -e	poem
die Ballade, -n	ballad
das Drama, -en	drama, play (as a literary genre)
das Theaterstück, -e / das Stück, -e	play (general term)
die Tragödie, -n	tragedy
die Komödie, -n	comedy

Textaufbau

die Szene, -n	scene
die Seite, -n	page
der Absatz, ⸚e	paragraph
der Abschnitt, -e	passage

die Passage, -n	passage
die Zeile, -n	line

In den ersten beiden Zeilen steht, dass …

der Anfang, ∸e	beginning

Am Anfang des Romans berichtet die Erzählerin vom Begräbnis ihres Vaters.

an·fangen mit (fängt an; fing an, angefangen)	to begin with

Womit fängt der Roman an? Wie fängt der Roman an?

das Ende, -n	end, ending

Am Ende erfahren wir, dass …

enden (mit)	to end (with)

Handlung

die Handlung, -en / der Plot, -s	plot
handeln von	to be about

Wovon handelt dieser Roman?

gehen um + *Akk.*	to be about

Worum geht es in diesem Roman?

(ein Thema) behandeln	to treat (a topic)

Der Autor behandelt das Thema der Identität und des Identitätsverlusts.
Die Autorin behandelt das Thema auf ironische Weise.

berichten von + *Dat.* / über + *Akk.*	to report
dar·stellen	to present, show
schildern	to depict
beschreiben (beschrieb, beschrieben)	to describe
erwähnen	to mention
der Schauplatz, ∸e	setting

An welchen Schauplätzen findet der Roman statt?

das Happy End	happy ending

Viele Romane enden mit einem Happy End.

der Rahmen, -	frame
einen Rahmen bilden	to establish, constitute a frame

Das Begräbnis des Vaters bildet einen Rahmen für den Roman.

Ton und Wirkung

die Stimmung / die Atmosphäre	atmosphere
eine Stimmung / Atmosphäre erzeugen / hervor·rufen (rief hervor, hervorgerufen)	to create an atmosphere

der Eindruck	impression
den Eindruck bekommen (bekam, bekommen) / gewinnen (gewann, gewonnen), dass ...	to get the impression that . . .
Man bekommt / gewinnt den Eindruck, dass ...	
den Eindruck vermitteln, dass ...	to convey the impression that / as if . . .
Der Text vermittelt den Eindruck, dass / als (ob) ...	
die Wirkung	effect
wirken auf + *Akk.*	to have an effect on
Wie wirkt diese Szene auf den Leser?	
die Spannung	suspense
Spannung erzeugen	to create suspense
übertreiben (übertrieb, übertrieben)	to exaggerate
übertrieben	exaggerated
die Übertreibung, -en	exaggeration
untertreiben (untertrieb, untertrieben)	to understate
untertrieben	understated
die Untertreibung, -en	understatement
implizieren	to imply
betonen	
hervor·heben (hob hervor, hervorge- hoben)	to emphasize / stress
unterstreichen (unterstrich, unter- strichen)	
der Ton *(here only sg.)*	tone
ironisch	ironic
sarkastisch	sarcastic
zynisch	cynical
traurig	sad
melancholisch	melancholic
ernst	serious
NB: **seriös** bedeutet *respectable, reputable.*	
nostalgisch	nostalgic
humorvoll	humorous
sachlich	matter-of-fact
objektiv	objective
subjektiv	subjective
melodramatisch	melodramatic

II. Informationen und Begleittexte für den Unterricht

Barbara Honigmann: Biografie und Werkverzeichnis

Barbara Honigmann wurde 1949 geboren und ist die Tochter deutsch-jüdischer Emigranten, die 1947 aus dem britischen Exil nach Ost-Berlin zurückkehrten. Ihr Vater Georg Honigmann war dort Chefredakteur der „Berliner Zeitung" und leitete das Kabarett „Die Distel". Nach ihrem Abitur studierte sie ab 1967 an der Humboldt-Universität in Ost-Berlin Theaterwissenschaft. Dieses Studium schloss sie 1972 ab.

Barbara Honigmann

In den folgenden Jahren arbeitete sie als Dramaturgin und Regisseurin in Brandenburg, an der Volksbühne und am Deutschen Theater in Ost-Berlin. Seit 1975 ist sie freie Schriftstellerin. 1984 erfolgte die Ausreise aus der DDR; seitdem lebt die Autorin, die auch als Malerin tätig ist, mit ihrer Familie in Straßburg.

Barbara Honigmann, deren Werke stark vom jüdischen Milieu geprägt sind, erhielt u.a. folgende Auszeichnungen:

1986   den Aspekte-Literaturpreis
1992   den Stefan-Andres-Förderpreis
1994   den Nicolas-Born-Preis
1996   die Ehrengabe der Deutschen Schillerstiftung
2000   den Kleist-Preis

2001   den Jeanette-Schocken-Preis
2004   den Koret Jewish Book Award
2004   den Solothurner Literaturpreis
2005   den Spycher-Literaturpreis Leuk
Neben *Eine Liebe aus nichts* veröffentlichte Barbara Honigmann außerdem:
Das singende, springende Löweneckerchen, Berlin 1979
Der Schneider von Ulm. Don Juan, Berlin 1981
Roman von einem Kinde, Darmstadt 1986
Soharas Reise, Berlin 1996
Am Sonntag spielt der Rabbi Fußball, Heidelberg 1998
Damals, dann und danach, München [u.a.] 1999
Alles, alles Liebe!, München [u.a.] 2000
Ein Kapitel aus meinem Leben, München [u.a.] 2004
*Das Gesicht wiederfinden. Über Schreiben, Schriftsteller
und Judentum* (Essays) München 2006

Quelle: *Barbara Honigmann,* http://de.wikipedia.org

Intertexte

A. Zu Johann Wolfgang von Goethes „Ginkgo Biloba" (1815)

Das Gedicht als Teil des West-östlichen Divans

„Im September 1815 gab Goethe einer geliebten Freundin ein Blatt des Ginkgo-
Baumes als Symbol seiner liebenden Zuneigung: dieses Blatt ,von Osten ... Giebt
geheimen Sinn zu kosten'. Was wusste Goethe von diesem Ginkgo, der heute Botani-
kern als der älteste Baum der Welt, als Urvater der Bäume gilt?

Goethe hatte Marianne Willemer ein Gedicht gewidmet, sie erwiderte mit einem
Gedicht, und es entstand ein Wechselgesang. Drei Gedichte von ihr nahm Goethe in
seinen *West-östlichen Divan* auf, ohne ihre Verfasserschaft zu erwähnen."

Aus: Siegfried Unseld, *Goethe und der Ginkgo: Ein Baum und ein Gedicht.* Insel Verlag Frankfurt am
Main und Leipzig 1998, S. 7.

Die Geschichte des Baumes

„Der Ginkgo ist ein robuster Baum, widerstandsfähig, keine Schädlinge wagen sich an
ihn. Er ist anspruchslos gegenüber dem Klima. Er kann bei entsprechendem Alter
vierzig Meter hoch werden. Vielleicht ist der Ginkgo, dieser Fächerblattbaum, wirklich
die älteste Baumpflanze unseres Kosmos. Forschern geben seiner Geschichte über drei-

hundert Millionen Jahre. Da ist von der Trias, der Jura- und Kreidezeit die Rede, dann vom Tertiär. Schon vor etwa 60 Millionen Jahren, also längst bevor die ersten Menschen die Erde betraten, existierte er. [...] Im Pliozän, kurz vor der Eiszeit, also vor einer Million Jahren, war der Ginkgo im Gebiet um das heutige Frankfurt am Main vertreten, da allerdings das letzte Mal in Europa. Er rettete sich als einzige von vielen Arten nach dem wärmeren Ostasien. [...] Erst vor 250 Jahren kam der Ginkgo wieder nach Europa. Einen großen Anteil an dieser Rückkehr hatte der Deutsche Engelbert Kaempfer (1651–1716), der als neuerer Entdecker des Ginkgo-Baumes gilt; er bereiste im Auftrag der niederländischen Ostindischen Companie mehrere Gebiete Ostasiens."

Aus: Siegfried Unseld, *Goethe und der Ginkgo: Ein Baum und ein Gedicht*. Insel Verlag Frankfurt am Main und Leipzig 1998, S. 8ff.

Was ist botanisch das Besondere am Ginkgo?

„Der Baum ist nicht klassifizierbar. Es gibt mehrere Besonderheiten. Der Ginkgo ist ein Fächerblattbaum. Er gehört nicht in die Familie der Nadelhölzer und nicht in die der Laubhölzer. Er stellt eine eigene Familie mit sehr vielen fossilen Arten dar. Auffällig ist vor allem die ungewöhnliche Blattform, eben der Fächer: Im Umriss ist das Blatt dreieckig-fächerförmig; an der Vorderkante sind die Fächerblätter stärker gewellt oder gebuchtet, vorn in der Regel tiefer eingeschnitten, so dass das Blatt zweilappig erscheint. Der Blattstiel ist lang, und es gibt keine mittlere Rippe, sondern zwei Seitenrippen.

Man kann beobachten, dass diese Blattgestalt unterschiedlich ist, ein Ginkgozweig hat Lang- und Kurztriebe, bei den Langtrieben sind die Blätter weiter voneinander entfernt und zeigen die typische zweilappige Form, bei den Kurztrieben stehen sie eng zueinander und sind meist ohne diesen Einschnitt. Der Ginkgo beginnt im Mai zu grünen, er ist ein sommergrüner Baum. Der Ginkgo Biloba ist eingeschlechtlich, d.h., ein Baum ist entweder männlich oder weiblich, so dass die Botanik von Zweihäusigkeit spricht. Herr Ginkgo und Frau Ginkgo leben getrennt und entwickeln ihre Keimzellen auf verschiedenen Bäumen. [...]

Der Ginkgo wurde insbesondere durch die Form des geteilten Blattes und durch seine Zweihäusigkeit zum Sinnbild des dialektischen Yin und Yang, des weiblichen und männlichen Prinzips, von Freud und Leid, Leben und Tod."

Aus: Siegfried Unseld, *Goethe und der Ginkgo: Ein Baum und ein Gedicht*. Insel Verlag Frankfurt am Main und Leipzig 1998, S. 15ff.

Der Ginkgo in der deutschsprachigen Literatur und Kultur

Seit Goethes „Ginkgo Biloba" ist der Ginkgo ein häufig aufgenommenes Motiv in der deutschsprachigen Literatur, von zahllosen Ginkgo-Gedichten über fiktionale Goethe-Biografien bis in zu Johannes Mario Simmels populärem Roman „Und Jimmy ging zum Regenbogen". Nach 1989 und damit der Öffnung des kulturellen Raumes Weimar nach Westen entstand geradezu ein Ginkgo-„Kult", der sich bis heute darin niederschlägt, dass Ginkgo-Blätter als Schmuckstücke in nahezu jedem Juweliergeschäft zu kaufen sind und sich als Dekoration auf Briefpapier, Geschirr oder Tischdecken finden.

Eins von vielen Beispielen für Ginkgo-Gedichte ist das folgende von Peter Härtling:

An den Ginkgo vor der Tür
Wenn ich hinaus geh
vor die Tür,
geh
und den seltenen Baum –
dass ich Eins und doppelt bin –,
den ich vor Jahren
gepflanzt habe,
betrachte,
den Ginkgo
(bei Sabine L. las ich,
er werde New York überdauern,
diese Stadt),
dann frage ich mich
oder frage ihn:
Baum,
warum hältst du
den Frühling hinaus?
Baum,
warum überlässt du
den Sommer andern?
Baum,
warum überwinterst du
leichter als ich
und nimmst mein
Gedicht vorweg.
Du bist
schlau,
Baum.
   (1977)

Aus: Peter Härtling, *Anreden. Gedichte.* Verlag Kiepenheuer & Witsch, Köln 2000.

B. Friedrich Hölderlin, „Die Liebenden" / „Der Abschied"

Das Gedicht, aus dem der Vater der Ich-Erzählerin im Wortlaut leicht abgewandelt in seinem Brief zitiert, existiert in vier verschiedenen Fassungen. Wir zitieren im folgenden „Die Liebenden" und die dritte und letzte Fassung von „Der Abschied" (1800).

Die Liebenden

Trennen wollten wir uns, wähnten es gut und klug;
Da wir's taten, warum schröckt' uns, wie Mord, die Tat?
Ach! wir kennen uns wenig,
Denn es waltet ein Gott in uns.

Der Abschied

Trennen wollten wir uns? wähnten es gut und klug?
Da wir's taten, warum schröckte, wie Mord, die Tat?
Ach! wir kennen uns wenig,
Denn es waltet ein Gott in uns.

Den verraten? ach ihn, welcher uns alles erst,
Sinn und Leben erschuf, ihn, den beseelenden
Schutzgott unserer Liebe,
Dies, dies *eine* vermag ich nicht.

Aber anderen Fehl denket der Weltsinn sich,
Andern ehernen Dienst übt er und anders Recht,
Und es listet die Seele
Tag für Tag der Gebrauch uns ab.

Wohl! ich wusst es zuvor. Seit die gewurzelte
Ungestalte, die Furcht Götter und Menschen trennt,
Muss, mit Blut sie zu sühnen,
Muss der Liebenden Herz vergehn.

Lass mich schweigen! o lass nimmer von nun an mich
Dieses Tödliche sehn, dass ich im Frieden doch
Hin ins Einsame ziehe,
Und noch unser der Abschied sei!

Reich die Schale mir selbst, dass ich des rettenden
Heil'gen Giftes genug, dass ich des Lethetranks
Mit dir trinke, dass alles,
Hass und Liebe, vergessen sei!

215

Hingehn will ich. Vielleicht seh ich in langer Zeit
Diotima! dich hier. Aber verblutet ist
Dann das Wünschen und friedlich
Gleich den Seligen, fremde gehn

Wir umher, ein Gespräch führet uns ab und auf,
Sinnend, zögernd, doch itzt mahnt die Vergessenen
Hier die Stelle des Abschieds,
Es erwarmet ein Herz in uns,

Staunend seh ich dich an, Stimmen und süßen Sang,
Wie aus voriger Zeit, hör ich und Saitenspiel,
Und die Lilie duftet
Golden über dem Bach uns auf.

C. Rainer Maria Rilke, „Der Auszug des verlorenen Sohnes" (1907)

Der Auszug des verlorenen Sohnes
Nun fortzugehn von alle dem Verworrnen,
das unser ist und uns doch nicht gehört,
das, wie das Wasser in den alten Bornen,
uns zitternd spiegelt und das Bild zerstört;
von allem diesen, das sich wie mit Dornen
noch einmal an uns anhängt – fortzugehn
und Das und Den,
die man schon nicht mehr sah
(so täglich waren sie und so gewöhnlich),
auf einmal anzuschauen: sanft, versöhnlich
und wie an einem Anfang und von nah
und ahnend einzusehn, wie unpersönlich,
wie über alle hin das Leid geschah,
von dem die Kindheit voll war bis zum Rand –:
Und dann noch fortzugehen, Hand aus Hand,
als ob man ein Geheiltes neu zerrisse,
und fortzugehn: wohin? Ins Ungewisse,
weit in ein unverwandtes warmes Land,
das hinter allem Handeln wie Kulisse
gleichgültig sein wird: Garten oder Wand;
und fortzugehn: warum? Aus Drang, aus Artung,
aus Ungeduld, aus dunkler Erwartung,

aus Unverständlichkeit und Unverstand:
Dies alles auf sich nehmen und vergebens
vielleicht Gehaltnes fallen lassen, um
allein zu sterben, wissend nicht warum –
Ist das der Eingang eines neuen Lebens?

D. Zu Johann Wolfgang Goethes *Egmont* (1788)

Die Premiere von „Egmont" und der auf die Premierenfeier folgende Tagesanbruch markieren in „Eine Liebe aus nichts" den Aufbruch der Ich-Erzählerin in ein neues Leben und ihre Entscheidung, Berlin den Rücken zu kehren. Die Referenz auf „Egmont" unterstreicht zum einen, dass sie sich nach einem von gesellschaftlichen, politischen und religiösen Zwängen freien, sorglosen und leichten Dasein sehnt, und zum anderen, dass in dieser Sehnsucht und ihrer Erfüllung der Bruch mit der Väter-Generation immer schon implizit ist. Der erste Akt „Egmonts", in dem der Graf gespiegelt durch die Einschätzung verschiedener Personen vorgestellt wird, nimmt die ambigen Urteile vorweg, die die Kollegen des Berliner Theaters über Alfried und später über sie selbst fällen.

Das Egmont-Bild bei Goethe:

„[Die Gesamtgestalt des Trauerspiels] ist von Anfang an bestimmt durch das Egmont-Bild, das Goethe in freier Abwandlung der Historie und der Quellen [...] konzipiert, wobei er sich im übrigen an deren Schilderung der Vorgänge eng anlehnt. In Goethes Gestaltung erscheint das [...] Selbstbewusst-Freie, Sorglose und Tolerante einer überaus gewinnenden *„großen Natur"* uneingeschränkt durch die realen Lebensumstände des historischen Grafen Egmont, dessen todbringender Verzicht auf ein Ausweichen vor der Gewalt mehr von der Sorge des Familienvaters, der seine Güter nicht verlassen wollte, als von dieser *„Natur"* diktiert worden war. [...] Vertrauensvolle Sorglosigkeit ist in allen [...] Begegnungen Egmonts hervorstechender Charakterzug. Den Mittel- und Höhepunkt des zweiten Akts bildet Egmonts berühmte Selbstrechtfertigung, zu der ihn die Warnungen des Sekretärs herausfordern: *„Kind! Kind! Nicht weiter ..."* Unmittelbar auf dieses fast berauschte Bekenntnis zur eigenen Kraft und Freiheit folgen die Warnungen seines Freundes Oranien."

Aus: *Kindlers Neues Literaturlexikon in 20 Bänden*, Hg. Walter Jens, München: Kindler 1988, Bd. 6, S. 454f.

Informationen zum Judentum in Deutschland

Die folgenden Texte sind übernommen von der offiziellen Website des Zentralrats der Juden in Deutschland unter http://www.zentralratjuden.de.

A. Organisation Jüdischer Gemeinden in Deutschland –
Geschichte des Zentralrats der Juden

Obwohl Historiker davon ausgehen, dass Juden seit dem dritten Jahrhundert in dem heute als Deutschland bezeichneten Gebiet lebten, gab es bis ins 19. Jahrhundert nie einen überregionalen Zusammenschluss. Erst am 29. Juli 1869 konstituierte sich in Leipzig eine überregionale jüdische Organisation: *der Deutsch-Israelitische Gemeindebund.* Die Gründungsversammlung bezeichnet den Kampf für die rechtliche Gleichstellung der Juden als Hauptaufgabe der Vereinigung. Daneben bestand seit 1893 der in Berlin gegründete *Central-Verein deutscher Staatsbürger jüdischen Glaubens (CV).* Im Jahre 1927 zählte der *CV* etwa 70 000 Einzelmitglieder, die in 21 Landesverbänden zusammengeschlossen waren. 1904 formierte sich der *Verband der deutschen Juden.*

Bis 1933 gab es jedoch niemals eine einheitliche jüdische Organisation. Kurz nach der Machtübernahme der Nationalsozialisten bildete sich der *Zentralausschuss der deutschen Juden für Hilfe und Aufbau.* Daraus ging am 17. September 1933 die *Reichsvertretung der deutschen Juden* hervor. Zum ersten Präsidenten des Zentralausschusses der Juden wurde Rabbiner Leo Baeck gewählt. Im Rahmen der Nürnberger Rassegesetze musste der Name der Reichsvertretung auf Anordnung der Naziregierung im Juli 1939 in *Reichsvereinigung der Juden in Deutschland* abgeändert werden. Die Reichsvereinigung stand unter direkter Kontrolle der Geheimen Staatspolizei (Gestapo). Am 10. Juli 1943 wurde die Geschäftsstelle in Berlin geschlossen, die Reichsvereinigung aufgelöst, das Vermögen beschlagnahmt und die verbliebenen Mitarbeiter deportiert.

Vor der Schoa lebten in Deutschland zwischen 500 000 und 600 000 Juden. Bei einer Volkszählung am 16. Juni 1933 wurden – mit Blick auf die Ausgrenzung und Vernichtung jüdischen Lebens – genau 502 799 Personen als „Juden" gelistet. Sechs Jahre später hatte sich die Zahl aufgrund von Emigration und Vertreibung auf 215 000 mehr als halbiert. 1941, zu Beginn der Deportation in die Vernichtungslager, hatte sich die Zahl der „deutschen Juden" noch einmal auf 163 696 verringert, eine danach vorgenommene Erhebung am 1. April des Jahres 1943 führt nur noch 31 897 Jüdinnen und Juden auf. Von den rund 15 000 noch in Deutschland lebenden Juden zu Kriegsende dürfte etwa ein Drittel die nationalsozialistische Verfolgung in der Illegalität überlebt haben. [...]

Die Zuwanderung für Juden aus den Ländern der ehemaligen Sowjetunion wurde bis zum 31. Dezember 2004 durch das Kontingentflüchtlingsgesetz geregelt. Dieses wurde am 1. Januar 2005 von dem neuen Zuwanderungsgesetz abgelöst.

Seit 1989 sind 190 000 Menschen als sogenannte jüdische Kontingentflüchtlinge nach Deutschland gekommen. 80 000 von ihnen konnten in die jüdischen Gemeinden Deutschlands integriert werden.

Eine der Hauptaufgaben des Zentralrats der Juden in Deutschland ist die Integration von jüdischen Zuwanderern aus den Ländern der ehemaligen Sowjetunion in die jüdischen Gemeinden. Zu einen schafft der Zentralrat die Grundvoraussetzungen für die Integration, indem er den Zuwanderern in den jüdischen Gemeinden zahlreiche Sprachkurse anbietet. Zum anderen sorgt der Zentralrat dafür, dass die Menschen an ihre jüdischen Wurzeln und ihren jüdischen Glauben, den sie in ihren Heimatländern jahrzehntelang nicht ausleben konnten, herangeführt werden und vermittelt ihnen mit Hilfe von geschultem Personal oder Rabbinern jüdische Riten und Gebräuche sowie jüdisches Wissen. Nur so wird es gelingen, die Zuwanderer, die bereit sind, Aufgaben und Pflichten zu übernehmen, in die jüdischen Gemeinden einzubinden und sie am Gemeindeleben teilhaben zu lassen. Eine schwierige Aufgabe, der sich der Zentralrat in den kommenden Jahren weiterhin mit Nachdruck stellen muss.

Die Jüdischen Gemeinden in Deutschland haben heute 104 000 Mitglieder.

B. Judentum in der DDR

Bereits kurz nach der Befreiung Berlins durch die Sowjetarmee waren die ersten Juden in die damalige Sowjetische Besatzungszone (SBZ) zurückgekehrt. Viele dieser Rückkehrer wollten mithelfen, ihren Traum von einer sozialistischen Gesellschaftsordnung in Deutschland zu verwirklichen. Allerdings gerieten schon sehr früh bekennende Mitglieder der jüdischen Gemeinde in Konflikt mit der sowjetischen Besatzungsmacht. Die Situation verschärfte sich Anfang der 50er Jahre in der 1949 gegründeten Deutschen Demokratischen Republik, als im Rahmen einer „Säuberungskampagne" in der Sowjetunion, des Field-Prozesses in Budapest sowie des Slansky-Prozesses in Prag auch in anderen Staaten des Warschauer Pakts Juden als „Konterrevolutionäre" und „zionistische Agenten" verfolgt wurden. Einige dieser „Judenknechte", wie die stalinistische Presse sie beschimpfte, wurden nach Schauprozessen in der Sowjetunion hingerichtet oder heimlich ermordet. Viele Juden flohen aufgrund der Repression aus der DDR in die Bundesrepublik.

Nach dem Tod des Parteiführers Josef Stalin am 5. März 1953 endete die Diskriminierung der Juden in der DDR. Polizeiaktionen und Verfolgungen wurden eingestellt, inhaftierte Gemeindemitglieder freigelassen und die Mehrheit der jüdischen Ex-Parteimitglieder rehabilitiert. Die zahlenmäßig kleiner gewordenen Gemeinden erhielten Zahlungen für die Erneuerung der Synagogen, zum Unterhalt eines Altersheims, einer koscheren Metzgerei und für die Instandhaltung des jüdischen Friedhofs in Berlin-Weißensee. Seit 1961 erschien das *Nachrichtenblatt* als Informationsorgan der Jüdischen Gemeinde in der DDR.

In den achtziger Jahren öffnete sich die DDR-Führung weiter, ohne allerdings weiterhin die antisemitischen Vorurteile transportierende israelfeindliche Propaganda einzustellen. Und erst nach der Wende bekannte sich die neue de Maizière-Regierung „zur Mitverantwortung für Demütigung, Vertreibung und Ermordung jüdischer Frauen, Männer und Kinder" und „zu dieser ‚Last der deutschen Geschichte' ".

Auf der zweiten Parlamentssitzung am 12. April 1990 wurde eine Entschuldigung für die „offizielle DDR-Politik gegenüber dem Staat Israel" beschlossen. Die Volkskammermitglieder baten die „jüdischen Mitbürger" für die erlittene Diskriminierung in der DDR um Verzeihung.

1989 zählten die fünf jüdischen Gemeinden in der Deutschen Demokratischen Republik rund 400 Mitglieder, die Mehrzahl, etwa 250, lebte in Ostberlin. Diese Gemeinden wurden 1990 als Mitglieder in den Zentralrat aufgenommen.

C. Judentum in der BRD

Bereits wenige Wochen nach der Befreiung Deutschlands durch die alliierten Truppen bildeten sich jüdische Gemeinden. Ende 1946 betrug deren Zahl 67. Zu den Überlebenden stießen in den ersten Nachkriegsjahren die Remigranten, die aus dem Exil zurückgekehrt waren. Aus vielen Gründen kamen Überlebende der Schoa in das „Land der Täter" zurück. Einigen war das „Gastland" immer fremd geblieben, andere hatten keine Berufsperspektive gefunden. Wieder andere waren auf der Suche nach überlebenden Verwandten zurückgekehrt oder um Entschädigungsansprüche geltend zu machen. Alle hatten durchaus ambivalente Gefühle: Zum einen fühlten sie sich fremd in der „alten" Heimat, zum anderen verschoben sie ihre Abreise immer wieder, bis sie schließlich sesshaft geworden waren, ohne es zu bemerken oder je wirklich gewollt zu haben.

Dazu kamen rund 200 000 Juden aus Osteuropa, die aufgrund des sich anbahnenden „Kalten Krieges" nicht mehr in ihre alte Heimat zurückkehren konnten oder wollten – Displaced People (DPs) wurden sie genannt. Deren Zahl stieg noch deutlich an, als es in Polen zu ersten Pogromen gegen Schoa-Überlebende kam. Als Folge der Pogrome verließen etwa 150 000 Juden Polen und fanden zunächst Zuflucht im Nachkriegsdeutschland. Die Lager und provisorischen Unterkünfte für die DPs waren für die meisten lediglich Durchgangsstation. Nach einer beruflichen Fort- und Weiterbildung wanderten viele nach Israel aus, andere gingen in die Vereinigten Staaten von Amerika, nach Großbritannien oder Lateinamerika.

Anfang der 50er Jahre lebten in der neu gegründeten Bundesrepublik Deutschland nicht mehr als 25 000 Jüdinnen und Juden, Ende 1951 hatte sich die Zahl der jüdischen Gemeindemitglieder nach offiziellen Angaben auf rund 21 500 reduziert. Lediglich aus den „Ostblockstaaten" kamen sporadisch Neumitglieder dazu. Bereits in den siebziger Jahren gab es die erste Einwanderungswelle von Zuwanderern [...] aus der Sowjetunion. Besonders der Berliner Senat hatte sich nach zahlreichen Interventionen des Vorsitzenden der Jüdischen Gemeinde zu Berlin, Heinz Galinski, bereit erklärt, die Zuwanderer aus „humanitären Gründen" unbürokratisch aufzunehmen. Das Tor Westberlin blieb in all den Jahren für jüdische Zuwanderer offen.

Die Zahl der Neumitglieder war aber zunächst gering – bis 1989 waren es etwa

26 000. Erst durch den Zusammenbruch der DDR und die Öffnung der Grenzen änderte sich dies drastisch: Im Dezember 1990, knapp ein Jahr nach der Wende, wurden die fünf Landesverbände aus der ehemaligen DDR in den Zentralrat der Juden in Deutschland aufgenommen.

Derzeit [2005] gehören dem Zentralrat 102 jüdische Gemeinden mit rund 105 000 Mitgliedern an.

Auszüge aus der Sekundärliteratur

A. Ludwig Harig, „Aufbruch in ein neues Leben.
Der Weg der Schriftstellerin Barbara Honigmann"

Barbara Honigmann, 1949 in Ostberlin geboren, ist ein Kind jüdischer Eltern, die nach Kriegsende aus dem englischen Exil nach Deutschland zurückkehrten. Ihr Lebensweg ist als singulärer Lebensweg einer jungen Jüdin beispielhaft für den kollektiven Lebensweg eines ganzen Volkes. Kein anderes Volk als das jüdische hat die qualvollen Lebensstationen der Absonderung und der Vertreibung verhängnisvoller erfahren und dabei Erniedrigungen wie Unterwerfung und Anpassung so geduldig aufgenommen –, kein anderes Volk ist aber auch so beharrlich, mit nie erlahmendem Atem immer wieder zu seinem Ursprung, der geistigen Quelle seiner Herkunft, zurückgekehrt. Diese sprudelnde Quelle ist die Sprache. Ihr Element, das ein sinnvolles Ganzes im Glauben erzeugt, ist das Wort. [...]

Schon in ihren jungen Jahren hat sich Barbara Honigmann mit dem Wort, mit der Sprache, mit der Literatur beschäftigt. Sie trat in die Fußstapfen ihrer Vorväter, studierte Theaterwissenschaft an der Berliner Humboldt-Universität und arbeitete als Dramaturgin und Stückeschreiberin an der Volksbühne und am Deutschen Theater. Ihr Urgroßvater, der als Vierzehnjähriger mit der Bibelübersetzung von Moses Mendelssohn Deutsch gelernt hat, war später Generalsekretär der Schlesischen Eisenbahn, ein liberaler, demokratischer Jude, der Romane und Novellen schrieb und sich zeitlebens mit Schrecken an den versteinerten und autoritären Zustand des Judentums seiner Kindheit erinnerte, ihr Großvater war ein gelehrter Medizinwissenschaftler, wechselte aus dem Judentum in die deutsche Kultur über, gab die Zeitschrift „Hippokrates" heraus, in der er die Medizin im ganzheitlichen Sinn zu erneuern suchte: Noch heute sitzt der Lehrstuhlinhaber für Medizingeschichte der Universität Gießen unter seinem Porträt. Ihr Vater, ein promovierter Journalist, bei dem vom Judentum nichts mehr übriggeblieben war, arbeitete bei der Vossischen Zeitung in Berlin, ging schon vor 1933 als Korrespondent nach London [...]

„Mein Urgroßvater, mein Großvater und mein Vater haben davon geträumt, in der deutschen Kultur zu Hause zu sein," schreibt Barbara Honigmann in einem autobiografischen Essay, „sie haben sich nach ihr gesehnt, sich ihr entgegengestreckt und gereckt und sich unglaublich verrenkt, um sich mit ihr vereinigen zu können. Statt Vereinigung haben sie meistens Ablehnung und Abstoßung erfahren, und meinem Vater ist es dann vergönnt, den endgültigen Untergang der deutsch-jüdischen Geschichte mit eigenen Augen anzusehen." Und sie selbst, die Urenkelin? Sie sitzt an ihrem Schreibtisch und macht es ihren Vorvätern nach: Sie schreibt Bücher und veröffentlicht sie. Da ihr aber die Schriften des Urgroßvaters zu pompös, die des Großvaters zu assimiliert, die des Vaters zu unterwürfig erscheinen, muss sie noch einmal ganz von vorne anfangen. Weil sie als Nachgeborene die Vergeblichkeit des Vorkämpfens und die Niedertracht der Speichelleckerei sozusagen in der eigenen Familie kennengelernt hat, kann sie selbst dergleichen nicht nacheifern.

1984 entschloss sie sich, mit ihrem Mann, dem Historiker, nach Straßburg auszuwandern: Dort wollten sie mit ihren Kindern in einer großen, intakten jüdischen Gemeinde leben. Sie selbst sagt: „Hier bin ich gelandet vom dreifachen Todessprung ohne Netz: vom Osten in den Westen, von Deutschland nach Frankreich und aus der Assimilation mitten in das Thora-Judentum hinein." Und zu ihrem Mann sagte sie: „Eigentlich wissen wir gar nicht mehr so recht, wo wir nun hingehören, aber Peter hat geantwortet: Das ist auch nicht so wichtig, wir gehören eben an unseren Schreibtisch."

So ist Barbara Honigmanns Aufbruch in ein neues Leben zugleich ein Eintritt ins Schreiben, ins Geschriebene. Sie habe nun endlich „richtig" zu schreiben begonnen, meint sie, schreibt von sich selbst, von ihresgleichen. [...]

Das Kunstvolle [ihrer] Prosa, das über einer schlichten, ja schmucklosen Erzählweise leicht übersehen wird, zeigt sich häufig darin, dass Barbara Honigmann unvermittelt vom Nachdenklichen ins Komische, vom vordergründig Witzigen ins hintergründig Ernste überwechselt. Je weiter man in der Lektüre ihrer Bücher fortschreitet, umso tiefer gerät man in Episoden mit gesellschaftlicher Brisanz. Es öffnen sich politische Dimensionen, innerhalb derer sich das alltägliche Treiben als beispielhafte Lebensform erweist.

Und so sei ihr Wohnungswechsel von Berlin nach Straßburg keine Heimkehr ins orthodoxe Judentum gewesen, stellt der Literaturkritiker Michael Braun fest, sondern eine Rückkehr „nach Hause in die Fremde". Sie bleibe damit ein Zeichen für ein ständiges Unterwegssein ohne feste Heimat. Doch darüber spricht Barbara Honigmann nicht gern außerhalb ihres Werks. „Obwohl ich selbst das Jüdische thematisiere und auf meinem jüdischen Leben insistiere, bin ich schockiert, wenn man mich daraufhin anspricht, empfinde es als Indiskretion, Aggression, spüre die Unmöglichkeit, in Deutschland über die ‚jüdischen Dinge' unbelastet, unverkrampft zu sprechen", schreibt sie in ihrem Selbstporträt als Jüdin, „ich reagiere gereizt, die Reaktionen auf beiden Seiten scheinen mir überstark und jedes Wort, jede Geste falsch. Manchmal, eher selten, haben mir auch Deutsche gesagt, dass sie ein Gespräch über Judentum als ebenso quälend und eingeschränkt empfinden. Die gespielte Leichtigkeit derer, die ein bewusstes Judentum nur als einen Tick auffassen, ist allerdings noch schwerer zu ertragen, weil sie mir meine Identität gänzlich abzusprechen scheinen und ihre Unfähigkeit zeigen, ein anderes Leben als das ihre zu ertragen."

Aus: Ludwig Harig, „Aufbruch in ein neues Leben. Der Weg der Schriftstellerin Barbara Honigmann," *Neue Deutsche Literatur: Zeitschrift für Deutschsprachige Literatur*, vol 47 (1) 1999, 154–160.

B. Christina Guenther, "Exile and the Construction of Identity in Barbara Honigmann's Trilogy of Diaspora"

Barbara Honigmann belongs to the first generation of Jewish German-speaking writers raised in a German-language environment after the Holocaust. Her texts, *Roman von einem Kinde*[1] and *Eine Liebe aus nichts*[2] established her as a prominent representative of re-emerging German Jewish writing[3] although she has lived outside of Germany in self-imposed French exile since 1984. During the 1990s, she published four more works, *Soharas Reise, Am Sonntag spielt der Rabbi Fußball, Damals, dann und danach*, and *Alles, alles Liebe*[4] which earned her prestigious German literary prizes, including the Heinrich-von-Kleist prize in 2000.[5] Central to Honigmann's texts is the construction of identity, in which context she critiques the notion of genealogical and geographical origin by translating identity into a hybrid genre, a form of literary self-representation, or autobiographical fiction, located on the borderline between fact and fiction.

Honigmann's three literary autobiographical fictions, *Roman von einem Kinde, Eine Liebe aus nichts*, and *Damals, dann und danach*, which I consider a trilogy of Diaspora, map the coordinates in her lifelong process of claiming, and indeed reinventing, a particular Jewish German identity. Honigmann's texts reflect postmodern theories of identity construction, including the fragmentary nature of identity through explorations of the interplay of memory with historical, cultural, religious, familial, ethnic and gendered categories of identity. Distinctive to her construction of Jewish German identity is the literary exploration of her particular exile experience. Through a self-imposed expatriation (first, from the GDR and then, later, from Germany after re-unification [sic]), returning "nach Hause in die Fremde" (*Roman* 113), Honigmann succeeds in living and integrating what postcolonialists have termed a cultural hybrid's perspective into her construction of identity. Finally, it is through living and writing on the German and Jewish periphery, *am Rande*, that she successfully throws into relief the permeable boundaries of identity categories, namely race, nationality and class, and ethnicity. In this state of "insider's outsidedness,"[6] writing as an East-German Jew living outside of Germany, she destabilizes the notion of a whole identity and explores ethnicity, and Jewishness in particular, "as a culturally constructed concept regulated by specific historical conditions."[7] [. . .]

Honigmann's texts locate her at the nexus of [. . .] two discourses of Jewish Otherness: the first a discourse defined in terms of victimization, genocide and loss (of a Jewish collectivity), the second a discourse of an alternative culture, of cultural difference.

And yet, although Jewishness is a vital and dynamic theme in all her texts and a constitutive feature of her identity, Honigmann hesitates to call herself "eine jüdische Schriftstellerin." Rather, she identifies as a German writer because "die Literatur, die mich geformt und gebildet hat, ist die deutsche Literatur" (*Damals* 18). In her understanding of cultural affiliation, the writer "ist das, was er schreibt, und er ist vor allem die Sprache, in der er schreibt" (*Damals* 18). Earlier in *Damals, dann und danach*, she surmises: "Es klingt paradox, aber ich bin eine deutsche Schriftstellerin, obwohl ich mich nicht als Deutsche fühle und nun auch schon seit Jahren nicht mehr in Deutschland lebe" (17–18). German is for her a linguistic and cultural identity very much connected to the literary culture of her formative years. She readily embraces a specific German literary heritage and observes, with a certain resignation, "kulturell gehöre ich wohl doch zu Deutschland" (*Damals* 17). [. . .]

If in her first work [*Roman von einem Kinde*] Honigmann probes the preparatory stages of exile, her second autobiographical fiction, *Eine Liebe aus nichts* (1991), charts the process of migration, the experience of *Unbehaustheit*, the state of limbo. The protagonist/narrator of *Eine Liebe aus nichts* seems to inhabit a melancholic "in-between" space on the margins of both non-secular Jewish and German national cultures, where the state of limbo is disconcerting rather than liberating. Having initially attempted to construct an identity based on an inherited past, the protagonist/narrator soon realizes that her assimilated Jewish-German father's heritage has all but vanished: it has, in fact, been erased. All the vestiges of her forefathers in Hessen have disappeared: "Meine Herkunft von dort war ganz unsichtbar geworden" (68). Not even her geographical and temporal journeys help her reconstruct it. Moreover, her mother's Eastern European heritage becomes linguistically altogether inaccessible to her when her mother abandons Germany and the German language upon returning to Sofia and her mother tongue. Both mother and daughter eventually lose even the ability to communicate with one another effectively. In her own quest for a homeland, she resigns herself to the fact that "Ellis Island ist meine Heimat" (57). The realization may initially be marked negatively, yet Ellis Island[8]—as in-between site of migration in a new world—also signals the promise and potential of a fresh start, a site symbolizing the threshold between past and future, departure and arrival, the liminal space and time before decisions are made and the future can begin.[9] At the same time, Ellis Island represents "exile as archetypal, as part of human impermanence—in short, the *condition humaine*."[10] Thus the protagonist/narrator realizes in her search for a Jewish identity and tradition that excavating her geographical origins has led her to a dead-end. Without a past for her, Ellis Island becomes both a fresh reality and a new site for remembering and reconstructing a past that had seemed no longer accessible with the passing of her parents.

The melancholy in-betweenness, the nomad's existence of *Eine Liebe aus nichts* advances to productive transcultural encounter in Honigmann's third autobiographical fiction, *Damals, dann und danach* (1999). [. . .]

In the changing Jewish discourse, Barbara Honigmann's texts, her Diaspora trilogy, written at the end of the 20th century between 1986 and 1999, show the impossibility of becoming a spokesperson for an (imagined) whole Jewish community. Rather than reconstructing a static category of Jewishness that reinforces geographical origin as the only point of departure for identity, Honigmann's trilogy-narrator engages in a literature of singular, or unique, resistance. In her experience of Diaspora, national, geographical and even genealogical and religious categories of identification give way to the individual experience that nevertheless depicts a collective Jewish community. In fact, she privileges diasporic consciousness, a consciousness of a Jewish collective as one sharing space with others and able to acknowledge and respect (cultural, national, linguistic, even religious) differences.[11] Her autobiographical texts ensure a complex continuity of Jewish identity surviving the time between the past, present and future of Jewish identity. With her Diaspora trilogy, Honigmann creates a distinctly Jewish identity quite clearly unique to her.

Notes

1. *Roman von einem Kinde* (Frankfurt: Luchterhand, 1986). Further references in the text will be given as *Roman*.

2. *Eine Liebe aus nichts* (Berlin: Rowohlt, 1991).

3. For an extensive discussion of a post-Wall Jewish German renaissance see *Reemerging Jewish Culture in Germany*, eds. Sander L. Gilman & Karen Remmler (New York: New York UP, 1994), Sander L. Gilman. *Jews in Today's German Culture* (Bloomington: Indiana UP, 1995), *Insiders and Outsiders: Jewish and Gentile Culture in Germany since 1989*, eds. Dagmar Lorenz & Gabriele Weinberger (Detroit: Wayne State UP, 1994), *Modern Austrian Literature* 27.3/4 (1994)—Special Issue devoted to Jewish authors and themes. Thomas Nolden. *Junge jüdische Literatur: konzentrisches Schreiben in der Gegenwart* (Würzburg: Königshausen & Neumann, 1995), *Jews in German Literature since 1945: German-Jewish Literature?* ed. Pól O'Dochartaigh (Amsterdam: Rodopi, 2000), *German Quarterly 2000*, and *New German Critique* 70 (Winter 1997). For a useful discussion of Barbara Honigmann and German Jewish writing in the context of multiculturalism in Germany after the *Wende* see *Schreiben zwischen den Kulturen: Beiträge zur deutschsprachigen Gegenwartsliteratur*, ed. Paul Michael Lützeler (Frankfurt: Fischer, 1996).

4. *Soharas Reise* (Berlin: Rowohlt, 1996), *Am Sonntag spielt der Rabbi Fußball: Kleine Prosa* (Heidelberg: Wanderhorn, 1998), *Damals, dann und danach* [(München: Carl Hanser, 1999) further references will be given as *Damals*], and *Alles, alles Liebe!* (München: Carl Hanser, 2000).

5. She received the Aspekte-Preis 1986, Preis der Autorenstiftung 1986, Stefan-Andres-Preis 1992, Nikolaus-Born-Preis 1994 and Ehrengabe der Schillerstiftung 1996.

6. Homi Bhaba, "Unpacking My Library Again," *Journal of Midwest Modern Language Association* 28.1 (Spring 1995): 14.

7. In *Writing Outside the Nation* (Princeton: Princeton University Press, 2001), Azade Seyhan points out that in her study "ethnicity . . . does not refer to a stable ethnic identity but rather to a culturally constructed concept regulated by specific historical conditions" (19).

8. In his article "Barbara Honigmann: A Preliminary Assessment" (*Insiders and Outsiders*, see endnote 3), Guy Stern draws attention to Honigmann's integration of tropes and symbols, e.g., Ellis Island, the Odyssey, as an "eerie holdover from earlier exile writings" (338–339). He thus concludes that she connects with earlier Jewish and political exile writing, including the disrupted lives of the 1930s and 1940s in particular.

9. Compare with Amy Colin's discussion of exile and emigration in *Eine Liebe aus nichts* in "Multikulturalismus und das Prinzip der Anerkennung in der zeitgenössischen deutsch-jüdischen Literatur" (*Schreiben zwischen den Kulturen*: 178–180). Colin problematizes how the narrator's necessary and self-imposed exile or *Ausgrenzung*, cast initially in negative then positive terms, reflects the efforts on the part of the Second Generation to define themselves.

10. Honigmann, quoted by Stern 339.

11. Daniel Boyarin and Jonathan Boyarin, "Diaspora: Generation and the Ground of Jewish Identity," in *Identities,* eds. Kwame Anthony Appiah and Henry Louis Gates, Jr (Chicago: U of Chicago P, 1995). Compare with Boyarin and Boyarin's suggestion that "living Jews may have a particular contribution to make [regarding the construction of identity] . . . especially in the experience of Diaspora that has constrained Jews to create forms of community that do not rely on one of the most potent dangerous myths—the myth of autochthony" (309). By problematizing "claims to autochthony and indigenousness as the material base of Jewish identity" via a diasporic model that replaces national self-determination, Boyarin and Boyarin suggest that an Israel that reimports diasporic consciousness—a consciousness of a Jewish collective as one sharing space with others, devoid of exclusivist and dominating power—is the only Israel that could answer . . . [the somewhat utopian] call for a species-wide care without eradicating cultural difference" (326).

Aus: Christina Guenther, "Exile and the Construction of Identity in Barbara Honigmann's Trilogy of Diaspora," *Comparative Literature Studies*, vol. 40 (2) 2003, 242–265.

C. Petra Günther, „Einfaches Erzählen?
Barbara Honigmanns ‚Doppeltes Grab' "

Nachdem Barbara Honigmann als Theaterautorin nur geringe Erfolge zu verzeichnen hatte – die Aufführungen ihrer Stücke in der BRD ernteten fast einhellig Verrisse – , gelang ihr 1986 mit *Roman von einem Kinde* der Durchbruch. Der schmale Prosaband, für den Barbara Honigmann den *aspekte*-Literaturpreis erhielt, umfasst neben der titelgebenden Erzählung fünf weitere, kürzere Texte. Die thematische Klammer der bis auf eine Ausnahme in der Ich-Form gehaltenen Prosastücke bildet die Identitätssuche einer jungen Frau, die durch die Geburt ihres Kindes ausgelöst wird. Wichtige Stationen in diesem Prozess sind die (Rück-)Wendung zu einem gelebten, gläubigen Judentum, die Abkehr von der DDR, die Ankunft im Land der Emigration. Einheit jedoch verleiht den einzelnen Texten, so Marcel Reich-Ranicki in seiner Laudatio zur

Verleihung des *aspekte*-Literaturpreises, erst der „Stil, die Sprache der Autorin". Und er fährt fort: „Das ist ein merkwürdiger Stil. Es ist beinahe – jedenfalls stellenweise – unbeholfener Stil"[1]. In seiner für die FAZ [*Frankfurter Allgemeine Zeitung*] and law geschriebenen Rezension von *Roman von einem Kinde* spricht er mit Bezug auf Barbara Honigmanns Stil von „kaum zu überbietender Schlichtheit"[2] und setzt damit den Ton für weitere zahlreiche Besprechungen. [...] „Schlichtheit" spricht Esther Röhr auch Barbara Honigmanns zweiter Prosaveröffentlichung, *Eine Liebe aus nichts*, zu.[3]

Nun ist das Adjektiv „schlicht", wie auch die bedeutungsverwandten Attribute „einfach" und „naiv", eine *vox media*, die sich semantisch sowohl positiv als auch negativ aufladen lässt. Die Tatsache, dass das Wort von der Schlichtheit prominent in Preisreden figuriert, verweist auf die hier gemeinte positive Konnotation des Begriffs. Zur Verdeutlichung spricht Marcel Reich-Ranicki von „einer Naivität der höheren Art"[4]. Im gleichen Sinne preist Uta-Maria Heim an *Eine Liebe aus nichts* „diese um sich selbst wissende Naivität"[5]. Die ins Auge springende Einfachheit des Honigmannschen Erzählstils sowohl in ihrem Erstling als auch in ihren nachfolgenden Büchern wird von den Rezensenten als bewusst eingesetzt begriffen, als „Ergebnis hocharchistischer Anstrengung". In Zeitungsporträts über die Autorin ist dann die Rede von „deutlicher Kunstsprache"[6], von „geformte[n] Kunstgebilde[n]"[7]. [...]

Neben der überwiegend positiven Bewertung des Einfachen in der Schreibweise Honigmanns finden sich vereinzelt auch ablehnende Stimmen. Ursula Homann stört an *Roman von einem Kinde* „die allzu gewollt wirkende künstliche Naivität des Erzählstils"[8], Joachim Kaiser an *Eine Liebe aus nichts* „die ein wenig gekünstelte Schlichtheit". Er charakterisiert Honigmanns Erzählstil als „maniriert simpel" und empfindet ihn als „kalkulierte Einfachheitspose"[9]. Bei aller Divergenz im Urteil treffen sich Lobreden und Verrisse in zwei Punkten: Bezugspunkt ihrer Kritik ist jeweils die auffällig einfach gehaltene Sprachform in den Texten Honigmanns, und beide Kritikergruppen unterstellen der Autorin, dass diese Einfachheit „[nicht] schlicht naturwüchsig" sei, sondern gemacht, gewollt, konstruiert – „hart erarbeitet" bzw. kalkuliert. Und noch in einem dritten Punkt konvergieren die Rezensionen: Sie allesamt *behaupten*, die Schlichtheit in den Erzählungen Barbara Honigmanns sei konstruiert, ohne diese – keineswegs von der Hand zu weisende – These zu *belegen*. Eine genauere erzähltechnische Analyse hätte also danach zu fragen, mit Hilfe welcher kompositorischer Prinzipien und sprachlicher Mittel der Eindruck des Einfachen erzeugt wird, und dadurch dem Grund auf die Spur zu kommen, warum diese Schlichtheit überzeugt oder etwa doch aufgesetzt erscheint.

Notes

1. Marcel Reich-Ranicki, „Begründung, Barbara Honigmann mit dem *aspekte*-Literaturpreis 1986 auszuzeichnen," *10 Jahre aspekte-Literaturpreis 1978–1988*. Mainz: ZDF-Schriftenreihe, 1988, 57.

2. Marcel Reich-Ranicki, „Es ist so schön, sich zu fügen. Hinwendung zum Mystizismus – ein Generationssymptom? Die Prosa der Barbara Honigmann," *Frankfurter Allgemeine Zeitung*, 25. Oktober 1986.

3. Esther Röhr, „Kein Weg, kein Ort," *Frankfurter Rundschau*, 6. Juli 1991.

4. Marcel Reich-Ranicki, „Es ist so schön, sich zu fügen."

5. Uta-Maria Heim, „Die Waffen der Einfachheit. Barbara Honigmanns *Eine Liebe aus nichts*," *Stuttgarter Zeitung*, 16. August 1991.

6. Jan-Schulze Ojala, „Falsche Fährten. Fremde Nähe. Ein Ich ohne Namen: Gespräch und Lesung mit der Autorin Barbara Honigmann," *Der Tagesspiegel*, 1. Juni 1991.

7. Leonore Schwartz, „Zu Hause im ewigen Widerstreit leben. Die Erzählerin Barbara Honigmann im Gespräch," *Kölner Stadt-Anzeiger*, 21. August 1991.

8. Ursula Homann, [o.T. (ohne Titel)], *Deutsche Bücher*, 17 (1987), 104f.

9. Joachim Kaiser, „Sanfter Sog der Apathie. Barbara Honigmanns Roman *Eine Liebe aus nichts*," *Süddeutsche Zeitung*, 30./31. März – 1. April 1991.

Aus: Petra Günther, „Einfaches Erzählen? Barbara Honigmanns ‚Doppeltes Grab'," *Jews in German Literature since 1945: German-Jewish Literature?*, ed. Pól O'Dochartaigh. Amsterdam: Rodopi, 2000, 123–137.

Auswahlbibliografie weiterführender Texte

Arndt, Siegfried Th. und Helmut Eschwege, Peter Honigmann, Lothar Mertens. *Juden in der DDR. Geschichte, Probleme, Perspektiven*. O.O. [ohne Ortsangabe] 1988.

Burgauer, Erica. *Zwischen Erinnerung und Verdrängung. Juden in Deutschland nach 1945*. Reinbek bei Hamburg: Rowohlt 1993.

Chédin, A. Renate. "Nationalität und Identität: Identität und Sprache bei Lea Fleischmann, Jane E. Gilbert und Barbara Honigmann." In *Jews in German Literature since 1945: German-Jewish Literature?*, ed. Pól O'Dochartaigh. Amsterdam: Rodopi, 2000. 139–151.

Collins, Amy. "Multikulturalismus und das Prinzip der Anerkennung in der zeitgenössischen deutsch-jüdischen Literatur." In *Schreiben zwischen den Kulturen: Beiträge zur deutschsprachigen Gegenwartsliteratur*, ed. Paul Michael Lützeler. Frankfurt: Fischer 1996.

Dubrowska, Malgorzata. "Jüdinnen auf Wanderschaft: Frauengestalten im literarischen Schaffen Barbara Honigmanns." *Roczniki Humanistyczne: Annales de Lettres et Sciences Humaines/Annals of Arts* 2000; 48 (5): 73–86.

Feinberg, Anat. "Abiding in a Haunted Land: The issue of *Heimat* in Contemporary German-Jewish Writing." *New German Critique* 70 (Winter 1997): 161–181.

Fiero, Petra. "Identitätsfindung und Verhältnis zur deutschen Sprache bei Chaim Noll und Barbara Honigmann." *GDR Bulletin* 24 (Spring 1997): 59–66.

Fries, Marilyn Sibley. "Text as Locus, Inscription as Identity: On Barbara Honigmann's *Roman von einem Kinde.*" *Studies in Twentieth-Century Literature* 14 (2) (Summer 1990): 175–193.

Gilman, Sander L. *Jews in Today's German Culture.* Bloomington: Indiana University Press, 1995.

—— and Hartmut Steinecke, eds. *Deutsch-jüdische Literatur der neunziger Jahre. Die Generation nach der Shoah. Beiträge des internationalen Symposiums 26.–29. November 2000 im Literarischen Colloquium Berlin-Wannsee / Beihefte zur Zeitschrift für deutsche Philologie 11.* Berlin: Erich Schmidt Verlag, 2002.

Grundler-Whitacre, Karin Elisabeth. "'Islands in a Sea of Exile': The Life and Works of Writer and Painter Barbara Honigmann." *Abstracts International, Section A: The Humanities and Social Sciences* 63 (3) (September 2002): 959.

Huml, Ariane and Monika Rappenecker, eds. *Jüdische Intellektuelle im 20. Jahrhundert: Literatur- und kulturgeschichtliche Studien.* Würzburg: Königshausen und Neumann, 2003.

Klaedtke, Uta. "Erinnern und erfinden: DDR-Autorinnen und 'jüdische Identität': Hedda Zinner, Monika Maron, Barbara Honigmann." In *Jüdische Intellektuelle im 20. Jahrhundert: Literatur- und kulturgeschichtliche Studien,* eds. Ariane Huml and Monika Rappenecker. Würzburg: Königshausen und Neumann, 2003. 249–274.

Lappin, Elena, ed. *Jewish Voice, German Words: Growing up Jewish in Postwar Germany and Austria.* Translated by Krishna Winston. North Haven, CT: Catbird Press, 1994.

Lorenz, Dagmar and Gabriele Weinberger, eds. *Insiders and Outsiders: Jewish and Gentile Culture in Germany since 1989.* Detroit: Wayne State University Press, 1994.

Lützeler, Paul Michael, ed. *Schreiben zwischen den Kulturen: Beiträge zur deutschsprachigen Gegenwartsliteratur.* Frankfurt: Fischer, 1996.

Nolden, Thomas. *Junge jüdische Literatur: konzentrisches Schreiben in der Gegenwart.* Würzburg: Königshausen und Neumann, 1995.

O'Dochartaigh, Pól, ed. *Jews in German Literature since 1945: German-Jewish Literature?* Amsterdam: Rodopi, 2000.

Peck, Jeffrey M. "Telling Tales of Exile, (Re)writing Jewish Histories: Barbara Honigmann and Her Novel, *Soharas Reise.*" *German Studies Review* 24 (3) (October 2001): 557–569.

Reich-Ranicki, Marcel. "Barbara Honigmanns Skizzen und Etüden." In *Über Ruhestörer. Juden in der deutschen Literatur.* München: dtv, 1991. 191–196.

Renneke, Petra. "Erinnerte Kindheit im Labyrinth der Sprache: Barbara Honigmanns Roman 'Alles, alles Liebe!'" *Weimarer Beiträge: Zeitschrift für Literaturwissenschaft, Ästhetik und Kulturwissenschaften* 50 (2) (2004), 242–265.

Schoppmann, Claudia, ed. *Im Fluchtgepäck die Sprache: Deutschsprachige Schriftstellerinnen im Exil.* Berlin: Orlanda Frauenverlag, 1991.

Schruff, Helene. *Wechselwirkungen. Deutsch-jüdische Identität in erzählender Prosa der "Zweiten Generation."* Hildesheim: Olms, 2000.

Stern, Guy. "Barbara Honigmann: A Preliminary Assessment," *Insiders and Outsiders: Jewish and Gentile Culture in Germany since 1989,* eds. Dagmar Lorenz and Gabriele Weinberger. Detroit: Wayne State University Press, 1994. 338–339.

Vokabelindex

The following index contains all of the glossed words from *Eine Liebe aus nichts*. It also contains the words for the discussion of relationships from page 166.

Abbreviations in English

abbr.	abbreviation
arch.	archaic
colloq.	colloquial
dat.	dative
gen.	genitive
idiom.	idiomatic
lit.	literally
o.s.	oneself
pej.	pejorative
pl.	plural
sb.	somebody
sg.	singular
sth.	something

Abbreviations in German

Akk.	Akkusativ
Dat.	Dativ
etw.	etwas
Gen.	Genitiv
jm.	jemandem
jn.	jemanden

A

etw. ab·brechen (bricht ab; brach ab, abgebrochen)   to break with sth.

das **Abenteuer, -**   adventure

ab·fallen (fällt ab; fiel ab, ist abgefallen)   to drop off

abfällig   disparaging, derisive

sich mit etw. ab·finden (fand ab, abgefunden)   to come to terms with sth.

abgöttisch verehren   to idolize, worship like a god

abhanden kommen (kam, ist gekommen)   to get lost; jm. ist etw. abhanden gekommen   sb. has lost sth.

ab·heben (hob ab, abgehoben): das Telefon ab·heben   to answer the phone

ab·klappern *(colloq.)*   to scour, to comb

ab·laufen (läuft ab; lief ab, ist abgelaufen)   to expire, to pass (time)

ab·schlagen (schlägt ab; schlug ab, abgeschlagen)   *here:* to refuse

ab·schneiden (schnitt ab, abgeschnitten)   to cut off

die **Abschweifung, -en**   digression

der **Absender, -**   sender, return address

ab·sondern   to separate, isolate

die **Absperrung, -en**   barrier, cordon

ab·streifen   to shed

ab·suchen   to search all over, to comb

ab·tasten   to feel

ab·wägen   to weigh, ponder

abwesend   *here:* absentminded

ab·winken   to turn down

ab·wischen   to wipe off

ab·ziehen (zog ab, ist abgezogen)   to withdraw (military term)

die **Agentur, -en**   agency

ähneln + *Dat.*   to resemble

die **Akte, -n**   file, record

das **Aktzeichnen**   nude drawing

der **Albtraum, ⸚e**   nightmare

an·betteln   to beg from

das **Andenken, -**   memento, keepsake

das **Anfangsfeld, -er**   first square on a game board

die **Angespanntheit**   tension

an·halten (hält an; hielt an, angehalten)   to stop

an·karren   to cart along

an·klagen   to accuse

an·kündigen   to announce

der **Anlass, ⸚e**   occasion

die **Anmerkung, -en**   annotation, comment

an·rühren   to touch

die **Ansichtskarte, -n**   picture postcard

der **Anspruch, ⸚e**   claim

der **Antrag, ⸚e**   *here:* request

jm. etw. **an·tun (tat an, angetan)**   to do sth. to sb.

das **Arbeitsgericht, -e**   labor court

der **Ast, ⸚e**   branch, bough, twig

außer **Atem**   out of breath

auf·bauen   to establish, to build up

auf·brechen (bricht auf; brach auf, ist aufgebrochen)   to leave; to hit the road, set out; to burst out, break out

auf·erlegen   to impose

die **Auffahrt, -en**   driveway

auf·führen   to perform

aufgebracht   outraged

auf·heben (hob auf, aufgehoben)   *here:* to keep (*also:* to pick up)

auf·heitern   to cheer up

sich **auf·lehnen**   to revolt

auf·lösen   to dissolve

aufmerksam   observant

sich **auf·rappeln** *(colloq.)*   to recover, to get over

aufrecht   upright

die **Aufregung, -en**   excitement

auf·scheuchen   to startle

auf·schieben (schob auf, aufgeschoben)   to postpone

auf·schnappen *(colloq.)*   to pick up

der **Aufschub, ⸚e**   delay, postponement

einen Brief **auf·setzen**   to compose a letter

auf·stoßen (stößt auf; stieß auf, aufgestoßen)   to push open

auf·treten (tritt auf; trat auf, aufgetreten)   to appear, make an entrance (onstage); to perform

der **Auftritt, -e**   appearance, entrance (onstage)

die **Aufzeichnung, -en**   record, note

auf·ziehen (zog auf, aufgezogen)   to wind up

der **Aufzug, ⸚e**   elevator

aus·borgen to borrow

(sich) **aus·breiten** to spread out, unfurl

aus·dehnen to expand, extend

sich etw. **aus·denken (dachte aus, ausgedacht)** to make sth. up

der **Ausgang, ⁓e** exit; *cf.* der Eingang

ausgebeult baggy

aus·gehen (ging aus, ist ausgegangen) to go out; to run out; **jm. geht etw. aus** sb. runs out of sth.

ausgehöhlt hollow

der **Aushang, ⁓e** notice, announcement

aus·lachen to laugh at

miteinander **aus·kommen (kam aus, ist ausgekommen)** to get along with one another

aus·lassen (lässt aus; ließ aus, ausgelassen) to omit

jm. etw. **aus·richten** *here:* to give a message to sb.

der **Ausschnitt, -e** detail, part

aus·schütten to pour out, spill out

die **Aussicht, -en** view

aus·streichen (strich aus, ausgestrichen) to cross out

aus·suchen to select

aus·ziehen (zog aus, ist ausgezogen) to move out

B

der **Bagger, -** excavator

der **Bann** ban, spell

die **Bauchhöhlenschwangerschaft, -en** ectopic pregnancy

die **Baugrube, -n** excavation

die **Baustelle, -n** construction site

beängstigend frightening

bedrohlich threatening

das **Beet, -e** bed, patch

die **Begegnung, -en** encounter

begleiten to accompany

begraben (begräbt; begrub, begraben) to bury

das **Begräbnis, -se** burial, funeral

begreifen (begriff, begriffen) to understand

beherrschen *here:* to dominate

beieinander together

beißend pungent

beleidigt offended

bemerken to notice

die **Bemerkung, -en** comment, remark

die **Berechtigung, -en** *here:* visa permit

beruhigen to calm down

berühren to touch

die **Besatzung, -en** crew, garrison

die **Besatzungszone, -n** Allied occupation zone after 1945 in Germany and Austria

sich auf etw. **beschränken** to limit o.s. to sth.; to be limited to

beschriften to label

besichtigen to visit, to have a look at

besiegen to defeat

besoffen *(colloq.)* drunk

bestaunen to marvel at

das **Besteck, -e** cutlery

in etw. **bestehen (bestand, bestanden)** to be constituted by

bestimmt specific, special

die **Betäubung, -en** anaesthetic

betreten (betrittst; betrat, betreten) to enter, to step in

der **Betrieb, -e** place of work

der **Bettpfosten, -** bedpost

der **Beutel, -** bag

der **Beweis, -e** proof

bewundern to admire

beziehungsweise *(abbr.* bzw.*)* respectively

der **Bezirk, -e** district

der **Bezirksvorsteher, - / Bezirksvorstehenin, -nen** chief officer of local government

die **Biegung, -en** bend

binden (band, gebunden) to bind

blättern to leaf through

die **Bohne, -n** green bean

brav good, upright

breit wide

der **Briefträger, -** mail carrier

etw. über sich **bringen (brachte, gebracht)** to make o.s. do sth.

die **Brüstung, -en** balustrade

bucklig hunchbacked

die **Bude, -n** stand, booth

die **Bühne, -n** stage

die **Bumsmusik**   loud, vulgar music

das **Bündel, -**   wad, bundle

D

der **Dachdecker, -**   roofer

im **Dämmerzustand**   half asleep

sich **daran machen etw. zu tun** *(colloq.)*   to set about to do sth.

dauernd   *here:* continuous

das **Dekolleté, -s**   cleavage, décolleté

distanziert   distant

der **Drang**   urge, yearning

drängen   to press, to urge; sich **drängen**   to crowd

drehen und wenden   to inspect from all sides but to no avail; **wie man es auch dreht und wendet**   no matter how you look at it

durch·brennen (brannte durch, ist durchgebrannt)   to run away

durcheinander·geraten (geriet durcheinander, ist durcheinandergeraten)   to get mixed up

sich **durch·schlagen (schlägt durch; schlug durch, durchgeschlagen)** *(colloq.)*   to fight one's way through

durchstöbern   rummage through

durchwühlen   to root through

E

eigenartig   peculiar

ein·brechen (bricht ein; brach ein, ist/hat eingebrochen) in + *Akk./Dat.*   to break in

ein·ebnen   to level

ein·fügen   to insert

sich **ein·leben**   to settle down

ein·richten   *here:* to establish

ein·sammeln   to collect

ein·saugen (sog ein, eingesogen)   to suck in, take in

ein·stufen   to classify

ein·tragen (trägt ein; trug ein, eingetragen)   to enter, to put down

ekelerregend   nauseating, revolting

der **Elan**   zest, vigor

die **Elektrische** *(colloq.)*   streetcar

empfangen (empfängt; empfing, empfangen)   to receive, to welcome

eng   close

sich **entfernen**   to distance oneself, to walk away

entfremdet   alienated

entlegen   remote, distant

entschließen (entschloss, entschlossen)   to decide, to resolve (to do sth.)

entspannt   relaxed

entsprechend   appropriate

entstellen   to distort

das **Erbstück, -e**   heirloom

die **Erdbeere, -n**   strawberry

erfüllen   to fulfill

der **Erhalt**   receipt

erhandeln   to bargain for

das **Erinnerungsstück, -e**   souvenir

erleben   experience

erloschen   extinct

erlöschen   to die, to become extinct

erlösen   to be delivered from

erpressen   to extort

erringen (errang, errungen)   to gain

erschöpft   exhausted

erschrecken (erschrickt; erschrak, ist erschrocken)   to be frightened; **erschrecken**
   (erschreckte, erschreckt)   to frighten

erstarrt   numb, petrified

sich **ertränken**   to drown o.s.

ertrinken (ertrank, ist ertrunken)   to drown

erwidern   to return, to reciprocate

F

etw. **fertig·bringen (brachte fertig, fertiggebracht)**   to manage

die **Fahne, -n**   flag

fälschlicherweise   erroneously

falten   to fold

aus der **Fassung geraten (gerät; geriet, ist geraten)**   to lose all self-control

fassungslos   stunned, bewildered

die **Feder, -n**   feather; *here:* quill

die **Federboa, -s**   feather boa

die **Fehlgeburt, -en**   miscarriage

feindlich   hostile, antagonistic

die **Feindseligkeit, -en**   hostility

das **Fensterbrett, -er**   windowsill

der **Fensterflügel, -**   side of a window

der **Fensterrahmen, -**   window frame

das **Ferngespräch, -e**   long-distance call

das **Fernrohr, -e**   telescope

der **Feuerwehrmann, ∸er**   firefighter

der **Fleck, -en**   spot; *here:* place

die **Fleischerei, -en**   butcher shop

der **Flügel, -**   wing

die **Flüssigkeit, -en**   liquid

folgen   *here:* to obey, to follow

foltern   to torture

die **Fontäne, -n**   fountain, water jet

die **Formel, -n**   *here:* phrase

freundschaftlich   amicable

der **Friedhof, ∸e**   cemetery

frieren (fror, gefroren)   to be cold

die **Frist, -en**   deadline

fügen   to put together

G

gaffen *(colloq.)*   to gape

gähnen   to yawn

der **Gang, ∸e**   errand; corridor

die **Garderobe, -n**   changing room

das **Gastspiel, -e**   guest performance

das **Gedrängel**   shoving, scramble

der **Gegenstand, ∸e**   object

gehen: es ging auch so   things went well anyway

der **Gehilfe, -n, -n / die Gehilfin, -nen**   assistant, helper

geigen   to fiddle

das **Geländer, -**   railing

gelten (gilt; galt, gegolten)   to be valid; **gelten als**   to be regarded as

gemischte Gefühle haben   to have mixed feelings

das **Gemüt, -er**   soul, feeling, mind

die **Genehmigung, -en**   authorization

die **Generalprobe, -n**   dress rehearsal

von etw. genug haben   to be fed up with sth.

der **Gepäckwagen, -**   baggage car

gepunktet   dotted, polka-dotted

das **Geräusch, -e**   sound

der **Germane, -n, -n / die Germanin, -nen**   Teuton

der **Geruch, ⸚e**   smell, odor

das **Geschirr**   tableware

jm. **Gesellschaft leisten**   to keep sb. company

gespalten sein   to be torn

gespannt   tense

das **Gestade, -** *(arch.) here:* remnants, flotsam (*lit.* shoreline)

die **Gestalt, -en**   figure, stature

der **Gestank**   stench

das **Gestrüpp**   undergrowth

das **Gewicht, -e**   weight

gewiss   certain(ly)

die **Gewissheit, -en**   certainty

die **Gewohnheit, -en**   habit

der **Gipfel, -**   peak, summit

das **Gitter, -**   bars

die **Glasur, -en**   icing

glätten   to smooth out

die **Gleichgültigkeit**   indifference

die **Glocke, -n**   bell

glücken (ist)   to be successful

die **Glühbirne, -n**   light bulb

die **(Grammofon)platte, -n**   record

der **Grenzübergang, ⸚e**   border crossing point

Grimassen schneiden (schnitt, geschnitten)   to make faces

grob (ö)   *here:* coarse

gruselig   horrifying

gültig   valid

H

hageln   to hail, to rain down

der **Halt**   hold, support, footing

der **Handwerker, – / die Handwerkerin, -nen**   skilled manual worker

harmonisch   harmonious

sich **häufen**   to accumulate, to heap up

die **Hauptperson, -en**   main character, main role

hauptsächlich   mainly

der **Haushälter**, – / die **Haushälterin**, -nen   housekeeper

die **Haut**, ⸚e   skin; **sich nicht wohl in seiner Haut fühlen** *(idiom.)*   to feel uneasy

heften   to pin

der/die **Heilige**, -n   saint

das **Heim**, -e   *here:* orphanage

heimlich   secret

das **Heimweh**   homesickness

heraus·klauben   to pick out

die **Herkunft**, ⸚e   origin

her·richten   to repair

herum·pennen *(colloq.)*   to crash somewhere

herum·reichen   to pass around

herum·wimmeln *(colloq.)*   to teem, to swarm

über etw./jn. **her·ziehen** (**zog her, ist hergezogen**)   to mock, badmouth

herzlich   cordial, affectionate

hetzen (**ist**)   to rush, to dash

heulen *(colloq.)*   to cry, to wail, to blubber

die **Himbeere**, -n   raspberry

hin und her gerissen sein zwischen + *Dat.*   to be torn between

hin und her schieben (**schob, geschoben**)   to move back and forth

hinein·dringen (**drang hinein, ist hineingedrungen**)   to get in, find its way into

hingestreckt   supine

hinterlassen (**hinterlässt; hinterließ, hinterlassen**)   to leave (behind)

hinzu·fügen   to add

hoch·klettern (**ist**)   climb up

hocken   to sit; to crouch

der **Hocker**, -   stool

der **Hof**, ⸚e   courtyard

die **Höhle**, -n   cave

horchen   to listen

der **Hörer**, -   receiver

hügelig   hilly

I

die **Inszenierung**, -en   production

der **Intendant**, -en, -en / die **Intendantin**, -nen   theater manager

die **Irrfahrt**, -en   odyssey, wandering

J

der **Jagdhund, -e**   hunting dog
jaulen   to howl
das **Jenseits**   the next world
der **Johannisbrotbaum, ˙̈e**   carob tree
jüdisch   Jewish
der **Jüngling, -e** *(arch.)*   young man

K

kahl   *here:* bleak, barren
der **Kamin, -e**   fireplace
die **Kantate, -n**   cantata
die **Kantine, -n**   cafeteria (at a workplace)
der **Kantor, -en / Kantorin, -nen**   cantor, choirmaster
kariert   square-ruled
der **Kavalier, -e**   gentleman
der **Keks, -e**   cookie
das **Kinderferienlager, -**   children's holiday camp
die **Kiste, -n**   box
das **Klappbett, -en**   folding cot, type of futon
klappen   *here:* to fold
der **Kleiderschrank, ˙̈e**   wardrobe
klemmen   to stick; to jam, to be stuck
klimpern   to tinkle
die **Klingel, -n**   doorbell
klopfen   to knock
knipsen *(colloq.)*   to take a photo
die **Kommunale Wohnungsverwaltung**   communal apartment administration
die **Kopflosigkeit**   panic
der **Korbstuhl, ˙̈e**   wicker chair
der **Kragen, -**   collar
kramen *(colloq.)*   to rummage about
der **Kran, ˙̈e**   crane
kratzen   to scratch
kreisen   to circle
kreuz und quer   crisscross
kriechen (kroch, ist gekrochen)   to crawl
die **Kripo** (*colloq. for* **Kriminalpolizei**)   criminal investigation department
krumm   crooked

der **Kugelschreiber, -**   ballpoint pen

die **Kulisse, -n**   *here:* backdrop; **hinter den Kulissen**   in the wings, backstage, behind the scenes

der **Kumpel, -**   miner; *(colloq.)* chum, pal

die **Kunstfertigkeit**   skillfulness

künstlich   artificial

das **Kupfer**   copper

das **Kuvert, -s**   envelope (*also:* der **Umschlag, ∹e**)

L

zum **Lachen zumute sein** + *Dat.*   to feel like laughing

lächerlicherweise   ridiculously

das **Lager, -**   camp

längs und quer   far and wide

lärmen   to make noise

der **Lastwagen, -**   truck

die **Laterne, -n**   streetlight

das **Laub** *(no pl.)*   leaves

die **Laufbahn, -en**   career

lauter   nothing but

am **Leben bleiben (blieb, ist geblieben)**   to survive

die **Lebensmittelkarte, -n**   food ration card

das **Leder**   leather

die **Lehne, -n**   back/armrest

die **Leichtfertigkeit**   thoughtlessness

die **Lektion, -en**   lesson

die **Lieferung, -en**   delivery

der **Liegestuhl, ∹e**   deck chair, chaise

locken   to lure

los·lassen (lässt los; ließ los, losgelassen)   to let go of

die **Luftmatratze, -n**   air mattress

M

die **Malerei**   (art of) painting

mangelnd   *here:* inadequate (*i.e.,* not enough)

die **Mansarde, -n**   garret

auf **Marke essen gehen**   to go eat rationed food

das **Maß, -e**   measure

die **Melone, -n**   *here:* derby hat

merci de même = **danke, gleichfalls**   thanks, same to you

mickrig   pathetic

misstrauisch   distrustful, suspicious

die **Mitteilung, -en**   message

der **Mord, -e**   murder

die **Morgendämmerung, -en**   dawn

das **Morgengrauen, -**   dawn

der **Morgenrock, ⸚e**   housecoat, dressing gown

die **Moulinex** (*brand name*)   food processor

die **Mühe, -n**   trouble, effort, bother

der **Müllschlucker, -**   refuse chute

murren   to grumble

N

der **Nachfolger, –** / die **Nachfolgerin, -nen**   successor

nach·geben (gibt nach; gab nach, nachgegeben)   to give in, indulge

nach·kommen (kam nach, ist nachgekommen)   to follow

das **Nachrichtenbüro, -s**   news agency

nach·sehen (sieht nach; sah nach, nachgesehen)   to look up, to check;
    jm. **nach·sehen**   to follow sb. with one's eyes

nach·setzen   to pursue

nach·sitzen (saß nach, nachgesessen)   to have detention

näher·rücken (ist)   to come closer

die **Nebenrolle, -n**   supporting role

sich **neigen**   to lean

die **Niederlage, -n**   defeat

O

der/die **Obdachlose, -n**   homeless person

obgleich (*arch.*)   although; *cf.* **obwohl**

öde   desolate, waste, dreary

offensichtlich   obvious

ohnmächtig   helpless, powerless

P

pachten   to lease

der **Pantoffel, -n**   slipper

der **Papierkorb**, ⸚e   wastepaper basket

der **Parteitag**, -e   party convention

zu etw. **passen**   to go with sth.

passieren (ist)   to happen; **die Grenze passieren (hat)**   to cross the border

das **Pathos**   emotiveness

pendeln   to commute

das **Personenverzeichnis**, -se   dramatis personae, cast list

pfeifen (pfiff, gepfiffen)   to whistle

das **Pfirsichkompott**, -e   stewed peaches

das **Pflaster**   pavement, road surface; **auf fremdem Pflaster**   in unfamiliar territory

der **PG**, -s (*abbr. for* **Parteigenosse**, -n)   party member in the GDR

der **Pinsel**, -   paintbrush

das **Plakat**, -e   poster

Pläne schmieden   to hatch plans

die **Probe**, -n   rehearsal

das **Programmheft**, -e   playbill

der **Prunk**   splendor, grandeur

pudern   to powder

Q

die **Qual**, -en   pain, anguish

das **Quartier**   district, quarter; accommodation, apartment

quieken   to squeak

R

die **Rache**   revenge

ragen   to stick out

der **Ratschlag**, ⸚e   advice

rau   raw

räumen   to shift, to move

raus·fliegen (flog raus, ist rausgeflogen)   to be chucked out

raus·werfen (wirft raus; warf raus, rausgeworfen) *(colloq.)*   to fire

es jm. **recht machen**   to please sb.

rechtfertigen   to justify

der **Regisseur**, -e / die **Regisseurin**, -nen   director

reglos   motionless

reichen   to reach

die **Reihe**, -n   row

die **Reinigung, -en**   dry cleaners

der **Reißverschluss, ⸚e**   zipper

die **Reißzwecke, -n**   thumbtack

die **Requisite, -n**   prop

roden   to clear, dig out

das **Rollband, ⸚er**   baggage conveyor belt

der **Rollschuh, -e**   roller skate

der **Ruhm**   fame

sich mit etw. **rum·schlagen (schlägt rum; schlug rum, rumgeschlagen)** *(colloq.)*
    to struggle with

runter·kurbeln   to wind down

der **Rüstungsbetrieb, -e**   armaments factory

S

der **Saal, Säle**   hall

der **Sarg, ⸚e**   coffin

etw. **satt haben**   to be fed up with sth.

säumen   to line

der **Saurier, -**   dinosaur

schaffen   to manage, to succeed

die **Schale, -n**   shell, skin

die **Schar, -en**   crowd, flock

schattig   shady

die **Schaukel, -n**   swing

das **Schauspiel, -e**   play

die **Schicht, -en**   layer

schief   tilted

das **Schlachtvieh**   animals for slaughter

die **Schlagsahne**   whipped cream

schleichen (schlich, ist geschlichen)   to creep, to sneak

die **Schleife, -n**   bow, ribbon

schleifen   to drag

das **Schloss, ⸚er**   lock; castle

der **Schlot, -e**   chimney, smokestack

schlurfen (ist)   to shuffle

schmal   narrow

der **Schmerz** *(sg.)*   emotional pain; die **Schmerzen** *(pl.)*   physical pain

der **Schminktisch, -e**   dressing table

der **Schmuck**   jewelry

der **Schnitt, -e**   cut

die **Schnur, ¨e**   string, twine, cord

schnüren   to tie up, fasten

der **Schritt, -e**   step (movement)

die **Schublade, -n**   drawer

das **Schuldgefühl, -e**   guilt feelings, guilty conscience; **Schuldgefühle haben gegenüber jm.**   to feel guilty toward sb.

der **Schuppen, -**   shed

schwankend   swaying, wavering

schwindelerregend   dizzying

die **Seerose, -n**   water lily

die **Sehnsucht, ¨e**   longing

seiden   silken

die **Serviette, -n**   napkin

seufzen   to sigh

sichtbar   visible

sickern   to seep, to ooze

der **Sinn**   meaning, relevance; sense

der **Skizzenblock, -s / ¨e**   sketchbook

sorgfältig   carefully

das **Souterrain, -s**   basement

die **Speise, -n**   dish

sperrangelweit offen   wide open

die **Spitze, -n**   point, tip; **etw. auf die Spitze treiben (trieb, getrieben)** *(idiom.)* to carry sth. to extremes

Spitzenschuhe und Tütü   toe shoes and ballet skirt

der **Splitter, -**   splinter

die **Sprechanlage, -n**   intercom

die **Spur, -en**   trace

spüren   to feel

der/die **Staatenlose, -n**   stateless person

die **Staffelei, -en**   easel

stammen von/aus   to come from (originally)

starr   stiff, rigid

der **Statist, -en, -en / die Statistin, -nen**   extra, minor role

der **Staub**   dust

der **Stecker, -**   plug

steigen (stieg, ist gestiegen) to rise

steil steep

die **Sternwarte, -n** observatory

im **Stich lassen (lässt; ließ, gelassen)** *(idiom.)* to abandon

der **Stiefel, -** boot

stolpern (ist) to stumble

stopfen to stuff, to cram

der **Strauch, ⸚er** bush, shrub

der **Strauß, ⸚e** bouquet

die **Strecke, -n** stretch, distance

der **Streifzug, ⸚e** expedition

sich **streiten (stritt, gestritten)** to fight, quarrel

die **Strippe, -n** string

der **Strumpf, ⸚e** stocking

das **Stück, -e** play; piece

die **Stufe, -n** step (staircase)

stumpfsinnig mindlessly, monotonously

sich in etw. **stürzen** to throw/fling o.s. into something

der **Sumpf, ⸚e** swamp

T

die **Tanne, -n** fir

der **Taschenkalender, -** pocket diary

etw. **taugen** to be good

der **Teig** dough, pastry; **Teig schlagen (schlägt; schlug, geschlagen)** to knead dough

das **Testament, -e** last will

das **Tischleindeckdich** dumbwaiter

träge lazy, idle

trauern to mourn

treffen: es gut treffen (trifft; traf, getroffen) *(idiom.)* to be fortunate

treiben (trieb; getrieben) *here:* to drift; **jn. zu etw. treiben** to drive sb. to do sth.

die **Treppe, -n** staircase

trocknen to dry

trostlos dreary

das **Trottoir, -s** sidewalk (*also:* der Bürgersteig)

so **tun (tat, getan), als (ob)** to pretend

turnen   to do gymnastics

der **Türspalt, -e**   crack of the door

die **Tusche, -n**   Indian ink

U

bis zum **Überdruss**   ad nauseam

einer Sache **überdrüssig werden** + *Gen.*   to grow weary of sth.

überflüssig   superfluous, unnecessary

über·laufen (läuft über; lief über, ist übergelaufen)   *here:* to desert

überwuchern   to overgrow

das **Ufer, -**   shore, bank

die **Umgebung**   surroundings, environment

die **Umrechnungstabelle, -n**   conversion table

um·schreiben (schrieb um, umgeschrieben)   to alter; to rewrite

sich **um·sehen (sieht um; sah um, umgesehen)**   to look around

umsonst   in vain; for free

umständlich   awkward, ponderous

unansehnlich   unsightly

unauffällig   inconspicuous

undeutlich   unclear

ungewollt   not wanted; unintentional

unpassend   not apt, not fitting

unterbrechen (unterbricht; unterbrach, unterbrochen)   to interrupt

untergehakt   arm in arm

unter·gehen (ging unter, ist untergegangen)   to sink, to drown

der **Unterrock, ̈e**   underskirt

das **Unterseeboot, -e**   submarine

unterwerfen (unterwirft; unterwarf, unterworfen)   to subjugate, conquer

unverschämt   outrageous, insulting

die **Uraufführung, -en**   premiere

der **Urwald, ̈er**   jungle

V

verachten   to despise

die **Verbannung, -en**   banishment, exile

verbergen (verbirgt; verbarg, verborgen)   to hide

die **Verbindung, -en**   connection

verdammt   *here:* condemned, damned

verdursten (ist) to die of thirst

verfallen (verfällt; verfiel, ist verfallen) to become dilapidated

sich **verflüchtigen** to evaporate

der/die **Verfolgte, -n** persecuted person

verführerisch tempting

vergeblich in vain

sich **vergewissern** to make sure

verhängen to impose, to declare

verhungern (ist) to starve to death

sich **verirren** to get lost

sich **verkleiden** to dress up

verkraften to cope with

der **Verlag, -e** publishing company

verlangen to demand

verlaufen (verläuft; verlief, ist verlaufen) to run, to melt; sich **verlaufen (hat)** to
lose one's way

sich **verlieren (verlor, verloren)** *here:* to vanish, disappear

verloren lost; *here:* forlorn

vermachen to bequeath

vermeiden (vermied, vermieden) to avoid

verraten (verrät; verriet, verraten) to betray

verrecken (ist) to croak, to die like a dog

verriegeln to lock, to bolt; *cf.* **ab·schließen**

verrinnen (verrann, ist verronnen) to trickle, wear away

verrutschen to slip

die **Versammlung, -en** assembly, meeting

verschämt coyly

sich **verschanzen** to barricade o.s.

verschnüren to tie up

sich etw. (*Gen.*) **versichern** to assure o.s. of sth.

versöhnen to reconcile

der **Verstand** reason

die **Verständlichkeit** intelligibility

das **Versteck, -e** hiding place

sich (gut) **verstehen (verstand, verstanden)** to get on (well) with sb.

sich nicht **verstanden fühlen** to feel misunderstood

verstohlen furtively

verstummen to become silent

die **Verteilung der Rollen** casting

Vokabelindex

der **Vertrag, ̈e**   contract

jm. **vertrauen**   to trust sb.

vertraut   intimate

vertreiben (vertrieb, vertrieben)   to expel

verurteilen   to condemn

die **Verwandlung, -en**   transformation, metamorphosis

verwest   decayed

verwöhnen   to pamper, spoil

verzeihen (verzieh, verziehen)   to forgive

die **Verzweiflung**   desperation, despair

verzweigt   branched

das **Viertel, -**   district, quarter

jm. einen **Vogel zeigen** *(idiom.)*   to tap one's forehead to indicate to sb. that he/she is not quite right in the head

die **Volkshochschule, -n**   government-run adult education center

der **Vorfahr, -en, -en / die Vorfahrin, -nen**   ancestor

vorgedruckt   preprinted

der **Vorhang, ̈e**   curtain; die **Vorhänge zu·ziehen (zog zu, zugezogen)**   to draw the curtains

vorig   last, previous

jm. **vor·kommen wie (kam vor, ist vorgekommen)**   to seem like

vor·lassen (lässt vor; ließ vor, vorgelassen)   to let sb. go in front

sich etw. **vor·nehmen (nimmt vor; nahm vor, vorgenommen)**   to intend to do sth.

der **Vorort, -e**   suburb

die **Vorschrift, -en**   rule, regulation; **nach den Vorschriften**   *here:* according to Jewish religious rules

sich *(Dat.)* etw. **vor·stellen**   to imagine sth.

die **Vorstellung, -en**   performance, show; imagination

jm. etw. **vor·werfen (wirft vor; warf vor, vorgeworfen)**   to accuse sb. of sth., to blame sb. for sth.

der **Vorwurf, ̈e**   accusation, reproach; **sich gegenseitig Vorwürfe machen**   to reproach each other

W

die **Wachtel, -n**   quail

wagen, etw. zu tun   to dare to do sth., to venture to do sth.

wähnen *(arch.)*   to consider

250

wahrhaftig   truly

die **Waise, -n**   orphan

die **Wange, -n**   cheek

warm   warm

die **Wäscherei, -en**   laundry

wechselseitig   reciprocal

einen anderen **Weg ein·schlagen (schlägt ein; schlug ein, eingeschlagen)**   to change one's course

weg·schmeißen (schmiss weg, weggeschmissen) *(colloq.)*   to throw out

sich **weg·wenden (wandte/wendete weg, weggewandt/weggewendet)**   to turn away

weg·wischen   to wipe off

sich **wehren**   to resist

das **Weib, -er** *(pej.)*   woman

die **Weihnachtskugel, -n**   Christmas ornament

die **Welle, -n**   wave

werfen (wirft; warf, geworfen)   to throw

das **Werkzeug, -e**   tools

wetteifern   to compete

schwer **wiegen (wog, gewogen)**   to carry a lot of weight

der **Wimpel, -**   pennant

die **Wimper, -n**   eyelash

die **Windung, -en**   meander

winken (winkte, gewinkt/gewunken)   to wave (one's hand)

winzig   tiny

wirtschaften *(colloq.)*   to busy o.s.

der **Wisch** *(pej.)*   piece of paper

das **Wohlgefühl, -e**   sense of well-being

das **Wohnungsamt, ⸚er**   housing office

womöglich   possibly

die **Wurzel, -n**   root

wurzellos   rootless

Z

zärtlich   gentle, tender

die **Zeder, -n**   cedar tree

der **Zentralviehhof, ⸚e**   central slaughterhouse

zerknüllen   to crumple up

zerkrümeln   to crumble

zerren to pull, to strain

zerspringend bursting

der **Zettel, -** piece of paper, sheet

zeugen to father

in **Zivil** in civilian clothes

zögern to hesitate

der **Zoll, ̈e** customs

sich **zufrieden·geben (gibt zufrieden; gab zufrieden, zufriedengegeben)** to be
 content with

der **Zugang, ̈e** access, admittance

der/die **Zugereiste, -n** newcomer

die **Zumutung, -en** unreasonable demand

zuoberst on top

sich **zurecht·finden (fand zurecht, zurechtgefunden)** to cope, to get along

sich **zurück·ziehen (zog zurück, zurückgezogen)** to withdraw, to retreat

zusammen·passen to suit each other, to (be a good) match

**zusammen·schlagen über (schlägt zusammen; schlug zusammen, ist
 zusammengeschlagen)** to cover over, to engulf

der **Zuschauerraum, ̈e** auditorium

zustande·bringen (brachte zustande, zustandegebracht) to get done

zwecklos without success

zweifeln to doubt

Credits

Illustrations:

p. xii: Das Europa der Erzählerin. © by Dorothea Schuller, 2007

p. xiii: Bezirke in West-Berlin (weiß) und Ost-Berlin (grau) vor 1989. © by Dorothea Schuller, 2007

p. 2: Goethe-Schiller-Denkmal in Weimar. © by Andreas Trepte, 2006

p. 6: Schloss Belvedere und Park. © Thomas Möllmann, 2006

p. 50: Logo des Café Gerbeaud. © by Café Gerbeaud

p. 52: Rainer Maria Rilke. Porträt von Paula Modersohn-Becker, 1906. © The Yorck Project: *10 000 Meisterwerke der Malerei*, 2002

p. 76: Der Römer in Frankfurt am Main. © Sebastian Kasten, 2006

p. 88: Turm der Starkenburg bei Zwingenberg. © Thomas Möllmann, 2006

p. 211: Porträt Barbara Honigmann. © by Heinrich Klauke, Karl Rahner Akademie

All other illustrations are in the public domain.

Sources for Info-Ecken:

1.2: *Judentum,* http://de.wikipedia.org/wiki/Judentum

1.3: *Schloss Belvedere,* http://www.klassik-stiftung.de/oeffnungszeiten/sehenswuerdigkeiten.html?tx__konoestate__pi1%5Bdetail%5D=27

Schlosspark Belvedere, http://www.klassik-stiftung.de/oeffnungszeiten/sehenswuerdigkeiten.html?tx__konoestate__pi1%5Bdetail%5D=32

1.4: *Goethe und der Ginkgo,* http://www.planet-weimar.de/ginkgobiloba/goetheundderginkgo/index.html

1.6: *Ellis Island - History,* http://www.ellisisland.org/genealogy/ellis__island__history.asp

1.8: *Deutsches Theater Berlin - Ein Porträt,* http://www.deutschestheater.de/portrait.php, http://www.deutschestheater.de/dasdt/historisches/einfuehrung.php

Volksbühne seit 1914, http://www.volksbuehne-berlin.de/volksbuehne/volksbuehne__seit__1914/

1.9: *Kaffeehaus Gerbeaud*, http://www.gerbeaud.hu/gerbeaud_v2/d_index.php?id=1

2.1: *Friedrich Hölderlin*, http://gutenberg.spiegel.de/index.php?id=19&autorid=
279&autor_vorname=+Friedrich&autor_
nachname=H%F6lderlin&cHash=b31bbae2c6

2.2: *Konzept: Die Odenwaldschule im Überblick*, http://www.odenwaldschule.de/
frsets/konzept.html

Reformpädagogik, http://coforum.de/?1330

2.8: *Vossische Zeitung*, http://www.preussen-chronik.de/_/begriff_jsp/key=begriff_
vossische+zeitung.html

2.11: *KZ Auschwitz-Birkenau*, http://de.wikipedia.org/wiki/KZ_Auschwitz-Birkenau

2.15: *KZ Buchenwald*, http://de.wikipedia.org/wiki/KZ_Buchenwald

2.16: *Wiesbaden*, http://de.wikipedia.org/wiki/Wiesbaden

3.4: *Rainer Maria Rilke*, http://de.wikipedia.org/wiki/Rainer_Maria_Rilke

3.5: *Volkspark Friedrichshain*, http://www.berlinstreet.de/orte/friedrichshain.shtml

4.1: *Frankfurt am Main*, http://de.wikipedia.org/wiki/Frankfurt_am_Main

6.5: *Ost-West-Achse*, http://de.wikipedia.org/wiki/Ost-West-Achse#Ost-West-Achse

6.6: *Senatsverwaltung für Stadtentwicklung: Sowjetische Ehrenmale*, http://www
.stadtentwicklung.berlin.de/umwelt/stadtgruen/friedhoefe_
begraebnisstaetten/de/sowjet_ehrenmale/index.shtml

6.10: *Johannes R. Becher*, http://de.wikipedia.org/wiki/Johannes_R._Becher

Texts, Anhang II:

Honigmann biography adapted from *Barbara Honigmann*, http://de.wikipedia
.org/wiki/Barbara_Honigmann

Excerpts from Siegfried Unseld, *Goethe und der Ginkgo: Ein Baum und ein Gedicht.* ©
by Insel Verlag Frankfurt am Main und Leipzig 1998.

Peter Härtling, "An den Ginkgo vor der Tür" from *Anreden. Gedichte.* © 2000 by
Verlag Kiepenheuer & Witsch, Köln.

Excerpts from article "Egmont," *Kindlers Neues Literaturlexikon in 20 Bänden*, Ed.
Walter Jens. © 1988 by Kindler Verlag GmbH, München.

Excerpts from http://www.zentralratdjuden.de/de/topic/ © 2007 by Zentralrat der
Juden in Deutschland:

A. *Vorgeschichte: Von den Anfängen bis 1945*, http://www.zentralratdjuden.de/de/
topic/17.html; *Gesetzliche Regelungen*, http://
www.zentralratdjuden.de/de/topic/62.html

B. *Judentum in der DDR*, http://www.zentralratdjuden.de/de/topic/65.html

C. *Judentum in der BRD*, http://www.zentralratdjuden.de/de/topic/66.html

Excerpts from Ludwig Harig, "Aufbruch in ein neues Leben. Der Weg der
Schriftstellerin Barbara Honigmann." *Neue Deutsche Literatur: Zeitschrift für*

Credits

Deutschsprachige Literatur, vol 47 (1) 1999, 154–160 © 1999 by Schwartzkoppf Buchwerke.

Excerpts from Christina Guenther, "Exile and the Construction of Identity in Barbara Honigmann's Trilogy of Diaspora," *Comparative Literature Studies*, vol. 40 (2) 2003, 242–265. © 2003 by Penn State Press.

Excerpts from Petra Günther, "Einfaches Erzählen? Barbara Honigmanns 'Doppeltes Grab'," *Jews in German Literature since 1945: German-Jewish Literature?*, ed. Pól O'Dochartaigh. Amsterdam: Rodopi, 2000, 123–137. © 2000 by Rodopi Press.